आपके अवचेतन मन की शक्ति

जोसेफ मर्फी

डी.आर.एस,पीएच.डी

ट्र साइन

प्रकाशक : ट्रू साइन पब्लिशिंग हाउस
पता : SY.N0.21/2 & 21/3, सोननहल्ली,
कृष्णराजपुरा, बेंगलुरु, कर्नाटक - 560049 भारत
ईमेल : truesignbooks@gmail.com
वेबसाइट : www.truesign.in

आपके अवचेतन मन की शक्ति

लेखक: जोसेफ मर्फी
डी.आर.एस,पीएच.डी

ISBN: 978-93-90852-58-1

संस्करण: 2023

अनुक्रम

लेखक के बारे में

जोसेफ मर्फी का जन्म आयरलैंड में हुआ और बाद में वे अमेरिका में बस गए। मनोविज्ञान में पीएच. डी. करने के बाद डॉ. मर्फी ने अपना अधिकांश जीवन पूर्वी धर्मों के अध्ययन में बिताया। शोध के सिलसिले में वे कई साल तक भारत में भी रहे। विश्व के सभी प्रमुख धर्मों का कई वर्षों तक अध्ययन करने के बाद उन्हें विश्वास हो गया कि पूरी सृष्टि में एक विराट शक्ति व्याप्त है, और वह शक्ति हमारे अंदर है- हमारे अपने अवचेतन मन की शक्ति। डी. मर्फी पर 'न्यू थॉट' सिद्धांतों का भी काफी प्रभाव पड़ा, जो 19वीं सदी के उत्तरार्द्ध में अमेरिका में लोकप्रिय हुए थे। न्यू थॉट मुहिम का मानना था कि ईश्वर या अनंत प्रज्ञा सर्वोच्च, सर्वव्यापी और अजर-अमर है; प्रत्येक मनुष्य के अंदर दैवीय अंश है और सभी मनुष्य मूलत: आध्यात्मिक हैं; सर्वोच्च आध्यात्मिक सिद्धांत यह है कि एक दूसरे से बिना शर्त प्रेम किया जाए। न्यू थॉट सिद्धांतों की मान्यता थी कि प्रत्येक प्रकार की बीमारी मस्तिष्क में उत्पन्न होती है और 'सही सोच' से उपचार संभव है।

मर्फी से उनकी जीवनी लिखने के लिए कई बार अनुरोध किया गया, लेकिन उन्होंने प्रत्येक बार यही कहा कि उनका जीवन उनकी पुस्तकों में पाया जा सकता है। उन्होंने 30 से अधिक पुस्तकें लिखी हैं, जिनमें 'टेलिसाइकिक्स बिलीव इन योरसेल्फ', 'हाउ टू अट्रैक्ट मनी', 'योर इनफाइनाइट पावर टू बी रिच मिरेकल्स ऑफ योर माइंड' और 'साइकिक परसेप्शन' शामिल हैं। 'द पावर ऑफ योर सबकॉन्शस माइंड' (आपके अवचेतन मन की शक्ति) उनकी सबसे लोकप्रिय पुस्तक है।

मैं आपसे इस पुस्तक का अध्ययन करने और इसमें बताई तकनीकों को अमल में लाने का आग्रह करता हूँ। मुझे विश्वास है कि ऐसा करके आप उस चमत्कारिक शक्ति को जान लेंगे, जो आपको दुविधा, दुःख, उदासी और असफलता के कुचक्र से बाहर निकलने में मदद करेगी।

1 जीवन में चमत्कार करने वाली पुस्तक

आपके अवचेतन मन की चमत्कारिक शक्ति आपकी प्रत्येक बीमारी ठीक कर सकती है। यह आपको पुनः स्वस्थ, उत्साही और शक्तिशाली बना सकती है।

मैंने विश्व में बहुत से व्यक्तियों के जीवन में चमत्कार होते देखा है। आपके साथ भी ऐसे चमत्कार हो सकते हैं- अत: आप अपने अवचेतन मन की चमत्कारिक शक्ति का प्रयोग शुरू कर दें। प्रस्तुत पुस्तक आपको अपने अवचेतन मन की शक्ति से अपनी तकदीर खुद बनाने और सिखाने के लिए लिखी गई है। मनुष्य अपने अवचेतन मन में जैसा सोचता है, वैसा ही वह बन जाता है।

क्या आप इन प्रश्नों के उत्तर जानते हैं?

मनुष्य दु:खी क्यों होता है? दूसरा खुश क्यों होता है? एक मनुष्य सुखी और समृद्ध क्यों होता है? दूसरा गरीब और दु:खी क्यों होता है? एक मनुष्य भयभीत और तनावग्रस्त क्यों होता है? दूसरा आस्थावान तथा आत्मविश्वासी क्यों होता है? एक मनुष्य के पास सुंदर, आलीशान बंगला क्यों होता है? दूसरा झोपड़ी में क्यों रहता है?

एक मनुष्य बहुत सफल और दूसरा बुरी तरह असफल क्यों होता है? एक वक्ता उत्कृष्ट और असाधारण रूप से लोकप्रिय और दूसरा औसत और अलोकप्रिय क्यों होता है? एक मनुष्य अपने काम या पेशे में जीनियस और दूसरा जीवन भर श्रम करने के बावजूद कुछ प्राप्त क्यों नहीं कर पाता?

एक मनुष्य असाध्य बीमारी से ठीक हो जाता है, जबकि दूसरा क्यों नहीं हो पाता? अच्छे, दयालु और धार्मिक मनुष्य इतनी ज्यादा मानसिक और शारीरिक यातना क्यों झेलते हैं? कई अनैतिक और अधर्मी मनुष्य सफल, समृद्ध तथा स्वस्थ क्यों होते हैं? एक मनुष्य का वैवाहिक जीवन सुखमय और दूसरे का दु:खी और कुंठित क्यों होता है? क्या आपके चेतन और अवचेतन मन में इन प्रश्नों का कोई उत्तर मिल सकता है?

निश्चित रूप से मिल सकता है।

यह पुस्तक क्यों?

इसी प्रकार के बहुत से प्रश्नों के उत्तर बताने की अपनी इच्छा के कारण ही मुझे यह पुस्तक लिखने की प्रेरणा मिली। मैंने मस्तिष्क की आधारभूत सच्चाइयों को सरलतम भाषा में समझाने की कोशिश की है। मेरा मानना है कि जीवन और मस्तिष्क के आधारभूत नियमों को रोजमर्रा की सरल भाषा में समझाना पूरी तरह संभव है। इस पुस्तक में आपको वैसी ही भाषा मिलेगी, जो अखबारों, पत्र-पत्रिकाओं, ऑफिसों और घरों में मिलती है।

मैं आपसे इस पुस्तक का अध्ययन करने और इसमें बताई तकनीकों को अमल में लाने का आग्रह करता हूँ। मुझे विश्वास है कि ऐसा करके आप उस चमत्कारिक शक्ति को जान लेंगे, जो आपको दुविधा, दु:ख, उदासी और असफलता के कुचक्र से बाहर निकलने में मदद करेगी। यह चमत्कारिक शक्ति आपको अपनी मंजिल तक पहुँचने में मदद देगी, आपकी समस्याएँ सुलझाएगी, आपको मानसिक और शारीरिक बेड़ियों से स्वतंत्र करेगी और आपको स्वतंत्रता, खुशी व मानसिक शांति के मार्ग पर पहुँचा देगी।

आपके अवचेतन मन की यह चमत्कारिक शक्ति आपकी प्रत्येक बीमारी ठीक कर सकती है। यह आपको पुन: स्वस्थ, उत्साही और शक्तिशाली बना सकती है। जब आप अपनी आंतरिक शक्तियों का प्रयोग करना सीख लेंगे, तो आप भय की कैद से स्वतंत्र हो जाएँगे और ऐसे आनंददायी जीवन का स्वाद चखेंगे, जिसे पॉल ने ईश्वर की संतानों की आनंददायक मुक्ति कहा है।

चमत्कारी शक्ति कैसे प्राप्त करें

हमारे लिए अवचेतन मन की चमत्कारिक शक्ति का सबसे बड़ा प्रमाण तब माना जायेगा, जब हमारी बीमारी ठीक हो जाए। तभी हमें इस पर भरोसा हो सकेगा। बहुत वर्ष पहले मैंने अपने एक ट्यूमर का इलाज किया, डॉक्टरों की भाषा में इसे सरकोमा (Sarcoma) कहते हैं। मैंने यह इलाज अपने अवचेतन मन की उस चमत्कारिक शक्ति के माध्यम से किया, जिसने मेरे शरीर की रचना की है और जो मेरे सभी महत्त्वपूर्ण शारीरिक कार्यों को नियंत्रित करती है।

मैंने जिस तकनीक से उस ट्यूमर को ठीक किया था, इस पुस्तक में उस तकनीक के बारे में आगे विस्तार से बताया गया है। मुझे पूरा विश्वास है कि आपको भी उस उपचारक शक्ति पर विश्वास हो जाएगा, जो हम सभी के अवचेतन मन की गहराई में हमेशा मौजूद रहती है। डॉक्टर मित्र की सलाह से मुझे अचानक यह महसूस हुआ कि जब अवचेतन मन के रचनात्मक ज्ञान ने मेरा पूरा शरीर और इसके सभी अंग बनाए हैं, तो यह अपनी बनाई चीज को ठीक क्यों नहीं कर सकता। पुरानी कहावत है, ''डॉक्टर घाव पर पट्टी करता है; ईश्वर उसे ठीक करता है।''

प्रार्थना से चमत्कार

वैज्ञानिक प्रार्थना मस्तिष्क के चेतन और अवचेतन स्तरों के बीच की ऐसी सामंजस्यपूर्ण पारस्परिक क्रिया है, जिसे किसी विशिष्ट उद्देश्य प्राप्त करने के लिए वैज्ञानिक तरीके से निर्देशित किया जाता है। यह पुस्तक आपके अंदर छिपी अनंत शक्ति के दोहन का वैज्ञानिक तरीका सिखाएगी और आपको वह सब कुछ पाने में समर्थ बनाएगी, जो आप जीवन में सचमुच प्राप्त करना चाहते हैं। यदि आप अधिक सुखी, पूर्ण और समृद्ध जीवन चाहते हैं, तो आप इस चमत्कारिक शक्ति का प्रयोग करके अपने जीवन को सुखी बना सकते हैं, आप अपने काम-धंधे की समस्याएँ सुलझा सकते हैं और पारिवारिक रिश्तों में सद्भाव भी ला सकते हैं। इस पुस्तक को बार-बार पढ़ने की आवश्यकता है, तभी आपको पता चलेगा कि यह चमत्कारिक शक्ति कैसे काम करती है। इस पुस्तक के माध्यम से आप अपने अंदर छिपी प्रेरणा तथा बुद्धिमानी को सामने ला सकते हैं। इस पुस्तक द्वारा आप अपने अवचेतन

मन को प्रभावित करने की आसान तकनीकें भी सीख सकते हैं। इस पुस्तक द्वारा आप अपनी शक्ति के अनंत भंडार का दोहन करने का नया वैज्ञानिक तरीका भी अपना सकते हैं। इस पुस्तक को बहुत ध्यान, ईमानदारी और प्रेम से पढ़ने की आवश्यकता है। हर पल विश्वास रखें कि यह पुस्तक आपकी चमत्कारिक रूप से मदद कर सकती है। मेरा मानना है ऐसा ही होगा। यह पुस्तक आपके जीवन का निर्णायक मोड़ साबित होगी।

प्रत्येक मनुष्य प्रार्थना करता है

क्या आप जानते हैं कि प्रभावी प्रार्थना कैसे की जाती है? कितने लंबे वक्त से आपने निरंतर प्रार्थना करना छोड़ दिया है? देखा जाता है कि अक्सर खतरे या मुसीबत, बीमारी या मौत जैसी आपातकालीन स्थिति में ही प्रार्थनाएं मुँह से निकलती हैं। प्रतिदिन की खबरों पर एक नजर डालें। देशवासी किसी असाध्य बीमारी से पीड़ित बच्चे के लिए प्रार्थना कर रहे हैं, देशों के बीच शांति के लिए दुआ माँग रहे हैं, किसी खदान में पानी भर जाने के कारण फँसे खनिकों के लिए प्रार्थना कर रहे हैं। खनिकों ने बचने के बाद बताया कि उन्होंने भी बचाव का इंतजार करते समय प्रार्थना की थी।

माना कि मुसीबत में प्रार्थना हमेशा मदद करती है, लेकिन प्रार्थना को अपने जीवन का सृजनात्मक हिस्सा बनाने के लिए हमें मुसीबत का इंतजार करना क्यों पड़ता है? प्रार्थना के चमत्कारिक परिणाम अखबार में छपते रहते हैं, जो इस बात का सबूत हैं कि प्रार्थना प्रभावी होती है। लेकिन प्रार्थना के अन्य प्रकार भी हैं, जैसे बच्चों की छोटी-छोटी प्रार्थनाएँ, भोजन के वक्त ईश्वर का स्मरण, ईश्वर के साथ संप्रेषण के लिए धार्मिक आराधना। मैंने प्रार्थना की विभिन्न विधियों का अध्ययन करके खुद के जीवन में भी शक्ति महसूस की है। मैंने बहुत से लोगों के साथ बातचीत करके भी महसूस किया कि प्रार्थना से बहुत लाभ होता है। अधिकतर समस्या यह आती है कि किसी दूसरे को प्रार्थना करना कैसे सिखाया जाए। मुसीबत में फँसे लोगों के लिए तार्किक ढंग से सोचना बहुत मुश्किल होता है। जब सामने वालों की समस्याएँ उस पर हावी हो जायें तो उसके सुनने-समझने की क्षमता भी कम हो जाती है। उसे कोई सरल तरीका चाहिए ताकि वह उसका पालन कर सके। ऐसा प्रभावी तरीका, जो सरल लेकिन खास हो।

पुस्तक की अद्भुत विशेषताएं

इस पुस्तक की अद्भुत विशेषता है इसका व्यावहारिक और यथार्थपरक होना। इस पुस्तक में आपको सरल तरीके और प्रभावी फॉर्मूले मिलेंगे, जिनको आप प्रत्येक दिन अपने जीवन में आजमा सकते हैं। ये आसान तरीके मैंने विश्व के बहुत से लोगों को भी सिखाए हैं।

इस पुस्तक की कुछ खास बातें आपकी मदद करेंगी। इसमें यह भी बताया गया है कि आप जिस चीज के लिए प्रार्थना करते हैं, अक्सर आपको उसके उल्टे परिणाम क्यों मिलते हैं। विश्व के हजारों लोगों ने मुझसे पूछा है, ''बार-बार प्रार्थना करने के बावजूद मुझे माँगी हुई चीज क्यों नहीं मिली?'' इस पुस्तक में आपको इसका कारण पता चल जाएगा। पुस्तक अवचेतन मन को प्रभावित करने और सही उत्तर पाने के तरीकों का स्पष्टीकरण करती है। इसीलिए यह पुस्तक असाधारण रूप से मूल्यवान बन गयी है और मुसीबत के समय में हमेशा आपकी मदद करेगी।

विश्वास का नियम

बहुत से लोग सोचते हैं कि मनुष्य की प्रार्थना का उत्तर उस चीज के कारण मिलता है, जिसमें वह विश्वास करता है, लेकिन ऐसा नहीं है। उसे जो उत्तर मिलता है, अपने विश्वास के कारण मिलता है। प्रार्थना का फल तो तब भी मिलता है, जब मनुष्य का अवचेतन मन उस मनुष्य की मानसिक तस्वीर या विचार पर प्रतिक्रिया करके उसे हकीकत में बदल देता है। विश्वास का यह नियम विश्व के सभी धर्मों का रहस्य सिद्धांत है। यह उनके मनोवैज्ञानिक सत्य का छिपा हुआ कारण है।

धार्मिक भिन्नताओं के बावजूद बौद्ध, ईसाई, मुस्लिम और यहूदियों को अपनी प्रार्थनाओं के उत्तर मिलते हैं। ऐसा कैसे हो सकता है? इसका कारण यह है कि प्रार्थनाओं के उत्तर किसी खास विश्वास, धर्म, जुड़ाव, कर्मकांड, संस्कार, आराधना, भजन, मंत्र, बलि या चढ़ावे के कारण नहीं मिलते हैं। उत्तर तो उस विश्वास या मानसिक स्वीकृति के कारण मिलते हैं, जिसके साथ प्रार्थना की जाती है।

जीवन का नियम विश्वास का नियम है। विश्वास मस्तिष्क का एक विचार ही है। मनुष्य जैसा सोचता, महसूस करता और विश्वास करता है, वैसा ही उसके मन, शरीर और परिस्थितियों का निर्माण होता रहता है। आप क्या और क्यों कर रहे हैं? जब यह जान लेंगे तो आप अवचेतन मन की मदद से ऐसी तकनीक तैयार कर सकते हैं, जो जीवन की सभी अच्छी चीजें दिला सकती है। सफल प्रार्थना का मूल अर्थ मनोकामना पूरी होना है।

इच्छा प्रार्थना है

प्रत्येक मनुष्य सेहत, खुशी, सुरक्षा, मानसिक शांति और सच्ची अभिव्यक्ति की इच्छा रखता है, लेकिन उनमें कितने मनुष्य इन्हें पा लेते हैं? यूनिवर्सिटी के एक प्रोफेसर ने मुझसे एक बार कहा था कि ''मैं जानता हूँ कि यदि मैंने अपने मानसिक नजरिए को बदल लिया तो अपने भावनात्मक जीवन को नई दिशा दे सकता हूँ, और मेरे हृदय की स्थिति सुधर जाएगी। लेकिन मुझे यह बात पता है कि मेरे पास ऐसा करने की कोई तकनीक, प्रक्रिया या कार्यविधि नहीं है। मेरा मन विभिन्न समस्याओं पर इधर-उधर भटकता रहता है और मैं कुंठित, दुखी तथा पराजित महसूस करता हूँ।''

इस प्रोफेसर के मन में संपूर्ण स्वास्थ्य की इच्छा थी, लेकिन उसके पास यह ज्ञान नहीं था कि उसका दिमाग कैसे काम करता है, लेकिन इस ज्ञान से उसने अपनी मनोकामना पूरी कर ली। पुस्तक की उपचारक विधियों के प्रयोग से वह पूर्ण स्वस्थ हो गया।

शाश्वत मस्तिष्क अंश

अवचेतन मन की चमत्कारिक शक्तियाँ उस समय भी मौजूद थीं, जब आप और हम पैदा भी नहीं हुए थे, जब कोई चर्च नहीं था, जब विश्व ही नहीं था। जीवन की महान शाश्वत सच्चाइयाँ और सिद्धांत उस समय भी मौजूद थे, जब कोई धर्म शुरू नहीं हुआ था। मेरा आपसे निवेदन है कि आने वाले अध्यायों में आप इस अद्भुत, जादुई, कायापलट कर देने वाली चमत्कारिक शक्ति तथा उसकी उपयोगिता को अच्छे से जान लें। यह मानसिक और शारीरिक घावों को भरेगी और आपके डरे हुए मन को हौसला बँधाएगी । यह पुस्तक

आपको गरीबी, असफलता, दु:ख, कमी तथा कुंठा की सीमाओं से पूरी तरह आजाद कर देगी।

सिर्फ आपको मानसिक और भावनात्मक रूप से उस सपने के साथ जुड़ना है, जिसे आप हकीकत बनाना चाहते हैं। आपके अवचेतन मन की चमत्कारिक शक्तियाँ आपके सपने के अनुसार प्रतिक्रिया करेंगी। बस आपको आज और अभी शुरुआत करनी है। तब आपको अपने जीवन में चमत्कार होते दिखाई देगा। यह प्रक्रिया तब तक जारी रहे, जब तक सूरज न निकल आए और अंधेरा दूर न हो जाए।

2 आपके अंदर है बड़ा खजाना

सारा खजाना आपके ही अंदर है। इसीलिए अपनी दिली इच्छा का उत्तर भी अंदर ही खोजें।

आपके अंदर है बहुत बड़ा खजाना। उसे प्राप्त करने के लिए आपको सिर्फ अपने मन की आँखें खोलकर उसे देखना है। आपके अंदर नियामतों का अथाह भंडार है, जिसमें से आप सुखद, समृद्ध और आनंदमयी जीवन जीने के लिए प्रत्येक जरूरी चीज प्राप्त कर सकते हैं।

कई मनुष्य अपनी संभावना को इसलिए नहीं पहचान पाते हैं, क्योंकि उन्हें अपने अंदर मौजूद असीमित ज्ञान और अनंत प्रेम के भंडार के बारे में पता ही नहीं होता है। जबकि सच तो यह है कि इसमें से आप अपनी प्रत्येक मनचाही चीज प्राप्त सकते हैं।

लोहे का चुंबकीय टुकड़ा अपने भार से अधिक वजन उठाने की काबिलियत रखता है। लेकिन यदि उसके चुंबकीय गुण को हटा दिया जाये तो वह एक पंख का भार भी नहीं उठा सकेगा।

इसी तरह मनुष्य भी दो तरह के होते हैं। पहला, जिनमें चुंबकीय आकर्षण होता है, ऐसे मनुष्य आत्मविश्वास और विश्वास से परिपूर्ण होते हैं। उन्हें अपने बारे में पता है कि वे सफल होने तथा जीतने के लिए पैदा हुए हैं।

दूसरी तरह के मनुष्यों में चुंबकीय गुण नहीं होता है। ऐसे लोग बहुत बड़ी तादाद में होते हैं। वे भय और शंकाओं से भरे होते हैं। ऐसे लोग हमेशा कहते हैं, ''यदि मैं सफल नहीं हुआ, तो क्या होगा? कहीं मेरा पैसा न डूब जाए? लोग मेरी हँसी उड़ाएंगे।'' इस तरह के मनुष्य जिंदगी में ज्यादा आगे तक नहीं जा पाते हैं। उनका भय उन्हें आगे बढ़ने नहीं देता।

ऐसे लोग भी चुंबकीय मनुष्य बन सकते हैं, यद्यपि वे इतिहास के सबसे बड़े रहस्य को समझ ले और उस पर अमल करे।

सबसे बड़ा चमत्कारिक रहस्य

यदि कोई आपसे इतिहास का सबसे बड़ा चमत्कारिक रहस्य पूछे, तो आप क्या उत्तर देंगे? परमाणु ऊर्जा? ग्रहों पर पहुँचे अंतरिक्ष-यान? खंदक होल? नहीं, इनमें से कोई भी नहीं। तो फिर इतिहास का सबसे बड़ा चमत्कारिक रहस्य क्या है? मनुष्य इसे कहाँ खोज सकता है? इसे कैसे समझा जा सकता है और इसका लाभ कैसे लिया जा सकता है?

उत्तर आसान है। यह आपके अवचेतन मन में पाई जाने वाली अद्भुत, चमत्कारिक शक्ति ही है। यही वह जगह है, जिसे ज्यादातर मनुष्य तलाश करते हैं। यही कारण है कि यह रहस्य बहुत कम लोगों को पता चल पाता है।

अवचेतन मन की शक्ति

अवचेतन मन की चमत्कारिक शक्ति का प्रयोग सीखकर आप अपने जीवन में अधिक शक्ति, दौलत, सेहत, खुशी और आनंद पा सकते हैं।

इस चमत्कारिक शक्ति को प्राप्त करने की आपको जरूरत ही नहीं है। यह तो पहले से ही आपके अन्दर है। लेकिन आपको यह सीखना होगा कि चमत्कारिक शक्ति का प्रयोग कैसे किया जाता है। आपको इसे समझना ही होगा, ताकि आप अपने जीवन के सभी पहलुओं में इसका प्रयोग कर सकें।

यदि आप इस पुस्तक में दी गई सरल तकनीकों और प्रक्रियाओं का पालन करेंगे, तो आपको आवश्यक जानकारी तथा समझ मिल जाएगी। एक नया प्रकाश आपको प्रेरित कर देगा। आप अपने अन्दर एक नई शक्ति उत्पन्न करके अपनी सभी आशाओं और सपनों को साकार कर सकते हैं। आप अभी और इसी समय तय करें कि आप अपने जीवन को पहले से भी ज्यादा व्यापक, महान, समृद्ध और उदात्त बनाएँगे।

आपकी अवचेतन गहराइयों में असीमित ज्ञान, शक्ति और आपूर्ति का भंडार है। आपका अवचेतन मन प्रत्येक समय इस बात का इंतजार करता है कि आप इसे विकसित करें और अभिव्यक्ति दें। यदि आपने अपने अवचेतन मन की क्षमता को पहचान लिया तो आपकी इच्छाएँ बाहरी जगत में साकार हो सकती हैं।

खुले दिमाग वाला और ग्रहणशील व्यक्ति अपने अवचेतन मन में मौजूद असीमित ज्ञान से वह प्रत्येक चीज बता सकता है, जिसकी उसे कभी भी, कहीं भी जरूरत हो। आप नए विचार पा सकते हैं, आविष्कार कर सकते हैं, खोजें कर सकते हैं और नई कलाकृतियाँ बना सकते हैं। आपके अवचेतन का असीमित ज्ञान आपको आश्चर्यजनक नई जानकारी दे सकता है। यदि इसे अपने सामने प्रकट होने देंगे तो यह आपके जीवन में आदर्श अभिव्यक्ति और सही रास्ता खोल देगा।

अपने अवचेतन मन की बुद्धिमानी से आप आदर्श जीवन साथी, बिजनेस पार्टनर या सहयोगी को भी आकर्षित कर सकते हैं। यह आपको दौलतमंद बनने का रास्ता और वित्तीय रूप से आजाद बनाएगी ताकि आप अपने दिल की इच्छा के अनुसार बनें, करें और रहें।

भावना विचार, शक्ति, प्रकाश, प्रेम और सौंदर्य के इस आंतरिक जगत को खोजना आपका बुनियादी अधिकार है। ये शक्तियाँ अदृश्य जरूर हैं, लेकिन बहुत शक्तिशाली हैं। आपके अवचेतन मन में प्रत्येक समस्या का समाधान होता है। जब आप इन छिपी हुई चमत्कारिक शक्तियों का प्रयोग करना सीख लेंगे, तो आपको प्रचुरता, सुरक्षा, खुशी और नियंत्रण बढ़ाने के लिए आवश्यक शक्ति तथा बुद्धिमानी मिल जाएगी।

मैंने अवचेतन की शक्ति से अपाहिजों को पूर्ण स्वस्थ होते देखा है। अवचेतन मन के कारण उन्हें खुशी, सेहत और आनंद की भावनाओं को हकीकत में बदलते देखा है। आपके अवचेतन मन की चमत्कारिक शक्ति परेशान दिमाग और टूटे हुए दिल का इलाज कर सकती है। यह आपके मस्तिष्क को आजाद कर सकती है। यह चमत्कारिक शक्ति आपको भौतिक और शारीरिक बंधनों से स्वतंत्र कर सकती है।

शाश्वत कार्यकारी आधार

यदि आपको किसी भी क्षेत्र में प्रगति करने के लिए एक अनिवार्य और पहले कदम की आवश्यकता है। आपको एक शाश्वत कार्यकारी आधार (Working Basis) का पता लगाना होगा। अपने अवचेतन मन की कार्यविधि में निपुण बनने के लिए आपको इसके सिद्धांतों को समझना होगा। इसकी शक्तियों का प्रयोग करते समय ही जान पाएँगे कि आप जिन विशिष्ट लक्ष्यों को प्राप्त करना चाहते हैं, उन्हें आप इन शक्तियों की मदद से प्राप्त कर सकते हैं।

मैंने कई सालों तक केमिस्ट का काम करते समय अपने शुरुआती प्रशिक्षण में यह सीखा कि जब आप हाइड्रोजन के दो परमाणुओं और ऑक्सीजन के एक परमाणु को मिलाते हैं, तो परिणाम हमेशा पानी होता है- कभी-कभार या अक्सर नहीं, हमेशा। जब आप ऑक्सीजन के एक परमाणु और कार्बन के एक परमाणु को मिलाते हैं, तो कार्बन मोनोऑक्साइड नामक जहरीली गैस उत्पन्न होती है, लेकिन आप ऑक्सीजन का एक और परमाणु जोड़ देते हैं, तो आपको कार्बन डाइऑक्साइड मिल जाती है, जो प्राणियों के लिए हानिरहित और पौधों के लिए जीवनदायी होती है। ये शाश्वत और अपरिवर्तनीय तथ्य हैं। इन्हें हम सिद्धांत कहते हैं।

आपके अवचेतन मन के सिद्धांत केमिस्ट्री, फिज़िक्स और गणित के सिद्धांतों से अलग नहीं हैं। लेकिन रासायनिक या भौतिक शक्तियों का प्रयोग करने के लिए आपको इन क्षेत्रों के सिद्धांतों को भी सीखना होगा। आम तौर पर इस सिद्धांत को सभी स्वीकार करते हैं 'पानी अपना स्तर खोज लेता है।' यह एक शाश्वत सिद्धांत है। यह प्रत्येक जगह, प्रत्येक समय, पानी और पानी जैसे सभी द्रवों पर लागू होता है।

प्राचीन मिस्र के लोग इस सिद्धांत को अच्छी तरह से जानते थे। इसका प्रयोग उन्होंने महान पिरामिडों की नींव को समतल बनाने में किया था। आज भी सिंचाई तंत्र से लेकर हाइड्रो-इलेक्ट्रिक पावर स्टेशन बनाते समय इंजीनियर इसका प्रयोग करते हैं।

एक सिद्धांत यह है कि गर्म होने पर पदार्थ फैलता है। यह प्रत्येक जगह, प्रत्येक समय और प्रत्येक परिस्थिति में सच है। यदि आप स्टील के टुकड़े को गर्म करेंगे, तो यह फैलेगा, चाहे यह चीन, इंग्लैंड, भारत में हो या पृथ्वी का चक्कर लगा रहे अंतरिक्ष यान में हो। गर्म होने पर पदार्थ फैलता है। यह एक शाश्वत सत्य है। यह भी एक शाश्वत सत्य है कि आप अपने अवचेतन मन पर जो छाप छोड़ते हैं, वह परिस्थिति, अनुभव और घटना के रूप में व्यक्त होती है।

आपकी प्रार्थना का उत्तर मिलता है, क्योंकि आपके अवचेतन मन की शक्ति सिद्धांत है। सिद्धांत यानी वह तरीका, जिससे कोई चीज काम करती है। जैसे बिजली का एक महत्त्वपूर्ण सिद्धांत यह है कि यह उच्च क्षमता से निम्न क्षमता की ओर काम करती है। जब आप इलेक्ट्रिक स्टोव पर खाना पकाते हैं, तो आप बिजली के इस सिद्धांत को नहीं बदलते हैं। आप इस सिद्धांत का लाभ लेते हैं। प्रकृति के साथ सहयोग करके आप अद्भुत खोजों और आविष्कारों से मानवता को अनंत तरीकों से सुख प्रदान करते हैं।

आपका अवचेतन मन सिद्धांत है, जो विश्वास के नियम पर काम करता है। आपको जानना होगा कि विश्वास क्या है, यह क्यों और कैसे काम करता है। बाइबिल सरल, स्पष्ट और सुंदर तरीके से बताती है कि जो भी इस पहाड़ से कहेगा, तुम हट जाओ तथा समुद्र में चले जाओ और

वह अपने दिल में शंका नहीं करेगा, बल्कि विश्वास रखेगा कि जो वह कहता है, अवश्य होगा, तो वह जो कहेगा, वह अवश्य होगा।

आपके मन का नियम विश्वास का नियम है। अर्थात अपने मन की कार्यविधि में विश्वास करना, स्वयं विश्वास पर विश्वास करना है। आपके मन का विश्वास और कुछ नहीं, आपके मस्तिष्क का विचार है।

आपका अवचेतन मन आपके विचारों पर प्रतिक्रिया के अनुरूप अनुभवों, कार्यों, घटनाओं तथा परिस्थितियों को उत्पन्न कर देता है। ध्यान रखें, आपको सफलता उस चीज के कारण नहीं मिलती है, जिसमें आप विश्वास करते हैं, बल्कि सफलता तो मन के विश्वास के कारण मिलती है। यदि मानव जाति झूठे विश्वासों, विचारों, अंधविश्वासों तथा भय को स्वीकार करना बंद कर दे, शाश्वत सत्यों और जीवन की उन सच्चाइयों पर विश्वास करना शुरू करे तो आप आगे, ऊपर और ईश्वर की तरफ बढ़ने लगेंगे।

जो व्यक्ति इस पुस्तक को पढ़ेंगे और अवचेतन मन के सिद्धांतों पर विश्वास के साथ अमल करेंगे, वे अपने लिए भी और दूसरों के लिए भी वैज्ञानिक तथा प्रभावी प्रार्थना करने की काबिलियत प्राप्त करेंगे। आपकी प्रार्थना का उत्तर क्रिया और प्रतिक्रिया के शाश्वत नियम के अनुसार आता है। प्रतिक्रिया आपके अवचेतन मन का वह उत्तर है, जो आपके विचार की प्रकृति से मेल खाता है। अपने मन को स्वास्थ्य, सुख, शांति और सद्भाव की अवधारणाओं से भर दें तो आपके जीवन में चमत्कार होने लगेंगे।

दो मस्तिष्क

मस्तिष्क एक है, लेकिन इसके दो प्रकार के स्पष्ट और विशिष्ट कार्यकारी भाग हैं। दोनों का कार्य-विभाजन मस्तिष्क के सभी विद्यार्थियों को अच्छी तरह मालूम होता है। मस्तिष्क के दोनों हिस्से एक-दूसरे से बिलकुल अलग हैं। दोनों में विशिष्ट गुण और शक्तियाँ हैं, जो एक-दूसरे को अलग करती हैं।

मस्तिष्क के इन कार्यों में भेद करने के लिए कई नामों का प्रयोग किया जाता है, जैसे- वस्तुनिष्ठ और व्यक्तिनिष्ठ मन, चेतन और अवचेतन मन, जाग्रत और सुषुप्त मन, सतही और गहरा स्वरूप, स्वैच्छिक और अनैच्छिक मन, पुरुष और स्त्री मन आदि। इनका नाम चाहे जो भी रखें, इससे मस्तिष्क के मूल द्वैत का पता चलता है।

पुस्तक में आपके मस्तिष्क के दो हिस्सों के लिए चेतन और अवचेतन मन का प्रयोग किया गया है। यदि आपको दूसरे शब्द आसान लगते हों, तो आप उनका प्रयोग कर सकते हैं। महत्त्वपूर्ण शुरुआती बात यह है कि मस्तिष्क की इस द्वैत प्रकृति को पहचान लिया जाए और स्वीकार कर लिया जाए।

चेतन और अवचेतन मन की परिस्थितियाँ

मस्तिष्क के कार्यों को जानने का एक अद्भुत तरीका यह है कि आप मस्तिष्क को एक बगीचा मान सकते हैं। आप माली हैं। आप अपने अवचेतन मन में रोज़-ब-रोज़ विचार के बीज बो रहे हैं। लेकिन अधिकतर समय आपको यह महसूस ही नहीं होता है कि आप ऐसा कर रहे हैं, क्योंकि

बीज आपकी आदतन सोच पर आधारित होते हैं। आप जैसा अपने अवचेतन मन में बीज बोते हैं, आपको अपने शरीर तथा परिस्थितियों में वैसी ही फसल काटनी पड़ती है।

यदि आपका अवचेतन मन उपजाऊ मिट्टी है, तो वह सभी तरह के अच्छे या बुरे बीजों को उगने में मदद करेगी। यदि आप काँटे बोएंगे तो क्या आपको अंगूर मिल सकते हैं? यदि आप कँटीली झाड़ियाँ बोते हैं, तो क्या आपको अंजीर की फसल मिल सकती है? प्रत्येक विचार एक कारण है और प्रत्येक परिस्थिति एक परिणाम है। इसीलिए यह जरूरी है कि आप अपने विचारों पर नियंत्रण करें। सिर्फ इसी तरह इच्छित परिस्थितियाँ मिल सकती हैं।

यही वह सही समय होता है, जब आप शांति, खुशी, सही कर्म, सद्भावना और समृद्धि के विचारों के बीज बो सकते हैं। शांति और विश्वास से इन विषयों के बारे में सोचें। अपने चेतन मन में इन्हें पूरी तरह स्वीकार करें। यदि आप इन विचार-बीजों को अपने मस्तिष्क के बगीचे में बोते रहेंगे तो आपको बहुत बढ़िया फसल मिलेगी।

जब आपका मस्तिष्क सही तरीके से सोचना शुरू कर देगा, तब आप सच्चाई समझना शुरू कर देंगे, जब आपके अवचेतन मन तक पहुँचे विचार सृजनात्मक, सद्भावनापूर्ण और शांतिपूर्ण होते हैं, तो आपके अवचेतन की जादुई कार्यकारी शक्ति प्रतिक्रिया करेगी। यह उस विचार के लिए आवश्यक परिस्थितियों और उचित माहौल का निर्माण कर देगी। जब आप विचार प्रक्रियाओं को नियंत्रित करना शुरू कर देंगे तो आप किसी भी समस्या या मुश्किल में अपने अवचेतन मन की शक्तियों का प्रयोग करना भी शुरू कर देंगे। इस प्रकार आप देखेंगे कि आप जान-बूझकर असीमित शक्ति और अटूट नियम के साथ सहयोग कर रहे हैं, जो सभी चीजों पर लागू होता है।

अपने चारों तरफ देखें। आप चाहे जहाँ रहते हों, आपकी सामाजिक स्थिति चाहे जैसी हो, आप देखेंगे कि अधिकांश मनुष्य बाहरी दुनिया में जीते हैं। लेकिन ज्यादातर ज्ञानी मनुष्य अपने अंदरूनी विश्व में जीते हैं। उन्हें यह पता होता है, वास्तव में आपको भी पता होगा कि अंदर की दुनिया से ही बाहर की दुनिया भी उत्पन्न होती है। यही आपके विचार, भावनाएँ और सपने आपके अनुभव के जनक हैं। आंतरिक मन ही एकमात्र रचनात्मक शक्ति है। बाह्य संसार में आपको जितनी भी चीजें मिलती हैं, वे सभी आपने अपने मन के अंदरूनी संसार में उत्पन्न की हैं, चाहे आपने यह काम सचेतन रूप से किया हो या अचेतन रूप से।

जब आप अपने चेतन और अवचेतन मन की आपसी कार्यविधि के बारे में सच्चाई जान लेंगे, तो अपने जीवन की कायापलट करने में कामयाब हो जाएँगे। यदि आप बाह्य स्थितियों को बदलना चाहते हैं, तो आपको उनके कारणों को बदलना होगा। अधिकतर मनुष्य परिस्थितियों और स्थितियों से संघर्ष करके उनमें बदलाव लाने की कोशिश करते हैं। इसमें समय और श्रम की मात्रा अधिक लगती है। यही कारण है कि हम यह नहीं देख पाते हैं कि ये स्थितियाँ और परिस्थितियाँ किस कारण से उत्पन्न हुई हैं। मनमुटाव, दुविधा, कमी और सीमा को अपने जीवन से दूर करने के लिए इनके मूल कारण को दूर करना होगा। इसका एक ही तरीका है यानी जिससे आप अपने चेतन मन का प्रयोग करते हैं; वे विचार और तस्वीरें, जो आप इसमें भरते हैं। यदि आप इनके कारणों को बदल दें तो परिणाम अपने आप बदल जाएगा। यह बहुत ही आसान है।

मनुष्य असीमित दौलत के अथाह समुद्र में रहते हैं। उनका अवचेतन मन अपने चेतन विचारों के प्रति बहुत संवेदनशील होता है। ये चेतन विचार सीधे काम करते हैं, जिनमें आपके अवचेतन का

असीमित ज्ञान, बुद्धि, जीवन-शक्ति और ऊर्जा गतिशील रहती है। यदि आप इस साँचे को अधिक सकारात्मक बना दें, तो आपको इस असीमित ऊर्जा से अधिक लाभ हो सकता है।

यह पुस्तक सच्चे और प्रासंगिक उदाहरण देकर आपको बताती है कि आप अवचेतन मन के नियमों को किस तरह लागू कर सकते हैं। जब आप इन तकनीकों का प्रयोग करना सीख लेंगे, तो आप गरीबी के बजाय अमीरी, अंधविश्वास और अज्ञान के बजाय बुद्धिमानी, आंतरिक संघर्ष के बजाय शांति, असफलता के बजाय सफलता, दु:ख के बजाय खुशी, अंधकार के बजाय प्रकाश, मतभेद के बजाय सद्भाव, भय के बजाय आत्मविश्वास तथा विश्वास का अनुभव करने लगेंगे। यह आपके लिए अद्भुत वरदान हो सकते हैं।

अधिकतर महान वैज्ञानिकों, कलाकारों, कवियों, गायकों, लेखकों और आविष्कारकों को चेतन तथा अवचेतन मन की कार्यविधि की गहरी समझ थी। इसीलिए उन्हें अपने लक्ष्य प्राप्त करने की शक्ति मिली।

एक बार महान ऑपेरा गायक एनरिको केरूसो मंच पर जाने से घबरा रहे थे। भय के कारण उनके गले की मांसपेशियाँ ऐंठ गई थीं। उन्हें ऐसा लग रहा था जैसे उनके वाकतन्तुओं को लकवा मार गया हो और वे बेकार हो गए हों। वे मंच के पीछे गायक की पोशाक पहने खड़े थे और उनके चेहरे पर पसीना तर-ब-तर बह रहा था। क्योंकि कुछ ही समय बाद उन्हें हजारों की भीड़ के सामने मंच पर आकर गाना था।

कंपकंपाती हुई आवाज में उन्होंने कहा, ''मैं नहीं गा पाऊंगा। सभी व्यक्ति मेरे पर हंसेंगे। मेरा कैरियर खत्म हो गया।''

जैसे ही वे अपने रूम में जाने के लिए मुड़े। तभी अचानक वे रुककर चिल्लाए, ''मेरा कोई गला दबाने की कोशिश कर रहा है!''

वे पुन: मंच पर तनकर खड़े हो गए। उन्होंने अपने को आदेश दिया कि ''मैं गाना चाहता हूँ।''

उनका यह आदेश अपने अवचेतन मन की असीमित शक्ति और बुद्धि से था। वे चिल्लाने लगे, ''बाहर निकल जाओ, बाहर निकल जाओ, अब मैं गाने वाला हूँ।''

उनके अवचेतन मन ने प्रतिक्रिया करते हुए उनके अंदर की असीमित शक्तियों को स्वतंत्र कर दिया। वे समय पर मंच पर गए और उन्होंने बहुत शानदार तरीके से गाना गाया और श्रोता भी मंत्रमुग्ध हो गए।

इस घटना से आप समझ सकते हैं कि केरूसो ने मस्तिष्क के दो स्तरों को ही समझा था- चेतन या तार्किक स्तर और अवचेतन या अतार्किक स्तर। आपका अवचेतन मन हमेशा प्रतिक्रियाशील रहता है। यह आपके विचारों की प्रकृति के अनुरूप प्रतिक्रिया करता है। जब आपका चेतन मन भय, चिंता और तनाव से भरा होता है, तो आपके अवचेतन मन में नकारात्मक भाव प्रवाहित होने लगते हैं। ये नकारात्मक भाव चेतन मन में दहशत, आशंका और निराशा भर देते हैं। जब आपके साथ ऐसा होने लगे तो आप भी महान केरूसो के उदाहरण से कुछ सीख सकते हैं। आप दृढ़ता और पूरे अधिकार से अपने अधिक गहरे मन में उत्पन्न अतार्किक भावों से कह सकते हैं, ''चुप रहो। शांत हो जाओ। मैं नियंत्रण में हूँ। तुम्हें मेरे आदेश का पालन करना होगा। तुम मेरी आज्ञा का पालन करने के लिए विवश हो। तुम वहाँ दखल नहीं दे सकते, जो तुम्हारा क्षेत्र नहीं है।''

जब आप अपनी अतार्किक भावनाओं से दृढ़ता और अधिकार से यह बोलेंगे, तो परिणाम देखकर आप मंत्रमुग्ध हो जाएँगे। आपका मन शांति और सद्भाव से भर जाएगा। अवचेतन मन चेतन मन के अधीन रहता है। इसीलिए इसे अवचेतन कहा जाता है।

चेतन मन है कप्तान

चेतन मन समुद्री जहाज के एक कप्तान की तरह होता है। वह जहाज को दिशा देता है। वह इंजन रूम के व्यक्तियों को आदेश देता है, तभी वे बॉइलर, यंत्रों और बाकी उपकरणों को नियंत्रित करते हैं। उन्हें यह पता नहीं होता है कि वे कहाँ जा रहे हैं। वे तो सिर्फ कप्तान के आदेश का पालन करते हैं। लेकिन कप्तान कम्पास और बाकी यंत्रों के आधार पर गलत या दोषपूर्ण निर्देश जारी कर दे, तो जहाज चट्टानों से टकरा सकता है। इंजन रूम के व्यक्ति कप्तान के आदेशों का पालन करने के लिए मजबूर हैं, क्योंकि वही बॉस है। चूँकि उन्हें पता होता है कि कप्तान क्या कर रहा है, इसीलिए वे कप्तान से बहस नहीं करते हैं। वे सभी तो चुपचाप कप्तान के आदेशों का पालन करते हैं।

कप्तान अपने जहाज का मालिक होता है, इसीलिए सभी उसके आदेशों का पालन करते हैं। इसी प्रकार आपका चेतन मन भी आपके जहाज का कप्तान और मालिक होता है। जैसे आपसे जुड़े सभी मामलों का- आपके शरीर और आपके परिवेश। चेतन मन अपने विश्वास तथा अनुमानों के आधार पर आदेश देता है और आपका अवचेतन मन चुपचाप उन आदेशों को मान लेता है। यह आदेशों पर सवाल नहीं करता है या यह नहीं पूछता है कि वे किस आधार पर दिए जा रहे हैं।

यदि स्वयं से आप बार-बार कहें कि मेरे पास इस चीज को खरीदने के लिए पैसे नहीं हैं, तो आपका अवचेतन मन आपकी बात मान लेता है। वह यह सुनिश्चित कर देता है कि आपके पास अपनी मनचाही चीज खरीदने के लिए कभी पैसे न रहें। जब तक आप यह कहते रहेंगे कि मेरे पास कार है,लेकिन छुट्टियों में घर जाने के लिए पैसे नहीं हैं। तब भी आपका अवचेतन मन आपके आदेशों का पालन करता रहेगा। और आप इन चीजों को कभी नहीं खरीद पाएँगे। आप सोचेंगे कि ऐसा परिस्थितियों के कारण हुआ है।

आपको कभी भी यह महसूस ही नहीं होगा कि आपने अपने नकारात्मक विचारों से ये परिस्थितियाँ खुद निर्मित की हैं।

पिछले क्रिसमस पर नीना डब्ल्यू. नाम की एक युवती, दक्षिणी कैलिफोर्निया यूनिवर्सिटी की छात्रा, बीवर्ली हिल्स के एक बेहतरीन शॉपिंग इलाके से गुजर रही थी। उसके मन में उमंग थी कि वह बफैलो, न्यूयॉर्क में अपने परिवार के साथ छुट्टियाँ मनाने जायेगी।

जब नीना एक दुकान के पास से गुजरी, तो उसकी निगाह डिस्प्ले विंडो में रखे एक सुंदर स्पेनिश लेदर बैग पर पड़ी। उसने उसे पाने वाली नजरों से देखा, किन्तु उसकी कीमत देखते ही उसके मुँह से आह निकल गई।

वह स्वयं से कहने वाली ही थी कि मैं इतना महँगा बैग कभी नहीं खरीद पाऊँगी। लेकिन तभी उसे मेरी बात याद आ गयी कि कभी भी किसी नकारात्मक वाक्य को पूरा मत करो। इसे तत्काल उलटकर सकारात्मक कर दो और आपके जीवन में चमत्कार हो जाएँगे।

बैग को देखते हुए उसने फिर कहा कि यह बैग मेरा है और यह बिक्री के लिए है। मैं मानसिक रूप से स्वीकार करती हूँ कि यह मुझे मिलेगा और मेरा अवचेतन मन यह सुनिश्चित करेगा कि यह मुझे मिल जाए।

उसी शाम, डिनर पर नीना अपने मंगेतर से मिली। उसके हाथों में रैपर में लिपटा एक सुंदर तोहफा था। नीना ने उसे साँस रोककर खोला। यह वही लेदर बैग था, जिसे उसने उसी दोपहर को देखा था और अपना मान लिया था। उसने अपने मन को उम्मीद से भर लिया था। इस तरह उसने इस मामले को अधिक गहरे मन यानी अवचेतन मन में पहुँचा दिया था, जिसके पास उपलब्धि की शक्ति है।

नीना ने मुझे बाद में बताया कि मेरे पास उस बैग को खरीदने तक के पैसे नहीं थे, लेकिन इसके बावजूद भी यह मुझे मिला। अब मैं यह समझ चुकी हूँ कि मुझे धन और बाकी चीजें कहाँ मिलेंगी। वे सभी चीजें मुझे अपने अंदर के शाश्वत खजाने से ही मिलेंगी।

अवचेतन मन की प्रतिज्ञा

कुछ महीने पहले मुझे रूथ ए. नामक महिला का एक पत्र मिला, जिसने मेरा भाषण पहले भी सुना था। उसने अपने पत्र में लिखा था कि मैं 75 साल की विधवा हूँ। मेरे बच्चे बड़े होते ही बाहर चले गए थे और मैं अकेली रह गयी। मैं सोशल सिक्युरिटी तथा थोड़ी-सी पेंशन से ही अपना गुजारा कर रही थी। मेरा जीवन बहुत ही सूना और निराशाजनक था। लेकिन एक दिन मुझे अवचेतन मन की शक्तियों पर आपका भाषण याद आया। आपने कहा था कि दोहराव, विश्वास और उम्मीद के जरिये हम अपने विचार अवचेतन मन तक पहुंचा सकते हैं। मैंने आपके विचारों को आजमाने का फैसला किया, क्योंकि मेरे पास खोने के लिए कुछ नहीं था।

मैं बार-बार पूरी भावना से दोहराने लगी कि कोई-न-कोई मुझे चाहता है। कोई मुझसे प्यार करता है। मैं शादी-शुदा हूँ और मेरा पति दयालु, प्रेमपूर्ण तथा आध्यात्मिक मानसिकता वाला है। मैं सुरक्षित और सुखी हूँ।

मैंने लगभग दो हफ्ते तक यही बात कई बार दोहराई। एक दिन नुक्कड़ वाली दवाई की दुकान पर एक रिटायर्ड फार्मासिस्ट से मेरी मुलाकात हुई। वे बहुत दयालु, समझदार और बहुत धार्मिक भी थे। उन्होंने मेरी प्रार्थना का आदर्श उत्तर दिया था। नतीजतन एक हफ्ते के अंदर ही उन्होंने मुझसे शादी करने का प्रस्ताव रख दिया। इस समय हम यूरोप में हनीमून मना रहे हैं। मैं अच्छी तरह से जानती हूँ कि यह सब मेरे अवचेतन मन की बुद्धिमत्ता के कारण ही संभव हो पाया और हम दोनों बहुत करीब आ गये।

रूथ ने महसूस किया कि खजाना उसी के अंदर था। उसकी प्रार्थना उसके दिल को सच्ची लगी और उसकी सकारात्मकता उसके अवचेतन मन में उतर गई, जो रचनात्मक साधन है। जिस पल उसने दृढ़ता से यह तस्वीर देखी, उसके अवचेतन मन ने आकर्षण के नियम द्वारा उत्तर खोज लिया। बुद्धिमानी और समझदारी से भरा अवचेतन मन उसे और उसके नए पति को एक साथ ले आया।

जरूर सोचें

जो भी चीजें सच्ची हैं, जो भी चीजें ईमानदार हैं, जो भी चीजें न्यायपूर्ण हैं, जो भी चीजें शुद्ध हैं, जो भी चीजें प्यारी हैं, जो भी चीजें अच्छी हैं, लेकिन कोई विश्वास है और कोई प्रशंसा है, तो इन चीजों के बारे में सोचें।

याद रखें

1. प्रत्येक युग के महान मनुष्यों का चमत्कारिक रहस्य यह था कि उनमें अपने अवचेतन मन की चमत्कारिक शक्तियों से संपर्क करने और उन्हें स्वतंत्र करने की प्रतिभा थी। आप भी ऐसा ही कर सकते हैं।
2. प्रत्येक मनुष्य अपने अवचेतन मन द्वारा सारी समस्याओं के समाधान खोज सकता है। यदि आप सोने से पहले अवचेतन मन से कहें, ''मैं सुबह छह बजे उठना चाहता हूँ,'' तो यह आपको ठीक उसी समय जगा देगा।
3. आपका अवचेतन मन आपके शरीर का निर्माता है और आपका उपचार कर सकता है। इसीलिए आप प्रत्येक रात आदर्श विचारों के साथ सोयेंगे तो आपका अवचेतन मन आपके आदेश का पालन करेगा।
4. प्रत्येक विचार एक कारण है और प्रत्येक परिस्थिति एक परिणाम है।
5. यदि आप एक अच्छी पुस्तक लिखना चाहते हैं, बढ़िया नाटक लिखना चाहते हैं, अपने श्रोताओं के सामने बेहतर भाषण देना चाहते हैं, तो आप अपने इन विचारों को प्रेम के साथ अपने अवचेतन मन तक पहुँचा दें। फिर आपका अवचेतन मन इन्हीं विचारों के लिए प्रतिक्रिया करेगा।
6. आप जहाज के कप्तान की तरह हैं। आपको सही निर्देश देने होंगे, वरना जहाज दुर्घटनाग्रस्त हो जाएगा। इसी तरह से आपको अपने अवचेतन मन को सही आदेश (विचार और तस्वीरें) देने होंगे, जो आपके सभी अनुभवों को नियंत्रित करता है।
7. ऐसे वाक्यों का प्रयोग कभी न करें, ''मेरे पास इसके लिए पैसे नहीं हैं'' या ''मैं यह काम नहीं कर सकता। क्योंकि आप जो सोचते हैं, आपका अवचेतन मन उसी बात को सच मान लेता है। आपका अवचेतन मन ही यह सुनिश्चित करता है कि आपके पास कभी पैसे न रहें या वह काम करने की क्षमता न रहे, जो आप करना चाहते हैं। इसीलिए आप दृढ़ता से कह सकते हैं कि मैं अपने अवचेतन मन की शक्ति से सारे काम कर सकता हूँ।''
8. जीवन का नियम विश्वास का नियम है। विश्वास आपके मस्तिष्क का एक विचार है। उन चीजों में विश्वास न करें, जो आपको नुकसान या चोट पहुँचाए। आप हमेशा अपने अवचेतन की शक्तियों में विश्वास करें। यह आपके लिए उपचार का काम करेंगी, प्रेरित करेंगी, शक्तिशाली और समृद्ध बनाएंगी। आपके अवचेतन मन पर विश्वास के अनुरूप ही आपको फल मिलेगा।
9. अपने विचारों को बदल लें, आपकी तकदीर खुद-ब-खुद बदल जाएगी।

3

मस्तिष्क की कार्यशैली

अच्छा सोचेंगे, तो अच्छा होगा। बुरा सोचेंगे, तो बुरा होगा।
आप वही बनेंगे, जो आप दिन भर सोचते हैं।

मस्तिष्क ही आपकी सबसे कीमती पूंजी है। क्योंकि यह हमेशा आपके साथ है, लेकिन इसकी चमत्कारिक शक्तियां आपको तभी मिल पाएँगी, जब आप इसका उपयोग करना जानते हो। आप देख चुके हैं कि आपके मस्तिष्क के दो स्तर हैं- चेतन या तार्किक स्तर और अवचेतन या अतार्किक स्तर। आप अपने चेतन मन से विचार करते हैं। यही आदतन विचार आपके अवचेतन मन में चले जाते हैं। यही आपके विचारों की प्रकृति के अनुरूप परिस्थितियाँ बनाने का काम करते हैं। आपका अवचेतन मन आपकी भावनाओं का रचनात्मक स्थान है। अच्छा सोचने पर आपको अच्छे परिणाम मिलेंगे और बुरा सोचने पर बुरे परिणाम मिलेंगे। आपका मस्तिष्क इसी प्रकार काम करता है।

आप हमेशा यह याद रखें, एक बार जब अवचेतन मन किसी विचार को स्वीकार कर लेता है, तो वह तुरंत इस पर काम करने लगता है। समझने वाली बात यह कि अवचेतन मन का नियम अच्छे तथा बुरे दोनों तरह के विचारों पर एक समान काम करता है। यदि इस नियम का नकारात्मक रूप से प्रयोग किया जायेगा तो असफलता, कुंठा और दु:ख उत्पन्न करता है। यदि इसका प्रयोग सकारात्मक रूप से किया जायेगा तो यह सद्भावनापूर्ण और सृजनात्मक भी होता है। इस प्रकार की सोच से आदर्श सेहत, सफलता और समृद्धि मिलती है। सही तरीके से सोचने से आपको मानसिक शांति और स्वस्थ शरीर मिलते हैं। आप मानसिक रूप से जिसे भी सच मानेंगे, आपका अवचेतन मन उसे स्वीकार कर लेगा और उसे साकार कर देगा। बस एक बार आपका अवचेतन मन इन विचारों को स्वीकार कर ले। फिर आपका अवचेतन मन का नियम आपकी मनचाही सेहत, शांति और समृद्धि उत्पन्न करना शुरू कर देगा। आपके आदेश देते ही आपका अवचेतन मन पर छोड़ी गई वैचारिक छाप को साकार करने के लिए पूरी निष्ठा से काम करना शुरू कर देता है।

मस्तिष्क का नियम अवचेतन मन की प्रतिक्रिया चेतन मन में रखे गए विचार की प्रकृति से तय होती है।

मनोवैज्ञानिकों का कहना है कि जब एक बार विचार आपके अवचेतन मन तक पहुँच जाते हैं, तो मस्तिष्क की कोशिकाओं में उनकी छाप बन जाती है। अवचेतन मन एक बार किसी विचार को स्वीकार कर लेता है, तो वह उसे साकार करने में लग जाता है। विचारों के साहचर्य के अनुसार काम करके यह अपने लक्ष्य को साकार करने के लिए ज्ञान के प्रत्येक उस हिस्से का प्रयोग करता है, जो आपने जिंदगी भर इकट्ठा किया है। यह आपके अंदर की असीमित शक्ति, ऊर्जा और बुद्धि का प्रयोग करता है। परिणाम पाने के लिए यह प्रकृति के सभी नियमों का प्रयोग

करता है। कई बार यह आपकी मुश्किलों का समाधान तत्काल खोज लेता है, जबकि कई बार बहुत ज्यादा समय लगा सकता है। इसके तरीके अबूझ हैं।

चेतन और अवचेतन के क्षेत्र

चेतन और अवचेतन दो मस्तिष्क नहीं हैं बल्कि एक ही मस्तिष्क में होने वाली गतिविधियों के दो क्षेत्र हैं। आपका चेतन मन तार्किक मस्तिष्क है। यह मस्तिष्क का वह हिस्सा है, जो विकल्प चुनता है। उदाहरण के लिए, आप अपनी पुस्तकें, अपना घर, अपना जीवनसाथी चुनते हैं। आप अपने सारे निर्णय चेतन मन से करते हैं। दूसरी तरफ, आपके सचेतन चुनाव के बिना ही आपका हृदय अपने आप काम करता है और पाचन, रक्त संचार तथा साँस लेने की अनिवार्य प्रक्रियाएं चलती रहती हैं। ये सारे काम आपका अवचेतन मन करता है। इन प्रक्रियाओं के लिए आपके चेतन नियंत्रण की जरूरत नहीं होती है।

आप अपने अवचेतन मन पर जो भी छाप छोड़ते हैं या आप जिसमें भी प्रबल विश्वास करते हैं, आपका अवचेतन मन उसे स्वीकार कर लेता है। यह आपके चेतन मन की तरह तर्क नहीं करता है या बहस नहीं करता है। आपका अवचेतन मन उस मिट्टी के समान है जो किसी भी तरह के बीज को स्वीकार कर लेती है, चाहे वह अच्छा हो या बुरा। आपके विचार सक्रिय हैं। वे बीज हैं। नकारात्मक या विध्वंसात्मक विचार आपके अवचेतन मन में नकारात्मक रूप से काम करते हैं। देर-सबेर वे प्रकट हो जाएंगे और अपने अनुरूप किसी नकारात्मक घटना को उत्पन्न कर देंगे।

ध्यान देने वाली बात यह भी है कि आपका अवचेतन मन कभी भी यह साबित करने की कोई कोशिश नहीं करता है कि आपके विचार अच्छे हैं या बुरे, सही हैं या गलत। यह तो सिर्फ आपके विचारों या सुझावों की प्रकृति के अनुरूप प्रतिक्रिया करता है। जैसे यदि आप किसी झूठी चीज को भी चेतन रूप से सच मान लें, तो आपका अवचेतन मन इसे सच मान लेगा और उसके अनुरूप परिणाम देने लगेगा, क्योंकि आपने चेतन रूप से इसे सच मान लिया था।

मनोवैज्ञानिक प्रयोग

मनोवैज्ञानिकों ने बहुत से लोगों पर प्रयोग किए हैं। उनके शोध से पता चलता है कि अवचेतन मन कोई चयन या तुलना नहीं करता है, जो तार्किक प्रक्रिया के लिए जरूरी है। आपका अवचेतन मन किसी भी सुझाव को स्वीकार कर लेगा, भले ही वह सरासर झूठा हो। सुझाव मानने के बाद यह उसकी प्रकृति के अनुसार प्रतिक्रिया करेगा।

आपका अवचेतन मन कितना सुझावशील है, यह समझने के लिए एक उदाहरण देखें। यदि कोई सम्मोहन विशेषज्ञ किसी को यह सुझाव दे कि वह नेपोलियन बोनापार्ट है या कुत्ता या बिल्ली है, तो वह व्यक्ति पूरी गंभीरता से उस भूमिका को निभाने लगेगा। कुछ समय के लिए उसका पूरा व्यक्तित्व बदल जाएगा। वह व्यक्ति खुद को वही मान लेगा, जिसका सुझाव सम्मोहन विशेषज्ञ ने दिया है।

एक निपुण सम्मोहन विशेषज्ञ अपने किसी छात्र को यह सुझाव दे सकता है कि वह अपनी पीठ खुजाए, दूसरे को यह सुझाव दे सकता है कि उसकी नाक से खून बह रहा है, तीसरे को यह सुझाव दे सकता है कि वह संगमरमर की मूर्ति है तथा चौथे को यह सुझाव दे सकता है कि

तापमान शून्य से कम है और वह बर्फ की तरह जम गया है। प्रत्येक विद्यार्थी उसके दिए गए विशिष्ट सुझाव के अनुरूप काम करेगा। वह उन सभी परिस्थितियों को नजरअंदाज कर देगा, जो उस सम्मोहन के सुझाव के अनुरूप न हों।

ये उदाहरण आपके चेतन मन या तार्किक मस्तिष्क और आपके अवचेतन मन के अंतर को रेखांकित करते हैं। आपका अवचेतन मन भाववाचक और चयनहीन है। यह प्रत्येक उस चीज को सच मान लेता है, जिसे आपका चेतन मन सच मानता है। इसलिए यह महत्त्वपूर्ण है कि आप ऐसे विचार और आधार-वाक्य चुनें, जो आपको सुख पहुँचाएं, आपका उपचार करें और आपकी आत्मा को खुशी से भरें।

यथार्थवादी और कल्पनावादी स्पष्टीकरण

चेतन मन को कई बार यथार्थवादी मन कहा जाता है, क्योंकि इसका संबंध बाहरी वस्तुओं से होता है। यथार्थवादी मन बाहरी विश्व के प्रति जागरूक रहता है। इसके अवलोकन के साधन पाँच शारीरिक इंद्रियाँ हैं। यथार्थवादी मन परिवेश से संपर्क का मार्गदर्शक और निर्देशक भी है। सभी पाँच इंद्रियों के जरिये ज्ञान प्राप्त करते हैं। यथार्थवादी मन अवलोकन, अनुभव और शिक्षा से सीखता है। क्योंकि यथार्थवादी मन का सबसे बड़ा कार्य तर्क करना है।

मान लें, आप उन हजारों-लाखों पर्यटकों में से एक हैं, जो प्रत्येक साल ग्रांड कैनयॉन की सैर करते हैं। आप इस निष्कर्ष पर पहुँचेंगे कि यह विश्व के सबसे अद्भुत प्राकृतिक आश्चर्यों में से एक है। क्योंकि आपका अवलोकन यहाँ की अविश्वसनीय गहराई, चट्टानों के जटिल आकार, भिन्न-भिन्न स्थानों पर रंगों की अद्भुत चित्रकारी पर आधारित होगा। यही आपके यथार्थवादी मन का काम भी है।

अवचेतन मन को अक्सर कल्पनावादी मन भी कहा जाता है। आपका कल्पनावादी मन अपने माहौल के प्रति जागरूक तो होता है, लेकिन शारीरिक इंद्रियों के माध्यम से नहीं। आपका अवचेतन मन आन्तरिक ज्ञान से महसूस करता है क्योंकि इसमें ही भावनाओं और यादों का भंडार है। कल्पनावादी मन अपने उच्चतम कार्य उस समय करता है, जब यथार्थवादी इंद्रियाँ अपना काम नहीं करती हैं। अर्थात जब यथार्थवादी मन शिथिल हो, तब कल्पनावादी बुद्धि सबसे अच्छी तरह काम करती है।

कल्पनावादी मन आँखों की इंद्रिय के बिना देखता है। यह एक प्रकार से अतीन्द्रिय क्षमता है जो आपसे जुड़ी घटनाओं को महसूस कर सकती है। कल्पनावादी मन दूर देशों की यात्रा कर सकता है और अक्सर बहुत सटीक तथा सच्ची जानकारी प्राप्त कर सकता है। कल्पनावादी मन के माध्यम से आप दूसरों के विचार जान सकते हैं, बंद चिट्ठियों में क्या लिखा हो सकता है, जान सकते हैं।

यदि आपने यर्थाथवादी और कल्पनावादी मन की आपसी कार्यविधि को समझ लिया तो आप प्रार्थना की सच्ची कला को सीखने के लिए बेहतर स्थिति में पहुँच जाते हैं।

अवचेतन मन चेतन मन की तरह तर्क नहीं कर सकता

आप अपने अवचेतन मन को कुछ भी सन्देश दें, उसमें बहस या विरोध करने की क्षमता नहीं होती। आपकी गलत जानकारी को भी वह सच मान लेगा। और फिर आपका अवचेतन मन

उस जानकारी को सही बनाने का काम करेगा। आपके द्वारा दिए गये गलत सुझावों को भी यह परिस्थितियों, अनुभवों और घटनाओं में साकार करना शुरू कर देगा।

आपके साथ जो भी होता है वह इसलिए भी होता है, क्योंकि आपने विश्वास के माध्यम से अपने अवचेतन मन पर उसकी छाप छोड़ी है। यदि आपने कुछ गलत सन्देश दिया है या अपने अवचेतन मन तक विकृत अवधारणाएँ पहुँचाई हैं, तो उन्हें शीघ्र ही सुधारना पड़ेगा। इसे सुधारने का सबसे अच्छा तरीका अपने अवचेतन मन को लगातार सृजनात्मक और सद्भावनापूर्ण विचार प्रसारित करते रहना महत्त्वपूर्ण है। यदि आप इससे बार-बार दोहरायेंगे तो आपका अवचेतन मन इन्हें स्वीकार कर लेगा। यहीं से आप अपने जीवन में नई तथा ज्यादा अच्छी आदतें डाल सकते हैं, क्योंकि आपका अवचेतन मन आदत का स्थान है। आपके चेतन मन के आदतन विचार आपके अवचेतन मन में गहरे रूप में अपनी जड़ें बनाये हुए होते है। यदि आपने अपने विचारों में सद्भावना पूर्ण, शांत और सृजनात्मक रुख अख्तियार किया है, तो आपका अवचेतन मन प्रतिक्रिया करते हुए सद्भाव, शांति और सृजनात्मक परिस्थितियाँ उत्पन्न करेगा।

यदि आप भय, चिंता और अन्य प्रकार के निराशाजनक विचारों के शिकार हैं, तो आप अपने अवचेतन मन की शक्ति को पहचानकर उसे स्वतंत्रता, खुशी और संपूर्ण स्वास्थ्य के सन्देश देना शुरू कर दें। क्योंकि आपका अवचेतन मन रचनात्मक है और चमत्कारिक स्रोत के साथ एकरूप है। यह उस स्वतंत्रता, खुशी और संपूर्ण स्वास्थ्य को उत्पन्न करने लगेगा, जो आदेश आपने पूरे विश्वास से दिया है।

सुझाव की शक्ति

आप समझ गये होंगे कि आपका चेतन मन 'द्वारपाल' की तरह काम करता है। यह गलत सुझावों से आपके अवचेतन मन की रक्षा करता है। यह मस्तिष्क के इस मूलभूत नियम पर आधारित है कि आपका अवचेतन मन सुझाव के प्रति बेहद संवेदनशील है।

आपने देखा कि आपका अवचेतन मन तुलना या विरोध नहीं कर सकता है। यह तर्क-वितर्क नहीं कर सकता है और स्वयं कुछ भी नहीं सोच सकता है। ये सभी काम चेतन मन के हैं। अवचेतन मन तो बस चेतन मन द्वारा पड़ी छाप पर प्रतिक्रिया करता है। यह भिन्न-भिन्न दिशाओं के बारे में नहीं सोचता। यह वही सोचता है जो दिया जाता है।

सुझाव की शक्ति को आप इस प्रकार महसूस कर सकते हैं, जैसे आप एक जहाज पर हैं, जो थोड़ा हिल रहा है। आप अपने सहयात्री से कहें कि आपकी हालत अच्छी नहीं लग रही है। आपका चेहरा बिलकुल पीला लग रहा है! आपको देखकर लगता है कि आपको समुद्री यात्रा में होने वाली मतली हो सकती है। क्या मैं आपको केबिन तक पहुँचा दूँ?

आपके सुझाव से यात्री का चेहरा पीला पड़ गया, जो उसके खुद के भय और आशंका से मेल खाता है। वह आपकी मदद लेकर अपने केबिन में जरूर पहुँच जाता है, लेकिन वहां पहुँचने पर आपके नकारात्मक सुझाव को सही मान लेता है और आपका सुझाव सच हो जाता हैं।

एक सुझाव प्रतिक्रिया अनेक

हमारे लिए यह समझना बहुत जरूरी है कि एक ही सुझाव पर भिन्न-भिन्न मनुष्य भिन्न-भिन्न तरीके से प्रतिक्रिया देंगे। क्योंकि उनके विश्वास या अवचेतन की परिस्थितियां भिन्न-भिन्न होती है।

यदि आप अपने सहयात्री की जगह किसी अन्य जहाजी के पास जाकर कहें कि हैलो, आपकी हालत ठीक नहीं दिख रही है। कहीं आपको समुद्री यात्रा के कारण मतली तो नहीं आने वाली है ?

यह सन्देश उसके मिजाज पर निर्भर करता है कि वह आपके लचर मजाक पर हँसे या आपको वहाँ से दफा कर दे। आपके सुझाव का उस पर कोई असर नहीं हुआ, क्योंकि विश्वास है कि समुद्री यात्रा में उसे कभी मतली नहीं हो सकती। उसे जरा भी भय महसूस नहीं होगा, बल्कि आत्मविश्वास सामने आएगा।

सुझाव सिर्फ किसी चीज को किसी के मस्तिष्क में डालने का काम है। यह एक मानसिक प्रक्रिया है, जिससे सुझाया गया विचार स्वीकार किया जाता है। हमेशा याद रखें कि कोई भी सुझाव, चेतन मन की इच्छा के बिना अवचेतन मन पर कोई भी प्रभाव नहीं छोड़ सकता। आपके चेतन मन में उस सुझाव को अस्वीकार करने की शक्ति होती है।

जहाजी को समुद्री यात्रा के कारण मतली का कोई भय नहीं था। उसे पूरा भरोसा था कि वह सुरक्षित है, इस नकारात्मक सुझाव में उसे डराने की शक्ति नहीं थी, लेकिन आपकी सहयात्री पहले से ही बीमार होने के बारे में चिंतित थी। इसलिए आपके सुझाव के अनुरूप परिस्थितियाँ बन गईं। प्रत्येक मनुष्य में अंदरूनी भय, मान्यताएं, राय होती हैं। ये अंदरूनी मान्यताएँ हमारे जीवन को नियंत्रित करती हैं। सुझाव की अपनी स्वयं की कोई शक्ति नहीं होती है। इसकी शक्ति तब उत्पन्न होती है, जब आप इसे मानसिक रूप से स्वीकार करेंगे। अवचेतन शक्तियाँ सुझाव की प्रकृति के अनुरूप काम करती हैं।

मैं अपना हाथ देने को तैयार हूँ

कई सालों से मैं कैक्सटन हॉल में लंदन टूथ फोरम में निरंतर रूप से भाषण दे रहा हूँ, मैंने इसे कुछ साल पहले स्थापित किया था। इसकी निदेशक डी. इवलिन फ्लीट ने मुझे एक आदमी के बारे में बताया कि उसकी छोटी बेटी को रयूमेटॉइड आर्थराइटिस और दर्दनाक चर्मरोग सोराएसिस (Psoraisis) था।

बहुत जगह इलाज कराया, लेकिन तमाम कोशिशों के बाद भी कोई फायदा नहीं हुआ। वह आदमी हताश होकर, स्वयं से और अपने दोस्तों से यही कहता था कि अपनी बेटी को स्वस्थ देखने के लिए मैं अपना दाहिना हाथ देने को भी तैयार हूँ।

डी. फ्लीट के अनुसार एक दिन परिवार सैर-सपाटे पर गया। कार की दुर्घटना हो गई और पिता का दाहिना हाथ कंधे से अलग हो गया। अस्पताल से घर लौटने पर उसने पाया कि उसकी बेटी का आर्थराइटिस और चर्मरोग बिलकुल ठीक हो चुका था।

हमेशा याद रखें कि आप अवचेतन मन को सिर्फ वही सुझाव दें, जो सही हो, जो आपको ऊपर उठाए और प्रेरित करे। क्योंकि आपका अवचेतन मन मजाक नहीं समझता है। यह तो आपके आदेश का पालन करता है ।

आत्म-सुझाव ने भय को किस तरह भगाया

आत्म-सुझाव का अर्थ है खुद को किसी निश्चित और विशिष्ट बात का सुझाव देना। प्रत्येक साधन की तरह यह भी गलत प्रयोग से नुकसान और सही तरीके से प्रयोग करने पर बहुत उपयोगी बन सकता है।

जेनेट आर. एक प्रतिभावान युवा गायिका थी। उसे ओपेरा प्रोडक्शन में एक महत्त्वपूर्ण भूमिका के ऑडिशन के लिए जाना था। वह ऑडिशन के लिए उतावली थी, लेकिन आशंकित भी थी ।

उसने पहले भी तीन बार निर्देशकों के सामने ऑडिशन दिया था, लेकिन वह उनमें असफल रही। क्योंकि उसे असफल होने का भय सता रहा था। उसकी आवाज बहुत अच्छी थी, लेकिन वह यही सोचती रहती थी कि जब गाने का वक्त आएगा, तो मैं बुरा गाऊंगी। शायद मुझे वह भूमिका कभी नहीं मिलेगी। इस बार भी वे मुझे पसंद नहीं करेंगे। वे सोच रहे होंगे कि मैंने फिर से करने की हिम्मत भी कैसे की। मैं ऑडिशन देने तो जरूर जाऊँगी, लेकिन मैं जानती हूँ कि मैं असफल हो जाऊँगी। उसके अवचेतन मन ने इन नकारात्मक आत्म-सुझावों को मान लिया। अवचेतन मन इन्हें सच साबित करने में जुट गया और उन्हें परिस्थितियों में बदल दिया। क्योंकि यह अनचाहा आत्म-सुझाव था। उसका भय हकीकत में बदल गया और उसके विचार सच हो गए।

युवा गायिका नकारात्मक आत्म-सुझावों से उबरने में सफल हुई। क्योंकि उसने सकारात्मक आत्म-सुझावों से नकारात्मकता का विरोध किया। वह एक शांत कमरे में अकेली जाती और एक कुर्सी पर आराम से बैठकर अपने शरीर को ढीला छोड़कर अपनी आँखें बंद कर लेती थी। उसने अपने मस्तिष्क और शरीर को यथासंभव स्थिर करके शारीरिक निष्क्रियता मानसिक निष्क्रियता को प्रेरित किया और मस्तिष्क को सुझाव के प्रति अधिक ग्रहणशील बना दिया।

भय का प्रतिकार करने के लिए वह स्वयं से कहती कि मैं बहुत अच्छा गाती हूँ। मैं शांत, संतुलित, आत्मविश्वासी हूँ। प्रत्येक बार वह इस कथन को धीरे-धीरे, शांति से और भावना के साथ पाँच से दस बार दोहराती थी। उसने दिन में कई बार यह काम किया और एक बार रात को सोने से ठीक पहले भी।

एक सप्ताह में ही वह बहुत आत्मविश्वासी बन गई। निर्णायक समय में उसने बहुत बढ़िया ऑडिशन दिया और उसे भूमिका मिल गई।

अपनी याददाश्त पर गर्व

75 साल की एक महिला को हमेशा से अपनी याददाश्त पर गर्व था। हालाँकि बाकी बूढ़ी महिलाओं की तरह वह भी कभी-कभार चीजें भूल जाती थी, लेकिन उसका कभी भी इस तरफ ध्यान ही नहीं गया। जब उसकी उम्र बढ़ने लगी तो उसने भूलने वाले मौकों पर अधिक ध्यान देना शुरू कर दिया और उनके बारे में सोचना भी शुरू कर दिया। किसी वस्तु के भूल जाने पर वह स्वयं से कहती कि बुढ़ापे के कारण मेरी याददाश्त कमजोर होती जा रही है।

नकारात्मक आत्म-सुझाव के कारण वह अधिक से अधिक नाम तथा घटनाएं भूलने लगी। वह हताश हो गई। लेकिन उसे यह महसूस हो गया कि वह खुद को नुकसान पहुँचा रही है। उसने इस प्रक्रिया को उलटने का संकल्प किया।

जब भी वह सोचती कि मेरी याददाश्त कमजोर होती जा रही है, तो वह रुक कर इस प्रक्रिया को उलट देती थी। वह समय-समय पर सकारात्मक आत्म-सुझाव का अभ्यास करती थी। वह खुद से कहती थी- आज से मेरी याददाश्त सुधर रही है। वह मुझे प्रत्येक पल, प्रत्येक जगह, हमेशा याद रहेगा। मुझे घटनाएं स्पष्टता से याद रहेंगी। मैं जो भी याद करना चाहूंगी, मुझे तुरंत याद आ जाएगा। मुझमें तेजी से सुधार हो रहा है। बहुत जल्दी मेरी याददाश्त पहले से भी अच्छी हो जाएगी। इस प्रकार तीन हफ्ते में ही उसकी याददाश्त सामान्य हो गई।

स्वभाव पर काबू पाना

एक बार एक व्यक्ति मुझसे परामर्श लेने आया कि उसका वैवाहिक जीवन और कैरियर दोनों ही गंभीर संकट में पड़ गये हैं। ह्यू डी. की समस्या बहुत गंभीर थी, क्योंकि वह बहुत चिड़चिड़ा और गुस्सैल था। इसके बारे में वह बहुत चिंतित रहने लगा। जब भी कोई दूसरा इस बारे में उससे बात करने की कोशिश करता था, तो वह आगबबूला हो उठता था। वह स्वयं से कहता रहता कि प्रत्येक व्यक्ति मुझे सता रहा है और मुझे उन सभी से अपनी रक्षा करनी है।

उसके नकारात्मक आत्म-सुझाव को दूर करने के लिए मैंने उसे सकारात्मक आत्म-सुझाव का प्रयोग करने की सलाह दी। वह सुबह, दोपहर और रात को सोने से पहले स्वयं से कहता कि आज से मैं और अधिक अच्छे स्वभाव का बनने की कोशिश करूँगा। अब मेरी मनोदशा खुशी, सुख और खुशमिजाजी की हो रही है। प्रत्येक दिन मैं अधिक प्रेम करने काबिल और समझदार बन रहा हूँ। मैं अपने आस-पास के सभी मनुष्यों के लिए सद्भावना का केंद्र बनूँगा तथा अपने अच्छे व्यवहार से उन्हें खुश कर दूंगा। यह सुखद, खुशनुमा स्वभाव अब मेरा सामान्य व्यवहार बन रहा है। एक महीने बाद उसकी पत्नी और सहकर्मी ने कहा कि अब उसके साथ रहना बहुत अच्छा लगता है।

बाहरी सुझाव पर कुछ टिप्पणियां

बाहरी सुझाव अर्थात किसी दूसरे मनुष्य के सुझाव। सभी युगों और विश्व के प्रत्येक हिस्से में सुझाव की शक्ति ने मानव जाति के जीवन में महत्त्वपूर्ण भूमिका निभाई है। राजनीतिक, धार्मिक और सांस्कृतिक मान्यताएं और परंपराएं बाहरी सुझाव की शक्ति की बदौलत ही फलती-फूलती हैं।

सुझाव का प्रयोग स्वयं को अनुशासित करने के लिए किया जा सकता है। जिन्हें मस्तिष्क के नियमों की समझ नहीं है, इसका प्रयोग उनको नियंत्रण करने के लिए भी किया जा सकता है। सृजनात्मक रूप में यह बेहतरीन है। नकारात्मक रूप में यह मस्तिष्क की प्रतिक्रिया के सभी प्रतिमानों में सबसे विध्वंसात्मक है। इसके परिणाम दु:ख, असफलता, कष्ट, बीमारी और तबाही हो सकते हैं। क्या आपने इनमें से किसी को स्वीकार किया है?

मनुष्य के पैदा होने के बाद से ही उस पर नकारात्मक सुझावों की बारिश होने लगती है, लेकिन हमें यह नहीं पता होता कि उनका विरोध कैसे करें, इसलिए हम अचेतन रूप से उन्हें स्वीकार कर लेते हैं और अपने अनुभव में बदल लेते हैं।

एक प्रकार से हम बाहरी सुझावों को स्वीकार करके उन्हें साकार करने में सहयोग देते हैं। क्योंकि बचपन में हम दूसरों के सुझावों का विरोध नहीं कर सके थे और इस बारे में ज्यादा कुछ पता भी नहीं था। हमारा मस्तिष्क और इसके चेतन तथा अवचेतन हिस्से एक रहस्य थे, जिनके बारे में हम सोच भी नहीं सकते थे।

लेकिन अब हम बड़े हो चुके हैं और किसी भी सुझाव का चयन कर सकते हैं। सकारात्मक आत्म-सुझाव का प्रयोग करके अपनी परिस्थितियां दोबारा बना सकते हैं और अतीत को बदल सकते हैं। सबसे पहले उन बाहरी सुझावों के प्रति जागरूक बनना पड़ेगा, जो पहले से ही काम कर रहे हैं। यदि जाँच न की जाए, तो वे व्यवहार के ऐसे संस्कार डाल सकते हैं, जो आपको व्यक्तिगत और सामाजिक जीवन में असफल बना देंगे। सृजनात्मक आत्म-सुझाव नकारात्मक

परिस्थितियों से स्वतंत्र कर सकता है। यदि ऐसा नहीं हुआ तो नकारात्मक परिस्थितियां आपके जीवन को विकृत कर देंगी और अच्छी आदतों के विकास को असंभव बना सकती हैं।

नकारात्मक सुझाव

1. तुम्हें ऐसा नहीं करना चाहिए।
2. तुम कुछ नहीं कर सकते।
3. तुम कभी कुछ नहीं बन पाओगे।
4. तुम असफल हो जाओगे।
5. इससे कोई फायदा नहीं होगा।
6. महत्त्वपूर्ण यह नहीं है कि तुम क्या जानते हो, महत्त्वपूर्ण तो यह है कि तुम किसे जानते हो।
7. तुम्हारी सफलता की बिलकुल संभावना नहीं है।
8. तुम बिलकुल गलत हो।
9. विश्व रसातल को जा रहा है।
10. इतनी ज्यादा कोशिश करने से कोई फायदा नहीं है।
11. तुम्हारी उम्र अब ज्यादा हो चुकी है।
12. स्थितियाँ बिगड़ती जा रही हैं।
13. क्या फायदा, किसी को कोई फर्क नहीं पड़ता है।
14. जिंदगी मशीनी चक्की बनकर रह गई है।
15. तुम कभी नहीं जीत सकते।
16. सावधान रहना, तुम्हें भयंकर बीमारी हो सकती है।
17. कोई भी भरोसे के काबिल नहीं है।
18. प्रेम सिर्फ पक्षियों के लिए है।

नकारात्मक सुझावों का विरोध

अखबार या टी.वी. पर प्रत्येक दिन आप दर्जनों ऐसी खबरें सुनेंगे, जो निरर्थकता, भय, चिंता, तनाव और भावी तबाही के बीज बो सकती हैं। यदि आप उन्हें सच मानकर उन्हें अपने अंदर जगह देंगे, तो ये विचार जीने की इच्छा को भी खत्म कर सकते हैं। यदि आप यह समझ लें कि आपको इन्हें स्वीकार करने की आवश्यकता ही नहीं तो आपके सामने विकल्प खुल जाते हैं। अपने अवचेतन मन को सृजनात्मक आत्म-सुझाव देकर आप इन सभी विध्वंसात्मक विचारों का विरोध कर सकते हैं। आप दूसरों के थोपे गए नकारात्मक सुझावों की जाँच करते रहें। आपको इन विनाशक आत्म-सुझावों पर दया करने की जरूरत नहीं है। सभी ने अपने बचपन, किशोरावस्था, वयस्क जीवन में इनकी वजह से कष्ट उठाये हैं। यदि आप पीछे मुड़कर देखेंगे

तो आपको याद आएगा कि माता-पिता, दोस्तों, रिश्तेदारों, टीचर्स और सहयोगियों ने किस तरह आपको नकारात्मक सुझाव दिए थे। उनकी बातों का विश्लेषण और उनमें छिपे अर्थों पर गौर करें तो आप पाएंगे कि उनमें से ज्यादातर बातें झूठी थीं। उनका छिपा हुआ उद्देश्य भय पैदा करके आपको नियंत्रित करना था।

बाहरी सुझाव की यह प्रक्रिया प्रत्येक घर, ऑफिस, फैक्ट्री और क्लब में चलती रहती है। धीरे-धीरे आपको पता चलेगा कि जाने-अनजाने में सभी के सुझावों का उद्देश्य होता है कि आप वैसा ही सोचें, महसूस करें और काम करें, जैसा वे चाहते हैं, ताकि उन्हें फायदा पहुँचे, भले ही आपको नुकसान क्यों न हो जाए।

गलत सुझाव से एक आदमी की जान गयी

मेरे एक रिश्तेदार ने एक मशहूर महिला भविष्यवक्ता से अपना भविष्य पूछा। ज्योतिषी ने उसे बताया कि उसका दिल बहुत कमजोर है और वह अगली अमावस्या को मर जाएगा।

रिश्तेदार अचंभित हो गया और उसने अपने परिवार के प्रत्येक व्यक्ति को यह भविष्यवाणी बताई। अपने वकील से मिलकर उसने वसीयत ठीक करवाई। मैंने उसे उसके विश्वास से डिगाने की कोशिश की, तो उसने मुझे बताया कि उस भविष्यवक्ता में पारलौकिक शक्तियाँ हैं। भविष्यवक्ता व्यक्तियों का भला या बुरा कर सकती हैं। इसीलिए उसे भविष्यवाणी की सच्चाई पर पूरा भरोसा था।

अमावस्या के करीब आने पर वह खोया-खोया रहने लगा। जबकि एक महीने पहले यह आदमी खुश, स्वस्थ, उत्साही और जोशीला था। लेकिन अब वह बीमार दिखने लगा। अमावस्या के दिन उसे हार्ट अटैक आया और वह मर गया। उसे पता ही नहीं था कि अपनी मौत का कारण वह स्वयं था।

हमने इस तरह की न जाने कितनी कहानियाँ सुनी हैं और यह सोचकर कांप जाते हैं कि यह विश्व रहस्यमयी अनियंत्रित शक्तियों से भरा पड़ा है। लेकिन वे न तो रहस्यमय हैं, न ही अनियंत्रित। उस रिश्तेदार ने स्वयं अपनी जान ली थी, क्योंकि उसने एक गलत सुझाव को अपने अवचेतन मन में दाखिल होने दिया। चूँकि भविष्यवक्ता की शक्तियों पर उसे भरोसा था, इसलिए अवचेतन मन ने भविष्यवाणी को पूरा स्वीकार कर लिया।

अब हम अवचेतन मन की कार्यविधि के आधार देखेंगे कि मनुष्य का चेतन या तार्किक मस्तिष्क जिस बात पर विश्वास करता है, अवचेतन मन उसे स्वीकार लेता है और उसके अनुरूप कार्य करता है। वह रिश्तेदार जब उस भविष्यवक्ता के पास गया, तो वह सुझाव ग्रहण करने की मनोदशा में था। भविष्यवक्ता के नकारात्मक सुझाव को उसने सच मान लिया। वह दहशत में आ गया। उसे विश्वास था कि अमावस्या को वह मर जायेगा। उसने सारी घटना सबको बता दी और अपनी मौत की तैयारी में जुट गया। भविष्यवक्ता के सुझाव को उसके अवचेतन मन ने सही मान लिया तथा उसकी मौत को हकीकत में बदल दिया।

जिस भविष्यवक्ता ने उसकी मौत की भविष्यवाणी की थी, उसके सुझाव में जान लेने की शक्ति नहीं थी। यदि वह आदमी मन के नियमों को जानता, तो नकारात्मक सुझाव को पूरी तरह से अस्वीकार कर देता और भविष्यवक्ता के सुझावों पर ध्यान ही नहीं देता। यदि वह अपने ही विचारों और भावनाओं पर नियंत्रित रह पाता तो वह आज जिंदा रह सकता था। भविष्यवाणी

बख्तरबंद टैंक पर फेंकी गई रबड़ की गेंद की तरह होती। वह आसानी से भविष्यवक्ता के सुझाव को नकार कर हवा में उड़ा सकता था और इससे उसे कोई नुकसान भी नहीं होता। लेकिन जागरूकता और समझ की कमी के कारण उसने अपनी मौत को बुला लिया। याद रखें, दूसरों के सुझावों में अपनी कोई शक्ति नहीं होती है। आप अपने विचारों द्वारा ही उन्हें शक्ति देते हैं। आपको अपनी मानसिक सहमति देनी होती है। आपको उस विचार को स्वीकार करना होता है। यहीं से आपका अवचेतन मन उसे साकार करने के लिए लग जाता है। याद रखें, आपके पास जिंदगी, प्रेम और सेहत चुनने की क्षमता है।।

आधार-वाक्यों की शक्ति

प्राचीन यूनान के जमाने से दार्शनिक और तर्कशास्त्रियों ने सिलोजिज्म नामक तर्क का अध्ययन किया है। सिलोजिज्म में मस्तिष्क व्यावहारिक संदर्भ में तर्क करता है। अर्थात आपका चेतन मन जिस प्रमुख आधार-वाक्य को सही मान लेता है, उसी से वह निष्कर्ष निकलेगा और अवचेतन मन पहुँचेगा। सवाल या समस्या से उसका कोई लेना देना नहीं है। लेकिन आधार-वाक्य सही है, तो निष्कर्ष अवश्य सही होगा।

जैसेः-

1. प्रत्येक गुण प्रशंसनीय है।
2. दयालुता एक गुण है।
3. इसलिए, दयालुता प्रशंसनीय है।

यहः-

1. सभी निर्मित चीजें बदलती और खत्म होती हैं।
2. मिस्र के पिरामिड निर्मित चीजें हैं।
3. इसलिए, पिरामिड बदलेंगे और खत्म होंगे।

पहले वाक्य को प्रमुख आधार-वाक्य कहते हैं और सही आधार-वाक्य से सही निष्कर्ष निकलते हैं।

कॉलेज के एक प्रोफेसर ने मेरे मस्तिष्क-विज्ञान पर कुछ भाषण सुने। जब वे मुझसे मिलने आए तो उन्होंने कहा कि मेरे जीवन में प्रत्येक चीज गड़बड़ है। मैं अपनी सेहत, दौलत और मित्र गँवा चुका है। मैं जिस चीज को छूता हूँ, बिगड़ जाती है।

मैंने उन्हें समझाया कि उनकी समस्याएँ तार्किक रूप से उनके आत्म-विनाशक प्रमुख आधार-वाक्य से उत्पन्न हुई हैं। अपने जीवन को बदलने के लिए आपको अपने चिंतन में एक नया प्रमुख आधार-वाक्य स्थापित करना पड़ेगा। उन्हें मानना होगा कि उनके अवचेतन मन की असीमित बुद्धिमत्ता उन्हें आध्यात्मिक, मानसिक और भौतिक मार्गदर्शन या निर्देशित और समृद्ध बना रही है। ऐसा करने से उनका अवचेतन मन अपने आप समझदारी से निर्णय लेने के लिए निर्देशित करेगा, उनके शरीर का उपचार और मानसिक शांति प्रदान करेगा।

प्रोफेसर ने अपने जीवन की एक मनचाही तस्वीर बनाई। उनका प्रमुख आधार-वाक्य था- असीमित बुद्धिमत्ता मुझे मार्गदर्शन दे रही है। मैं स्वस्थ हूँ और मेरे मस्तिष्क तथा शरीर में

सामंजस्य का नियम काम करता है। मेरे पास सौंदर्य, प्रेम, शांति की प्रचुरता है। सही कर्म और दैवीय विधान के सिद्धांत मेरे पूरे जीवन को नियंत्रित करते हैं। मेरा प्रमुख आधार-वाक्य जीवन के शाश्वत नियमों पर आधारित है और मैं महसूस करता हूँ कि मेरा अवचेतन मन मेरे चेतन मन की विचार-प्रकृति के अनुरूप प्रतिक्रिया करेगा।

कुछ दिन बाद मुझे जानकारी देते हुए उन्होंने लिखा कि मैंने अपने प्रमुख आधार-वाक्य को धीरे-धीरे, शांति से और प्रेम से दिन में कई बार दोहराया। मैं जानता था कि वे मेरे अवचेतन मन की गहराई में उतर रहे हैं। मुझे विश्वास था कि मुझे मस्तिष्क के नियमों के आधार पर परिणाम मिलेंगे। मैं आपके साथ हुई बातचीत के लिए बहुत कृतज्ञ हूँ और मैं यह भी कहना चाहूँगा कि मेरे जीवन के सभी क्षेत्रों में बहुत सुधार हो रहा है। यह प्रभावी है।

अवचेतन मन बहस नहीं करता है

जैसा कि अब आप जान चुके हैं कि अवचेतन मन बहुत समझदार होता है। यह सभी प्रश्नों के उत्तर जानता है। लेकिन इसे पता नहीं होता है कि यह सब जानता है। यह आपके साथ बहस या पलटकर उत्तर नहीं देता है। यह आपसे कभी नहीं कहेगा कि आप मुझ पर इस तरह के सुझावों की छाप न छोड़ें।

जब आप कहते हैं, 'मैं यह नहीं कर सकता,' 'मेरी उम्र बहुत ज्यादा हो गई है,' 'मैं इस जिम्मेदारी को नहीं निभा सकता,' 'मैं गलत जगह, गलत घर में पैदा हो गया था,' 'मैं सही नेताओं को नहीं जानता हूँ,' तो आप इन नकारात्मक विचारों को अपने अवचेतन में भर रहे हैं और यह इनके अनुरूप प्रतिक्रिया करता है। ऐसा करके आप अपनी ही भलाई का रास्ता रोक कर, अपने जीवन में कमी, सीमा और कुंठा उत्पन्न कर रहे हैं।

जब आप अपने चेतन मन में बाधा, अवरोध और विलंब की कल्पना करते हैं, तो आप अपने अवचेतन मन की बुद्धिमत्ता और ज्ञान का लाभ नहीं ले पाते हैं, क्योंकि आपको विश्वास होता है कि आपका अवचेतन मन आपकी समस्या को नहीं सुलझा सकता। परिणामस्वरूप मानसिक और भावनात्मक संकुलन (Congestion) आदि बीमारी और न्यूरोटिक प्रवृत्तियाँ आती हैं।

यदि आप अपनी इच्छाओं को साकार करना और कुंठा से उबरना चाहते हैं, तो दिन में कई बार दृढ़ता से कहें- असीमित बुद्धिमत्ता मुझे आदर्श योजना की राह दिखाती है, उस ओर ले जाती है और आवश्यक बातें बताती है। मेरे अवचेतन की अधिक गहरी समझ अब प्रतिक्रिया कर रही है कि मैं जो महसूस करता हूँ वह बाहर व्यक्त होता है। संतुलन और समबुद्धि प्रत्येक ओर है।

लेकिन यदि आप कहते हैं कि अब कोई रास्ता नहीं बचा है। अब मेरा खेल खत्म हो गया। इस उलझन से बाहर निकलने का कोई तरीका नहीं है। मैं बाधित और अवरुद्ध हूँ। ऐसे में आपके अवचेतन मन से कोई उत्तर या प्रतिक्रिया नहीं मिलेगी। यदि आप चाहते हैं कि आपका अवचेतन आपके लिए काम करे, तो इसका सहयोग पाने के लिए आपको इससे सही सन्देश देना होगा। क्योंकि यह तो आपके लिए हमेशा काम कर रहा है। आपके हृदय की धड़कन और साँस को नियंत्रित कर रहा है। यदि आपकी उँगली कट जाये तो उपचार की प्रक्रिया शुरू कर देता है। इसकी मूलभूत प्रवृत्ति जीवन की ओर है। यह हमेशा आपकी देखभाल करता है और आपको सुरक्षित रखता है।

जैसा कि आप जानते हैं कि आपके अवचेतन के पास अपनी खुद की बुद्धि भी होती है, यदि इसने आपके विचारों और छवियों के पैटर्न को स्वीकार कर लिया तो समस्या का उत्तर तलाशते समय आपका अवचेतन मन प्रतिक्रिया करेगा। यह आपसे उम्मीद करेगा कि आप अपने चेतन मन में किसी सच्चे निर्णय या फैसले पर पहुँच जाएं। आपको यह मानना होगा कि आपके अवचेतन मन के पास उत्तर है, लेकिन आप कहते हैं कि मुझे नहीं मालूम कि कोई रास्ता है भी या नहीं। मैं पूरी तरह दुविधा और उलझन में हूँ। मुझे उत्तर क्यों नहीं मिलता? तो आप अपनी प्रार्थना को नकार रहे हैं। समय काटते सैनिक की तरह आप ऊर्जा का प्रयोग तो कर रहे हैं, लेकिन आप आगे नहीं बढ़ते हैं।

अब आप अपने मस्तिष्क को विराम देकर आराम से बैठ जाएँ और शिथिल होकर शांति से कहें- मेरा अवचेतन मन उत्तर जानता है। यह इस समय भी प्रतिक्रिया कर रहा है। मैं धन्यवाद देता हूँ, क्योंकि मैं जानता हूँ कि मेरे अवचेतन की असीमित बुद्धिमत्ता सारी बातें जानती है और मुझे इस वक्त आदर्श उत्तर दे रही है। मेरा सच्चा विश्वास मेरे अवचेतन मन की बुद्धिमत्ता और ज्ञान को स्वतंत्र कर रहा है। मुझे खुशी है कि ऐसा हो रहा है।

याद रखें

1. आपका अवचेतन मन आपके साथ बहस नहीं करता है। यह आपके चेतन मन के आदेश को चुपचाप मान लेता है। लेकिन आप कहते हैं कि मैं इसका खर्च नहीं उठा सकता, तो आपका अवचेतन इसे सच बनाने के लिए काम करने लगता है। कोई ज्यादा अच्छा विचार सुनें।
2. इसके बजाय इसे यह आदेश दें- मैं इसे खरीदूंगा। मैं इसे अपने मन में स्वीकार करता हूँ।
3. आपके पास चुनने की शक्ति है। स्वास्थ्य और खुशी को चुनें। आप दोस्ताना या गैर-दोस्ताना होने का चुनाव कर सकते हैं। सहयोगी, खुश, दोस्ताना, प्रेम • करने योग्य बनने का चुनाव करेंगे, तो सारा संसार प्रतिक्रिया करेगा। अद्भुत व्यक्तित्व विकसित करने का यह सबसे अच्छा तरीका है।
4. अपने शब्दों पर ध्यान दें। आपको प्रत्येक आलसी शब्द का हिसाब देना होगा। कभी यह न कहें कि मैं असफल हो जाऊँगा मेरी नौकरी छूट जाएगी मैं किराया नहीं चुका सकता। आपका अवचेतन मन मजाक नहीं समझ सकता। यह इन चीजों को हकीकत में बदल देगा।
5. आपका चेतन मन 'द्वारपाल' है। इसका प्रमुख काम झूठी छापों से आपके अवचेतन मन की रक्षा करना है। यह विश्वास करने का चुनाव करें कि कोई अच्छी चीज हो सकती है और अभी हो रही है। चुनाव करने की क्षमता आपकी सबसे बड़ी शक्ति है। खुशी और प्रचुरता का चुनाव करें।
6. आपका मस्तिष्क बुरा नहीं है। प्रकृति की कोई भी शक्ति बुरी नहीं होती है। यह इस बात पर निर्भर करता है कि आप प्रकृति की शक्तियों का कैसा प्रयोग करते हैं। अपने मस्तिष्क का प्रयोग प्रत्येक जगह सभी मनुष्यों को वरदान देने, उपचार करने और प्रेरित करने के लिए करें।

7. भय, अज्ञान और अंधविश्वास के बजाय शाश्वत सत्यों और जीवन के सिद्धांतों के दृष्टिकोण से सोचना शुरू करें। दूसरों को अपने लिए सोचने की अनुमति न दें। अपने विचार खुद चुनें और अपने निर्णय खुद लें।

8. आप अपनी आत्मा (अवचेतन मन) के कप्तान हैं और अपनी तकदीर के मालिक हैं। याद रखें, आपके पास चुनने की क्षमता है। जिंदगी चुनें। प्रेम चुनें। सेहत चुनें। खुशी चुनें।

9. कभी यह न कहें कि मैं नहीं कर सकता। इस वाक्य की जगह पर आगे दिया वाक्य रखकर इस भय से उबरें- मैं अपने अवचेतन मन की शक्ति से सारे काम कर सकता हूँ।

10. आपका चेतन मन, जिसे भी सच मानता है, आपका अवचेतन मन उसे स्वीकार कर लेगा और हकीकत बना देगा। खुशकिस्मती, दैवी मार्गदर्शन, सही कर्म और जीवन की सभी नियामतों में विश्वास करें।

11. दूसरों के सुझावों और बातों में आपको चोट पहुँचाने की जरा भी शक्ति नहीं है। एकमात्र शक्ति आपके अपने विचारों में है। आप दूसरों के विचारों या सुझावों को अस्वीकृत करने का चुनाव कर सकते हैं और अच्छे विचारों को दृढ़ता से कह सकते हैं। आपके पास यह चुनाव करने की शक्ति है कि आप कैसी प्रतिक्रिया करेंगे।

4 अवचेतन मन की चमत्कारी शक्ति

आपका अवचेतन मन आपके शरीर की सभी महत्त्वपूर्ण प्रक्रियाओं को नियंत्रित करता है और सभी समस्याओं के उत्तर जानता है।

अवचेतन मन की चमत्कारिक शक्ति अतुलनीय और असीमित है। आपका अवचेतन मन आपको प्रेरणा और मार्गदर्शन देता है। यह यादों के भंडार से महत्त्वपूर्ण तस्वीरें और दृश्य निकालकर लाता है। आपका अवचेतन मन दिल की धड़कन और रक्त संचार को नियंत्रित करने का काम करता है। यह पाचन और उत्सर्जन को भी सुचारु बनाने का काम करता है। आपके भोजन को ऊतक, मांसपेशी, हड्डी और खून में रूपांतरित करने का काम भी बखूबी करता है। ये प्रक्रियाएं किसी समझदार व्यक्ति की समझ से भी परे हो सकती हैं। अवचेतन मन मनुष्य के शरीर की सभी अनिवार्य प्रक्रियाओं और कार्यों को नियंत्रित करता है। क्योंकि अवचेतन मन को सभी समस्याओं के उत्तर मालूम होते हैं।

आपका अवचेतन मन न कभी सोता है, न ही कभी आराम करता है। यह हमेशा गतिशील रहता है। आपको भी अवचेतन मन की चमत्कारी शक्ति का पता चल सकता है, यदि आप सोने से पहले कहें कि आप किसी विशिष्ट चीज को प्राप्त करना चाहते हैं। आपको यह जानकर खुशी होगी कि इसके बाद आपके अंदर अद्भुत शक्तियां सक्रिय होकर मनचाहे परिणाम की ओर ले जाएंगी। यहाँ शक्ति और बुद्धिमानी का ऐसा स्रोत है, जो आपको सीधे सर्वशक्तिमान के संपर्क में रखता है। यह ऐसी शक्ति है, जो विश्व को चलाती है, ग्रहों को उनकी कक्षा में रखती है और सूरज को चमकाती है।

अवचेतन मन आदर्श, महत्त्वाकांक्षाओं और परोपकारी इच्छाओं का एक बड़ा स्रोत है। अवचेतन मन के जरिये ही शेक्सपियर ने उन महान सच्चाइयों को जाना, जो उनके युग के आम आदमी को पता भी नहीं थीं। अवचेतन मन की बदौलत ही यूनानी मूर्तिकार फिडियस ने संगमरमर और काँसे में सुंदरता उकेरने में इतनी निपुणता प्राप्त की। अवचेतन मन द्वारा महान कलाकारों ने आश्चर्यजनक शक्ति पाई। इसने महान इतालवी कलाकार रेफेल को उनकी अमर कलाकृति मैडोना मनाने और महान जर्मन संगीतकार बीथोवन को उनकी सिम्फनी की रचना करने में समर्थ बनाया। कुछ साल पहले मैंने भारत में ऋषिकेश की योगा फॉरेस्ट यूनिवर्सिटी में भाषण दिया और वहीं बंबई के एक सर्जन से मेरी लंबी बातचीत हुई। उनसे मैंने डी. जेम्स एस्सेल की आश्चर्यजनक कहानी सुनी। एस्सेल एक स्कॉटिश सर्जन थे, जिन्होंने 1840 के दशक में बंगाल में काम किया था। उस जमाने में बेहोश करने के लिए ईथर या रासायनिक एनेस्थेसिया की अन्य आधुनिक विधियों का प्रयोग नहीं होता था। बहरहाल, 1843 और 1846 के बीच डी. एस्सेल ने सभी तरह के कुल मिलाकर 400 बड़े ऑपरेशन किए। इनमें आँख, कान और गले के ऑपरेशनों के अलावा अंग काटने, ट्यूमर हटाने और कैंसर की गांठ हटाने के ऑपरेशन शामिल थे। इन सभी ऑपरेशनों में सिर्फ मानसिक एनेस्थेसिया ही दिया गया। इससे उन्हें कोई दर्द नहीं हुआ और ऑपरेशन के दौरान उनमें से किसी

की मौत भी नहीं हुई। ऑपरेशन के बाद भी एस्सेल के बहुत कम मरीज मरे। यह उस वक्त की बात थी, जब लुई पास्चर और जोसेफ लिस्टर ने यह साबित नहीं किया था कि संक्रमण बैक्टीरिया से फैलता था। किसी को भी यह महसूस नहीं था कि ऑपरेशन के बाद होने वाले संक्रमण दूषित औजारों और हानिकारक विषाणुओं के कारण होते हैं। बहरहाल, जब एस्सेल अपने मरीजों को सम्मोहन की अवस्था में यह सुझाव देते थे कि उन्हें कोई संक्रमण या सेप्टिक नहीं होगा, तो उनके अवचेतन मन इस सुझाव पर प्रतिक्रिया करते थे। वे संक्रमण के जीवनघाती खतरों से लड़ने की प्रक्रिया शुरू कर देते थे।

इस बारे में सोचें- 150 साल पहले इस स्कॉटिश सर्जन ने यह खोज लिया था कि अवचेतन मन की चमत्कारी शक्ति का प्रयोग कैसे किया जाए। इस बात पर विस्मय होना स्वाभाविक है। जिन पराभौतिक शक्तियों ने डी. एस्सेल को प्रेरित किया और उनके मरीजों को मौत से बचाया, उनका लाभ आप भी ले सकते हैं।

अवचेतन मन आपको समय और स्थान के बंधन से परे कर सकता है। यह दर्द और कष्ट से स्वतंत्र कर सकता है। यह सभी समस्याओं के उत्तर दे सकता है। आपके अंदर ऐसी शक्ति और ज्ञान है, जो आपकी बुद्धि से परे है और आप इसके चमत्कार पर हैरान हो सकते हैं। इस प्रकार के अनुभव आपको अवचेतन मन की चमत्कारी शक्तियों में विश्वास दिलवाएँगे और आपको खुशी से भर देंगे।

अवचेतन मन जीवन की पुस्तक

आप जो भी अवचेतन मन पर विचार, विश्वास, राय, सिद्धांत उकेरते हैं, वे परिस्थितियों, स्थितियों और घटनाओं के रूप में प्रकट हो जाते हैं। आप अंदर जो लिखेंगे, उसका बाहर भी वही अनुभव होगा। आपके जीवन के दो पहलू हैं, यथार्थवादी और कल्पनावादी, दृश्य और अदृश्य, विचार और अभिव्यक्ति।

क्योंकि विचार तंत्रिकीय आवेग के रूप में आपके सेरीब्रल कॉरटेक्स में पहुँचता है, जो आपके चेतन तार्किक मन का अंग है। यदि एक बार चेतन या यथार्थवादी मस्तिष्क ने विचार को पूरी तरह स्वीकार कर लिया तो यह मस्तिष्क के दूसरे हिस्से तक पहुँचता है, जहां यह साकार हो जाता है और परिस्थिति का रूप ले लेता है।

जैसा कि आप जानते ही हैं कि आपका अवचेतन बहस नहीं कर सकता। यह उसी पर अमल करता है, जो आपने इस पर लिखा है। यह आपके चेतन मन के निष्कर्षों या आपके फैसले को अंतिम मान लेता है। इसलिए आप हमेशा अपने जीवन की पुस्तक पर लिख रहे हैं। आपके विचार ही अंतत: आपके अनुभव बन जाते हैं। अमेरिकी दार्शनिक राल्फ वाल्डो इमर्सन ने कहा था, 'मनुष्य वही बन जाता है, जो वह दिन भर सोचता रहता है।'

सृजनात्मक विचारों की छाप

अमेरिकी मनोविज्ञान के जनक विलियम जेम्स ने कहा था कि अवचेतन मन में विश्व को हिलाने की शक्ति है। क्योंकि इसमें असीमित ज्ञान और बुद्धिमत्ता होती है। इसमें छिपे हुए स्रोतों से पोषण मिलता है और जीवन का नियम बन जाता है। आपके अवचेतन मन पर जो भी छाप पड़ती है, यह उसे साकार करने के लिए जमीन-आसमान एक कर देगा। इसलिए आपको इस पर सिर्फ सही और सृजनात्मक विचारों की छाप ही छोड़नी चाहिए।

विश्व में अव्यवस्था और दु:ख का कारण इसलिए है क्योंकि अधिकांश मनुष्य अपने चेतन और अवचेतन मन के आपसी संबंध को नहीं समझते हैं। यदि ये दोनों अनुरूप तथा सुखद सामंजस्य में हों तो आपको सेहत, खुशी, शांति और सुख मिलेगा। क्योंकि जब चेतन और अवचेतन मन सामंजस्य और शांति से मिलकर काम करते हैं, तो इनमें कोई मतभेद नहीं होता है।

प्राचीन काल में हर्मीस ट्रिसमेगिस्टस को विश्व का सबसे महान और शक्तिशाली जादूगर माना जाता था। उनकी मौत के सदियों बाद जब उनकी कब्र खोली गई, तो प्राचीन जगत को जानने वाले लोगों में बहुत उत्सुकता थी। लोग कह रहे थे कि कब्र के अंदर युगों-युगों का दबा पड़ा रहस्य मिलेगा। और यह मिला भी। यह रहस्य था-

जैसा अंदर, वैसा बाहर;

जैसा ऊपर, वैसा नीचे।

अर्थात आप अपने अवचेतन मन पर जो भी छाप छोड़ेंगे, वह बाहर व्यक्त होगी। मोजेस, ईसा मसीह, युद्ध, जोरेस्ट्रर, लाओत्से और युगों-युगों की सभी प्रख्यात दूरदर्शी हस्तियों ने भी इसी सत्य की घोषणा की है। आप व्यक्तिगत रूप से जिसे सच मानते हैं, वह स्थितियों, अनुभवों और घटनाओं के रूप में व्यक्त होगा। गति और भावना में संतुलन होना ही है। जैसा स्वर्ग में है, वैसा ही धरती पर होगा। यही जीवन का महान नियम है।

क्रिया और प्रतिक्रिया, स्थिरता और गति का यह नियम आपको समूची प्रकृति में मिलेगा। इन दोनों में संतुलन होने पर ही सामंजस्य और संतुलन बनेगा। आप विश्व में इसलिए हैं, ताकि जीवन लयबद्ध तरीके और सामंजस्य से प्रवाहित हो सके। अंदर जाने और बाहर निकलने वाली चीजें बराबर होनी चाहिए। अंदर की और बाहर की अभिव्यक्ति बराबर होनी चाहिए। आपकी सारी कुंठाओं का कारण अपूर्ण इच्छाएं हैं। यदि आप नकारात्मक, विनाशक और दुष्ट विचार रखेंगे तो ये विचार विनाशक भाव पैदा करते हैं। ये भाव बाहर निकलने का कोई-न-कोई रास्ता खोज लेंगे और किसी-न-किसी तरह व्यक्त होंगे। जब भावों की प्रकृति नकारात्मक होगी तो अक्सर हृदय रोग, तनाव और चिंता के रूप में व्यक्त होते हैं।

अपने बारे में आपकी क्या सोच या भावना है? आपके अस्तित्व का प्रत्येक हिस्सा उसी सोच की अभिव्यक्ति है। आपकी स्फूर्ति, शरीर, वित्तीय स्थिति, दोस्त और सामाजिक प्रतिष्ठा उन विचारों का प्रतिबिंब हैं, जो आपके अपने बारे में हैं। अर्थात आप अपने अवचेतन मन पर अंदर जो छाप छोड़ते हैं, वह आपके जीवन के सभी क्षेत्रों में बाहर व्यक्त होती है। हम अपनी नकारात्मक सोच से स्वयं को भारी नुकसान पहुँचाते हैं। आपने कितनी बार गुस्सा होकर, डरकर, जलकर या बदले की भावना से खुद को नुकसान पहुँचाया है? यदि एक बार ये जहर आपके अवचेतन मन में दाखिल हो जाते हैं, आप इनसे बच नहीं सकते। कोई भी व्यक्ति इन नकारात्मक नजरियों के साथ पैदा नहीं हुआ है। यदि आप अपने अवचेतन मन को जीवनदायी विचार देंगे, तो इसके अंदर के सभी नकारात्मक विचार मिटने लगेंगे। यह काम लगातार करने पर सारा अतीत मिट जाएगा और अवचेतन मन उसे भुला देगा।

अवचेतन मन की उपचार-शक्ति

अवचेतन मन की उपचार-शक्ति का सबसे विश्वसनीय प्रमाण व्यक्तिगत उपचार है। 40 साल पहले मुझे चर्मरोग हुआ। मैंने बहुत अच्छे डॉक्टरों को भी दिखाया और सबसे आधुनिक उपचार भी आजमाए। लेकिन किसी से भी फायदा नहीं हुआ। चर्मरोग बिगड़ता गया।

फिर एक दिन मनोवैज्ञानिक ज्ञान रखने वाले एक धर्मगुरु ने मुझे भजन का गूढ़ मतलब समझाया। उन्होंने मेरा ध्यान इस वाक्य की तरफ दिलाया कि आपकी पुस्तक में मेरे सभी अंग हैं, जो लगातार बनाए गए हैं, जब उनमें से कोई भी नहीं था।

पुस्तक का मतलब मेरा अवचेतन मस्तिष्क है, जिसने एक छोटी सी मूल कोशिका से मेरे सभी अंग बनाए हैं। मेरे अवचेतन मन ने मेरे शरीर को बनाया है, इसलिए यह इसे दोबारा बना सकता है और अंतर्निहित आदर्श रूपरेखा के अनुरूप उपचार करता है।

इस धर्मगुरु ने अपनी घड़ी की तरफ इशारा किया। उन्होंने कहा कि 'इस घड़ी को देख रहे हो। इसे किसी ने बनाया था, लेकिन इसके मूर्त रूप में आने से पहले घड़ी बनाने वाले के दिमाग में इसका स्पष्ट विचार था। लेकिन किसी कारण घड़ी सही काम न करे, तो इसके मूल विचार की मदद से घड़ी बनाने वाले को वह ज्ञान मिल जाएगा, जिससे वह इसे सुधार सकता है।' मैं समझ गया वे मुझे क्या समझाने चाहते हैं। मेरे शरीर की रचना करने वाली अवचेतन बुद्धि घड़ी बनाने वाले की तरह है। यह ठीक-ठीक जानती है कि मेरे शरीर की सभी महत्त्वपूर्ण क्रियाओं और प्रक्रियाओं का उपचार कैसे किया जाए, शरीर को दोबारा कैसे बनाया जाए और मार्गदर्शन कैसे दिया जाए, लेकिन सही तरीके से काम करवाने के लिए मुझे इसे स्वास्थ्य का आदर्श विचार देना होगा। आदर्श विचार के परिणामस्वरूप ही उपचार होगा ।

मैंने एक बहुत आसान-सी प्रार्थना तैयार की

मेरा शरीर और इसके सभी अंग मेरे अवचेतन मन की असीमित बुद्धि ने बनाए हैं। मैं यह जानता हूँ कि उपचार कैसे किया जाए। बुद्धि ने मेरे सभी अंग, ऊतक, मांसपेशियाँ और हड्डियाँ बनाई हैं। मेरे अंदर की यह असीमित उपचारक शक्ति ही मेरे अस्तित्व की प्रत्येक कोशिका को रूपांतरित करती है और मुझे संपूर्ण बनाती है। मैं उस उपचार के लिए धन्यवाद देता हूँ, जो इस समय हो रहा है। क्योंकि मेरे अंदर की रचनात्मक बुद्धि में अद्भुत शक्तियाँ हैं।

मैंने इस आसान प्रार्थना को प्रत्येक दिन जोर-जोर से दोहराया। लगभग तीन महीने बाद मेरी त्वचा से चर्मरोग गायब हो गया। मेरा डॉक्टर जरूर चकरा गया, लेकिन मैं जानता था कि यह कैसे संभव हो पाया। जब मैंने अपने अवचेतन मन को संपूर्णता, सुंदरता और पूर्णता की जीवनदायी रूपरेखा दी तो इसने मेरे अवचेतन मन से उन नकारात्मक विचारों को बाहर निकाल दिया, जो मेरी समस्या का कारण थे।

अर्थात आपके शरीर पर कोई चीज तब तक प्रकट नहीं होती है, जब तक यह पहले आपके मस्तिष्क में न हो। यदि आप सकारात्मक विचारों से अपने मस्तिष्क को बदलते रहेंगे तो आप अपने शरीर को बदल देंगे। यही समस्त उपचार का आधार है। आपके काम अद्भुत हैं और मेरी आत्मा प्रत्येक चीज सही-सही जानती है।

अवचेतन द्वारा कार्यों पर नियंत्रण

आप किसी भी अवस्था में रहें, आपके अवचेतन मन की अथक शक्ति आपके शरीर के सभी महत्त्वपूर्ण कार्यों को नियंत्रित करती है। इसमें आपके चेतन मन के किसी तरह के दखल की जरूरत नहीं होती है। जब आप सो जाते हैं, तब भी आपका हृदय धड़कता रहता है। आपके सीने और फेफड़े की मांसपेशियाँ फेफड़ों में हवा भरती और निकालती रहती हैं। आपके शरीर

की कोशिकाओं के काम के कारण निकली कार्बन डाइऑक्साइड के बदले में ताजी ऑक्सीजन भर ली जाती है, जिसकी आपको कार्य करने के लिए जरूरत होती है। अवचेतन मन पाचक प्रक्रियाओं और ग्रंथियों के स्राव के अलावा आपके शरीर के सभी कार्यों को नियंत्रित करता है। आप जागें या सोएं, यह सब लगातार होता रहता है।

यदि आपको अपने शरीर के सभी काम चेतन मन से करने पड़ें, तो आप निश्चित ही असफल हो जाएँगे और आप जल्दी मर जाएँगे। ये प्रक्रियाएँ जटिल और आपस में बुरी तरह गुँथी हुई हैं। 'हार्ट-लंग मशीन' जिसका प्रयोग ओपन हार्ट सर्जरी में किया जाता है, आधुनिक चिकित्सा तकनीक का चमत्कार है। बहरहाल, इसके काम आपके अवचेतन मन की तुलना में बहुत आसान हैं, जो साल में 365 दिन काम करता है और वह भी 24 घंटे।

मान लें, आप किसी सुपरसोनिक जेटलाइनर में बैठकर समुद्र के ऊपर से गुजर रहे हों और कॉकपिट में घुस जाएं। निश्चित ही आपको हवाई जहाज उड़ाना नहीं आता है, लेकिन आप पायलट का ध्यान भटका कर परेशानी जरूर खड़ी कर सकते हैं। इसी तरह से आपका चेतन मस्तिष्क शरीर को तो नहीं चला सकता, लेकिन यह इसके सही तरह से काम करने के रास्ते में बाधा जरूर बन सकता है।

चिंता, तनाव, भय और निराशा, हृदय, फेफड़ों, आमाशय और आँतों के सामान्य कार्यों में बाधा डाल सकती हैं। डॉक्टर अब इस बात पर ध्यान देने लगे हैं कि 'तनाव संबंधी' बीमारियाँ कितनी गंभीर हैं। तनावपूर्ण विचार आपके अवचेतन मन के सामंजस्यपूर्ण काम में बाधा डालते हैं। जब आप शारीरिक और मानसिक रूप से विचलित महसूस करते हैं, तो आप जो सबसे अच्छा काम कर सकते हैं, वह है शिथिल होना, आराम करना और विचार प्रक्रिया को रोक देना। अपने अवचेतन मन से बात करें। इससे कहें कि यह शांति, सामंजस्य और दैवी विधान को स्थापित करे। आप पाएंगे कि आपके शरीर की समूची कार्यप्रणाली दोबारा सामान्य हो गई है। अपने अवचेतन मन से अधिकार और विश्वास के साथ बोलें। यह आपके आदेश का पालन करके प्रतिक्रिया करेगा।

अवचेतन मन से कैसे काम करवाएं

ध्यान देने वाली बात यह है कि आपका अवचेतन मन हमेशा काम करता है। यह रात-दिन सक्रिय रहता है, चाहे आप इस पर काम करें या न करें। अवचेतन आपके शरीर का निर्माता है, लेकिन आप इस खामोश प्रक्रिया को चेतन रूप से देख या सुन नहीं सकते। आपका पाला हर बार अपने अवचेतन मन के बजाय अपने चेतन मन से पड़ता है। इसीलिए अपने चेतन मन से सर्वश्रेष्ठ की आशा करते रहें और आदतन विचार अच्छी, सुंदर, सच्ची, न्यायपूर्ण और सद्भावनापूर्ण चीजों पर केंद्रित रखें। अपने चेतन मन का ध्यान रखें और दिल में जान लें कि आपका अवचेतन मन आपके ही आदतन विचारों के अनुरूप परिणाम दे रहा है, व्यक्त कर रहा है और परिस्थितियां बना रहा है ।

जिस तरह पानी, पाइप के आकार को ग्रहण कर लेता है और उसी में बहने लगता है। उसी तरह जीवन-सिद्धांत भी आपके विचारों की प्रकृति के अनुरूप प्रवाहित होता है। यदि आपके अवचेतन की उपचारक शक्ति आपके अंदर सामंजस्य, सेहत, शांति, सुख और प्रचुरता के रूप में प्रवाहित हो रही है और यदि आप इसकी ज्ञानी मनुष्य या प्यारे मित्र के रूप में कल्पना करें

तो यह आपको लगातार प्रवाहित, सजीव, प्रेरित और समृद्ध बना रहा है। यह इसी तरीके से प्रतिक्रिया करेगा। जैसा आप विश्वास करेंगे, वैसा ही आपको मिलेगा।

अवचेतन का उपचारक सिद्धांत

विश्व के सबसे मशहूर उपचारक धर्मस्थलों में से एक दक्षिण-पश्चिम फ्रांस का लुर्डेस है। लुर्डेस के चिकित्सा विभाग में बहुत-सी फाइलों में चमत्कारी उपचारों का विस्तृत विवरण है। इनमें से एक मैडम बायर का उपचार था। मैडम वायर नेत्रहीन थीं। उनकी चक्षु तंत्रिकाएं क्षीण और बेकार हो चुकी थीं। लूर्डेस आने के बाद उनकी आँखों की रोशनी लौट आई। कई डॉक्टरों ने प्रमाणित किया कि उनकी चक्षु तंत्रिकाए अब भी बेकार थीं, लेकिन इसके बावजूद वे देख सकती थीं। एक महीने बाद दोबारा जाँच में यह पाया गया कि उनका चक्षु तंत्र दोबारा ठीक होकर सामान्य हो गया था।

मैडम बायर धर्मस्थल के पानी से ठीक नहीं हुई थीं बल्कि उनका उपचार तो उनके ही अवचेतन मन ने किया था, जिसने उनके विश्वास पर प्रतिक्रिया की। उनके अवचेतन मन के अंदर के उपचारक सिद्धांत ने उनके विचार की प्रकृति के अनुरूप प्रतिक्रिया की। विश्वास अवचेतन मन तक पहुँचा विचार है। विश्वास का अर्थ है किसी भी चीज को सच मानना। जिस चीज पर विश्वास हो जाता है, वह अपने आप हो जाती है।

मैडम बायर इस धर्मस्थल पर बड़ी उम्मीद और विश्वास के साथ गई थीं कि वे ठीक हो जाएँगी। उनके अवचेतन मन ने इसी के अनुरूप प्रतिक्रिया की और हमेशा मौजूद उपचारक शक्तियों को सक्रिय कर दिया। अवचेतन मन, जिसने आँख बनाई थी, निश्चित रूप से एक मृत तंत्रिका को दोबारा सजीव कर सकता था। रचनात्मक सिद्धांत ने जिस अंग की रचना की थी, वह उसकी दोबारा रचना कर सकता था। आपके विश्वास के अनुरूप ही आपको मिलेगा।

अवचेतन मन तक विचार कैसे पहुँचाएं

एक बार मैं जोहान्सबर्ग, दक्षिण अफ्रीका में एक मेथोडिस्ट पादरी से मिला। उन्होंने मुझे बताया कि वे बुरी तरह फैल चुके फेफड़े के कैंसर से कैसे उबरें। उन्होंने भी पूर्ण स्वास्थ्य के विचार को अवचेतन मन तक पहुँचाकर चमत्कारिक परिणाम पाए। मेरे आग्रह करने पर उन्होंने उस प्रक्रिया विस्तृत वर्णन मुझे भेजा है, जिसे आपके सामने रख रहा हूँ।

दिन में कई बार मैं खुद को मानसिक और शारीरिक रूप से पूरी तरह शिथिल कर लेता था। मैं अपने शरीर से यह बोलकर खुद को शिथिल करता था- 'मेरे पंजे शिथिल हैं, मेरे टखने शिथिल हैं, मेरे पैर शिथिल हैं, मेरे आमाशय की मांसपेशियां शिथिल है, मेरा दिल और फेफड़े शिथिल हैं, मेरा सिर शिथिल है, मेरा पूरा अस्तित्व बिलकुल शिथिल है।'

लगभग पाँच मिनट बाद मैं खुद को उनींदी अवस्था में पाता था। फिर मैं इस सत्य की घोषणा करता था- ईश्वर की पूर्णता अब मुझमें व्यक्त हो रही है। संपूर्ण स्वास्थ्य का विचार अब मेरे अवचेतन मन में भर रहा है। ईश्वर ने मेरी जो छवि बनाई है, वह आदर्श छवि है और मेरा अवचेतन मन ईश्वर की उसी आदर्श छवि के अनुसार मेरे शरीर को दोबारा बना रहा है।

इस तरह पादरी का उल्लेखनीय उपचार हुआ और वे पूरी तरह ठीक हो गए। उन्होंने जिस तकनीक का प्रयोग किया था, वह संपूर्ण स्वास्थ्य के विचार को अवचेतन मन तक पहुँचाने का सीधा और सरल तरीका थी।

स्वास्थ्य के विचार को अवचेतन मन तक पहुँचाने का एक और अद्भुत तरीका अनुशासित या वैज्ञानिक कल्पना है। मैंने लकवे के एक मरीज को बताया कि वह कल्पना में स्पष्ट तस्वीर देखे कि वह अपने ऑफिस में चहलकदमी कर रहा है, डेस्क छू रहा है, फोन का उत्तर दे रहा है और वे सारे काम कर रहा है, जो वह सामान्य स्थिति में करता। मैंने उसे बताया कि उसका अवचेतन मन संपूर्ण स्वास्थ्य की मानसिक तस्वीर को स्वीकार कर लेगा।

उसने खुद को इस भूमिका में झोंक दिया। उसने सचमुच महसूस किया कि वह अपने ऑफिस में लौट चुका है। वह अपने अवचेतन मन को एक मूर्त और निश्चित काम दे रहा है। उसका अवचेतन मन वह फिल्म थी, जिस पर तस्वीर की छाप छोड़ी जा रही थी।

उसने कई सप्ताह तक गहनता से तस्वीर देखी। फिर एक दिन टेलीफोन की घंटी उस वक्त बजी, जब बाकी सब लोग बाहर थे। टेलीफोन उसके पलंग से 12 फुट दूर रखा था। वह जैसे-तैसे इसका उत्तर देने में कामयाब हो गया। उसी पल से उसका लकवा गायब हो गया। उसके अवचेतन मन की उपचारक शक्ति ने उसकी मानसिक तस्वीर पर प्रतिक्रिया की और उपचार संभव हो गया।

वह एक मानसिक अवरोध से पीड़ित था, जिसने मस्तिष्क में उत्पन्न तंत्रिका आवेगों को उसके पैरों तक पहुँचने से रोक दिया था। इसलिए वह चल नहीं पाता था, लेकिन जब उसने अपना ध्यान अपने अंदर की उपचारक शक्ति पर केंद्रित किया, तो उसके एकाग्र ध्यान से शक्ति प्रवाहित होने लगी और वह दोबारा चलने लगा।

जो भी आप प्रार्थना में माँगेंगे, विश्वास रखने पर वह आपको मिल जाएगा ।

याद रखें

1. सारी कुंठा अधूरी इच्छाओं के कारण पैदा होती है, लेकिन आप बाधाओं, विलंब और मुश्किलों पर ध्यान केंद्रित करेंगे, तो आपका अवचेतन मन उसी अनुरूप प्रतिक्रिया करेगा और इस तरह आप अपनी ही भलाई को रोक देंगे।
2. आपका अवचेतन मन आपके शरीर की सभी महत्त्वपूर्ण प्रक्रियाओं को नियंत्रित करता है और सभी समस्याओं के उत्तर जानता है।
3. आप अपने अवचेतन मन पर जो भी छाप छोड़ते हैं, वह परिस्थितियों, अनुभवों और घटनाओं के रूप में व्यक्त होती है। इसलिए चेतन मन में मौजूद विचारों के बारे में सतर्क रहें।
4. क्रिया और प्रतिक्रिया का नियम शाश्वत है। आपका विचार क्रिया है और उस विचार पर आपका अवचेतन मन स्वत: प्रतिक्रिया करता है। अपने विचारों पर नजर रखें।
5. सोने से पहले अपने अवचेतन मन से कोई विशिष्ट आग्रह करें और इसकी चमत्कारी शक्ति देखें।
6. जीवन का सिद्धांत आपके अंदर लयबद्ध और सामंजस्यपूर्ण तरीके से प्रवाहित हो सकता है, बशर्ते आप चेतन रूप से दृढ़ता से कहेंगे कि मैं विश्वास करता हूँ कि जिस अवचेतन मन ने

मुझे यह इच्छा दी है, वही इसे मेरे द्वारा पूरा कर रहा हैं। इससे सारे संघर्ष खत्म हो जाते हैं।

7. आप चिंता, तनाव और भय के कारण अपने हृदय, फेफड़ों और अन्य अंगों की सामान्य लय को गड़बड़ कर सकते हैं। अपने अवचेतन में सद्भाव, सेहत और शांति के विचार भरें। इससे आपके शरीर की समूची कार्यप्रणाली दोबारा सामान्य हो जाएगी।

8. अपनी समस्या के सुखद अंत या समाधान की कल्पना करें। उपलब्धि के रोमांच को महसूस करें। आप जो भी कल्पना करेंगे या महसूस करेंगे, उसे आपका अवचेतन मन स्वीकार करके परिणाम में बदल देगा।

9. अपने चेतन मन से सर्वश्रेष्ठ की उम्मीद करते रहें। आपका अवचेतन मन निष्ठा से आपके आदतन विचारों को साकार कर देगा।

5

प्राचीन काल में मानसिक उपचार

खुद को बार-बार याद दिलाएं कि उपचारक शक्ति आपके अवचेतन मन में है।

प्रत्येक युग में प्रत्येक महाद्वीप, परिवेश और संस्कृति के मनुष्य मानते हुए आये हैं कि कहीं-न-कहीं पर एक चमत्कारिक उपचारक शक्ति है, जो मनुष्य की शारीरिक क्षमताओं को दोबारा लौटा सकती है और बीमारी ठीक कर सकती है। यह रहस्यमय शक्ति कुछ विशेष स्थितियों में जाग्रत की जा सकती है और इसे सही तरीके से जाग्रत करने पर मानवीय कष्ट कम हो जाता है। इतिहास इस विश्वास की पुष्टि करता है।

विश्व के इतिहास में मनुष्यों को प्रभावित करने के ज्ञान में बीमारी का उपचार भी शामिल था, पुजारियों और धर्मगुरुओं तक ही सीमित था। उनका मानना था कि ईश्वर ने उन्हें कुछ विशेष शक्तियाँ दी हैं, जिनमें उपचारक शक्ति भी शामिल थी। उपचार के तरीके और कर्मकांड विश्व भर में भिन्न-भिन्न थे, लेकिन आम तौर पर उनमें ईश्वर की आराधना और चढ़ावा शामिल होता था। इसके अलावा विभिन्न धार्मिक अनुष्ठान भी किए जाते थे, जैसे हाथ पर हाथ रखना और मंत्रों का प्रयोग। ताबीजों, जन्तर, अंगुलियों, स्मृति चिन्हों और तस्वीरों का प्रयोग भी शामिल था।

जैसे प्राचीन मंदिरों में पुजारी रोगियों को नशीले पदार्थ खिलाते थे और उनके मूर्च्छित हो जाने पर सम्मोहन के सुझाव देते थे। मरीजों को बताया जाता था कि उन्हें नींद में ईश्वर दिखेगा और उनका उपचार हो जाएगा। इस तरह बहुत से रोगी स्वस्थ भी हुए।

हीकेट के भक्तों से कहा गया कि वे राल, लोबान और गंधरस को छिपकलियों के साथ मिलाकर चाँद की रोशनी में खुली हवा में कूटें। इस अजीब और रहस्यमय रस्म के बाद वे देवी की प्रार्थना करते थे, अपना बनाया हुआ काढ़ा पीकर सो जाते थे। उन्हें सपने में देवी नजर आती थी। भले ही यह अनुष्ठान हमें अजीब, संभवत: अति-कल्पनाशील भी लगे, लेकिन इसके बावजूद इससे अक्सर रोग ठीक हो जाते थे।

प्राचीन मानव ने अवचेतन मन की अविश्वसनीय शक्ति के दोहन के कई प्रभावी तरीके खोजकर उनसे उपचार करते थे। वे जानते थे कि ये तरीके प्रभावी हैं, लेकिन वे यह नहीं जानते थे कि वे कैसे या क्यों प्रभावी थे। हम देखते हैं कि अवचेतन मन को सशक्त सुझाव देकर उपचार किया जा सकता है। धार्मिक अनुष्ठान मनुष्यों की कल्पना पर गहरा असर डालते थे। इनके कारण उनका अवचेतन मन उपचारक के प्रबल सुझावों को आसानी से स्वीकार कर लेता था। किन्तु उपचार का काम मरीज का अवचेतन मन ही करता था।

ऐसा भी हुआ जब अधिकृत उपचारक असफल हो गए और मरीजों ने उम्मीद छोड़ दी, वहाँ अनधिकृत उपचारकों को उल्लेखनीय सफलता मिली है। यह सोचने पर मजबूर करता है कि विश्व के सभी हिस्सों में इन उपचारकों ने ये इलाज कैसे किए? इसका उत्तर आसान है, क्योंकि रोगी के अंधे विश्वास ने उसके अवचेतन मन में निहित उपचारक शक्ति को स्वतंत्र कर दिया।

उपचारकों के इलाज और तरीके जितने कल्पनाशील और अजीब होंगे, ज्यादा संभावना यही होती थी कि रोगी यह विश्वास कर ले कि इतनी अजीब चीज निश्चित रूप से असाधारण शक्तिशाली होगी। उत्तेजित भावनात्मक अवस्था के कारण उनके लिए चेतन और अवचेतन मन में स्वास्थ्य के सुझाव को स्वीकार करना आसान हो जाता था। इस विषय पर हम आगे विस्तार से बात रखेंगे।

अवचेतन शक्तियों के प्रयोग और बाइबल

जिन भी चीजों की आप इच्छा करते हैं, यदि प्रार्थना के समय विश्वास करें कि वे आपको मिल रही हैं, तो वे आपको मिल जाएँगी।

इसे दोबारा पढ़ें और काल के फर्क पर गौर करें। विश्वास और मिल रहे हैं, वर्तमान काल में हैं, लेकिन मिल जाएँगी भविष्य काल में है। प्रेरित लेखक हमें व्याकरण के इस छोटे से अंतर से बहुत ही महत्त्वपूर्ण बात बता रहा है। लेकिन हम इस तथ्य को सच मान लेते हैं और स्वीकार कर लेते हैं कि हमारी इच्छा वर्तमान में ही पूरी हो चुकी है, तो यह भविष्य में अवश्य पूरी होगी।

इस तकनीक की सफलता इस विश्वास में निहित है कि विचार या तस्वीर मन में वास्तविकता का रूप ले चुकी है। मस्तिष्क के क्षेत्र में किसी चीज को साकार करने के लिए इसे सचमुच मौजूद मानना होगा।

ये गूढ़ शब्द विचार की रचनात्मक शक्ति के प्रयोग द्वारा अवचेतन पर अपनी मनचाही चीज की छाप छोड़ने का संक्षिप्त और विशिष्ट तरीका सुझाते हैं। आपका विचार, योजना या उद्देश्य अपने स्तर पर उतना ही वास्तविक है, जितना कि आपका हाथ या हृदय। बाइबल की इस तकनीक का पालन करने पर आप अपने मन से परिस्थितियों, स्थितियों या किसी भी ऐसी चीज के सारे विचार बिलकुल खत्म कर देते हैं, जिससे नकारात्मक परिणाम मिल सकता हो। आप अपने मन में एक बीज बो रहे हैं, जिसे लेकिन आप ज्यों का त्यों छोड़ दें, तो यह हमेशा बाहरी फल में अंकुरित होगा।

ईसा मसीह जिस महत्त्वपूर्ण नींव पर जोर देते थे, वह था विश्वास। आप बाइबल में यह बात बार-बार पढ़ते हैं, आपके विश्वास के अनुसार आपको दिया जाएगा। यदि आप जमीन में निश्चित प्रकार के बीज बोते हैं, तो आप विश्वास रखें कि आपको उसी चीज का फल मिलेगा, जिसका बीज आपने बोया है। यह बीजों का तरीका है। विकास तथा कृषि के नियमों के आधार पर आप जानते हैं कि आपको बीज का वही फल मिलेगा।

बाइबल में विश्वास अर्थात सोचने का एक तरीका है, मानसिक नजरिया है, आंतरिक निश्चय है। जिस विचार को आप चेतन मन में पूरी तरह स्वीकार कर लेते हैं, वह आपके अवचेतन मन में साकार और प्रकट होगा। विश्वास एक तरह से उसे सच मानना है, जिसे आपकी तर्क शक्ति और इंद्रियाँ अस्वीकार करती हैं। यह अपने छोटे, तार्किक, विश्लेषणात्मक, चेतन मन की बात सुनने से इंकार करना है। यह तो अपने अवचेतन मन की आंतरिक शक्ति पर पूरे विश्वास का नजरिया रखना है।

यहाँ बाइबल की उपचार तकनीक का एक बहुत मशहूर उदाहरण है- ईसा मसीह जब घर में आए, तो उनके पास दो अंधे आदमी आए। ईसा मसीह ने उनसे पूछा, तुम्हें विश्वास है कि मैं यह करने में सक्षम हूं? उन्होंने कहा, हाँ प्रभु। फिर उन्होंने उन अंधों की आँखें छूकर कहा, तुम्हारी

विश्वास के अनुरूप तुम्हें मिले। और उनकी आँखें खुल गईं और ईसा मसीह ने उन्हें सख्त हिदायत दी कि यह बात किसी को पता नहीं चलनी चाहिए।

तुम्हारे विश्वास के अनुरूप तुम्हें मिले, यह कहकर ईसा मसीह अंधे व्यक्तियों के अवचेतन मन से सहयोग माँग रहे थे। उनका विश्वास उनकी सबसे बड़ी उम्मीद थी, उनकी आंतरिक भावना थी, उनका आंतरिक विश्वास था कि कोई चमत्कार होगा और उनकी प्रार्थना का उत्तर मिलेगा। और ऐसा ही हुआ। यह उपचार की सनातन तकनीक है, जिसका प्रयोग विश्व भर के सभी उपचारक समूह करते हैं, चाहे वे किसी भी धार्मिक पंथ के हो।

'यह बात किसी को पता नहीं चलनी चाहिए', यह कहकर ईसा मसीह ठीक हुए रोगियों को प्रेरित कर रहे थे कि वे अपने उपचार के बारे में किसी को न बताएँ। क्योंकि रोगी मनुष्यों को बताते, तो अविश्वास करने वाले मनुष्य संदेह करते और अपमानजनक आलोचना करके उन्हें सताते। इससे वे लाभ कम भी हो सकते थे, जो ईसा मसीह के हाथ से उन्हें मिले थे, क्योंकि इससे उनके अवचेतन मन में भय, शंका और तनाव के विचार भर जाते।

अधिकार और शक्ति के साथ उन्होंने गंदी आत्माओं को आदेश दिया और वे बाहर आ गईं।

जब रोगी ईसा मसीह के पास ठीक होने आए, तो उनका उपचार उनका विश्वास और ईसा मसीह की अवचेतन मन की उपचारक शक्ति की समझ से हो गया। ईसा मसीह ने जो भी आदेश दिया, अंदर से उसे सच माना। वे और मदद माँग रहे मनुष्य एक ही शाश्वत कल्पनावादी मस्तिष्क में थे। ईसा मसीह के अंदरूनी ज्ञान और उपचारक शक्ति के विश्वास ने रोगियों के अवचेतन के नकारात्मक विनाशक स्वरूप को बदल दिया। आंतरिक मानसिक बदलाव के परिणामस्वरूप उपचार अपने आप हो गया। उनका आदेश मरीजों के अवचेतन मन से किया गया आग्रह था। साथ ही उन्होंने अधिकार के साथ इसलिए बोला था, क्योंकि वे जानते थे कि अवचेतन मन तभी प्रतिक्रिया करेगा। अवचेतन मन की प्रतिक्रिया के बारे में वे जागरूक थे और उन्हें इस पर पूरा भरोसा था।

विश्व के अन्य चमत्कार

बहुत से देशों में ऐसे धर्मस्थल हैं, जहाँ रोगियों का उपचार किया जाता है। कुछ विश्व भर में मशहूर हैं और बाकी के सिर्फ आस-पास के लोगों में ही हैं। चाहे वे मशहूर हों या न हों, इन धर्मस्थलों पर जो उपचार होता है, वह अवचेतन मन की शक्तियों से ही होता है।

मैंने जापान के धर्मस्थलों की यात्रा की है। डायबुट्सू का धर्मस्थल विश्व भर में मशहूर है। इसका मुख्य आकर्षण बुद्ध की काँसे की विशाल प्रतिमा है, जो 42 फुट ऊँची है। इसमें बुद्ध हाथ बाँधे बैठे हैं और उनका सिर गहन चिंतन के आनंद की आकार में झुका है। मूर्ति के पैरों पर पैसे, फल, चावल और संतरे चढ़ाए जा रहे थे। मोमबत्तियां और अगरबत्तियां जलाई जा रही थीं और मनौतियाँ की जा रही थीं। मैंने भी एक लड़की की प्रार्थना सुनी, जिसने नीचे झुककर दो संतरे चढ़ा दिए। वह बुद्ध को अपनी आवाज लौटाने के लिए धन्यवाद दे रही थी। धर्मस्थल पर आने के बाद आवाज लौट आई। उसके मन में विश्वास था कि बुद्ध उसकी आवाज लौटा देंगे, यदि वह निश्चित अनुष्ठान,उपवास और चढ़ावा चढ़ाए। उसकी उम्मीद और विश्वास प्रबल थे। परिणाम यह हुआ कि उसका मस्तिष्क विश्वास के बिंदु तक पहुँच गया। उसके अवचेतन मन ने उसके विश्वास पर प्रतिक्रिया करते हुए उसकी आवाज ठीक कर दी।

कल्पना और अंध-विश्वास की शक्ति इतनी प्रबल होती है कि उसे नजरअंदाज नहीं किया जा सकता। इसका एक अद्भुत उदाहरण मेरे एक रिश्तेदार का है, जो पर्थ, पश्चिमी ऑस्ट्रेलिया में रहते थे। टी.बी. होने के कारण, उनके फेफड़े बुरी तरह खराब हो गए थे। उनके बेटे ने अपने पिता की मदद करने का फैसला किया। उसने अपने पिता से बताया कि वह अजीब शक्तियों वाले एक घुमंतू संन्यासी से मिला था।

यह संन्यासी यूरोप के एक बहुत मशहूर उपचारक धर्मस्थल पर काफी समय रहने के बाद लौटा था। वहाँ से वह ट्रयू क्रॉस के एक छोटे टुकड़े को लाने में कामयाब हो गया था। ट्रयू क्रॉस जो एक मध्ययुगीन अंगूठी में जड़ा है और इस क्रॉस के टुकड़े को छूने भर से सदियों से अनगिनत रोगी ठीक होते आ रहे थे।

जब बेटे ने यह सुना तो उसने संन्यासी को अपने पिता की बीमारी के बारे में बताया और उससे अँगूठी उधार माँगी। संन्यासी तैयार हो गया और बेटे ने स्वेच्छा से 500 डॉलर का सामान संन्यासी को भेंट कर दिया ।

जब बेटे ने अपने पिता को अँगूठी दिखाई, तो उन्होंने उसके हाथ से अँगूठी छीन ली। उन्होंने अंगूठी अपने सीने से लगाई, मन-ही-मन प्रार्थना की और सो गए। सुबह तक वे ठीक हो चुके थे। क्लीनिक के सभी परीक्षणों की रिपोर्ट थी कि उन्हें टी.बी. नहीं है।

इस तरह के चमत्कार हर जगह होते रहते हैं। सबसे महत्त्वपूर्ण बात यह है कि बेटे की अद्भुत कहानी बिलकुल मनगढ़ंत थी। सच तो यह था कि उसने फुटपाथ से लकड़ी का एक सामान्य टुकड़ा उठा लिया था और सुनार के यहाँ जाकर पुराने जमाने की डिजाइन वाली एक सोने की अंगूठी में जड़वा लिया था। फिर उसने अपने पिता को यह अंगूठी दे दी।

जाहिर है, फुटपाथ से उठाए उस लकड़ी के टुकड़े से पिता का उपचार नहीं हुआ था। नहीं, उपचार तो पिता की कल्पनाशक्ति के कारण हुआ था, जो प्रबलता से बढ़ गई थी। इसके साथ ही पूर्ण उपचार की विश्वास भरी उम्मीद भी थी। कल्पनाशक्ति विश्वास या व्यक्तिपरक भावना के साथ मिल गई और इन दोनों के मेल से उसके अवचेतन मन की शक्ति ने उपचार कर दिया।

पिता को कभी पता नहीं चल पाया कि उनके साथ यह चाल चली गई थी। लेकिन उन्हें यह बात पता चल जाती, तो हो सकता है कि उन्हें वह बीमारी दोबारा हो जाती। बहरहाल, उनकी टी.बी. कभी नहीं लौटी। वे टी.बी. से हमेशा-हमेशा के लिए स्वतंत्र हो गए और 15 साल बाद 89 साल की उम्र में अन्य कारणों से मरे।

शाश्वत उपचारक सिद्धांत

उपचार की सभी पद्धतियां बहुत आश्चर्यजनक उपचार कर सकती हैं। यह किसी आंतरिक घटक और प्रक्रिया के कारण होगा, जो सबमें समान हो। सचमुच ऐसा ही है। उपचार का घटक अवचेतन मन है और उपचार की प्रक्रिया विश्वास है।

सोचें-

- आपका अवचेतन मन सुझाव की शक्ति का हमेशा पालन करता है।
- आपके शरीर के सभी कार्यों, स्थितियों और अनुभूतियों पर आपके अवचेतन मन का पूरा नियंत्रण होता है।

- आपके मानसिक कार्यों का विभाजन करके एक कार्य चेतन मन को और दूसरा कार्य अवचेतन मन को सौंपा गया है।

जैसा कि आप जानते हैं कि सुझाव से सम्मोहित मनुष्यों में किसी भी बीमारी के लक्षण पैदा किए जा सकते हैं। सम्मोहित अवस्था में दिए गए सुझाव की प्रकृति के अनुसार मनुष्य को बुखार हो सकता है, उसका चेहरा लाल हो सकता है या उसे सर्दी हो सकती है। आप मनुष्य को सुझाव दे सकते हैं कि उसे लकवा मार गया है और वह चल नहीं सकता, और ऐसा ही होगा। आप सम्मोहित मनुष्य की नाक के नीचे ठंडे पानी का एक कप रखकर उसे बता सकते हैं कि इसमें नसवार भरी है; इसे सूँघो। वह बुरी तरह और बार-बार छींकने लगेगा। आपको क्या लगता है, छींक किस कारण आई? पानी के कारण या सुझाव के कारण?

जैसे किसी को घास से एलर्जी है, तो आप सम्मोहित अवस्था में उसकी नाक के सामने कोई कागज का फूल या खाली गिलास रखकर उससे कह सकते हैं कि यह घास है। उसमें एलर्जी के सामान्य लक्षण प्रकट हो जाएंगे। इससे हमें पता चलता है कि शारीरिक लक्षण अवचेतन मन के कारण पैदा हुए थे। इन लक्षणों का इलाज भी अवचेतन मन में ही होता है।

विभिन्न चिकित्सा-पद्धतियाँ, जैसे ऑस्टियोपैथी, कायरोप्रैक्टिस, ची क्वॉन्ग, एक्यूपंचर और नैचुरोपैथी उल्लेखनीय उपचार का दावा करती हैं। यही दावा विश्व भर के विभिन्न धर्मों के अनुष्ठान और कर्मकांड करते हैं। सभी उपचार अवचेतन मन द्वारा किए जाते हैं- जो एकमात्र उपचारक है।

याद रहे कि अवचेतन मन आपकी उंगली के घाव को किस तरह भरता है। यह जानता है कि इसे कैसे करना है। डॉक्टर घाव पर पट्टी बाँधकर कहता है कि प्रकृति इसे ठीक कर देगी। लेकिन 'प्रकृति' और कुछ नहीं, बल्कि प्राकृतिक नियम का दूसरा नाम है, जो अवचेतन मन का नियम है। आत्मरक्षा की सहज भावना प्रकृति का पहला नियम है और आत्मरक्षा अवचेतन मन का सबसे प्रमुख काम है। आपकी सबसे प्रबल सहज भावना सबसे सशक्त आत्म-सुझाव है।

बहुत अलग सिद्धांत

विभिन्न उपचार समूहों ने उपचार के भिन्न-भिन्न सिद्धांत दिए हैं। दावा है कि उनका सिद्धांत ही सही है, क्योंकि उनके तरीके से अच्छे परिणाम मिलते हैं। जैसा कि हम इस अध्याय में पढ़ चुके हैं, यह सही नहीं हो सकता।

हालांकि उपचार के बहुत से तरीके हैं। फ्रैंज एंटन मेस्मर (1734-1815) एक ऑस्ट्रियन चिकित्सक थे, जो पेरिस में इलाज करते थे। वे बीमार के शरीर पर चुंबक लगाकर उसे चमत्कारी तरीके से ठीक कर सकते हैं। उन्होंने काँच और कई धातुओं के टुकड़ों से भी इलाज करके दिखाया। बाद में उन्होंने इन सभी वस्तुओं का प्रयोग छोड़ दिया और रोगी के शरीर पर हाथ फेरकर इलाज करने लगे। उनका दावा था कि उनके उपचार का असली स्रोत प्राणी चुंबकीयता है, जो उपचारक के हाथ से प्रवाहित होकर रोगी के शरीर में पहुँच जाती है।

मेस्मर ने उपचार के इस तरीके को मेस्मेरिज्म नाम दिया। आज हम इसे सम्मोहन के नाम से जानते हैं। दूसरे डॉक्टरों का दावा था कि सिर्फ सुझाव देकर ही उन्होंने अपने सभी उपचार किए थे, लेकिन डॉक्टरों को मानना पड़ा कि वे यह नहीं जानते थे कि सुझाव की शक्ति से इतने अद्भुत

परिणाम कैसे मिले। ये सभी समूह- मनोविश्लेषक, मनोवैज्ञानिक, ऑस्टियोपैथ्स, कायरोप्रैक्टर्स, उपचारक और प्रत्येक तरह के धार्मिक समूह- एक ही शाश्वत सिद्धांत का प्रयोग कर रहे हैं, जो अवचेतन मन में मौजूद है। प्रत्येक मनुष्य यह दावा कर सकता है कि उपचार उनके सिद्धांत के कारण हुआ है, लेकिन सच्चाई कोसों दूर है। उपचार की सभी प्रक्रियाओं का एक निश्चित, सकारात्मक, मानसिक नजरिया होता है, एक अंदरूनी नजरिया या सोचने का तरीका है, जिसे विश्वास कहा जाता है। उपचार विश्वासपूर्ण उम्मीद के कारण होता है, जो अवचेतन मन को सशक्त सुझाव देती है। इसी से उपचारक शक्ति स्वतंत्र होती है।

एक मनुष्य जिस तरीके से ठीक होता है, दूसरा भी उसी तरीके से ठीक होता है। यह हो सकता है कि दोनों के सिद्धांत या तरीके भिन्न हों, लेकिन उपचार की प्रक्रिया एक ही है और वह है विश्वास। सिर्फ एक ही उपचारक शक्ति है- आपका अवचेतन मन। आप अपना मनपसंद सिद्धांत, विश्वास और तरीका चुन लें। आप विश्वास रखें। और यदि आपको विश्वास है, तो आपको परिणाम अवश्य मिलेंगे।

पैरासेल्सस के विचार

फिलिम्पस पैरासेल्सस (1493-1541) एक मशहूर स्विस अलकेमिस्ट (कीमियागर) और चिकित्सक थे। वे अपने जमाने के मशहूर उपचारक थे। उनकी बातें वैज्ञानिक रूप से प्रमाणित तथ्य हैं-

आपकी विश्वास की वस्तु सच्ची हो या झूठी, आपको परिणाम समान ही मिलेंगे। लेकिन मैं सेंट पीटर की प्रतिमा पर उतना ही विश्वास करता हूँ, जितना कि स्वयं सेट पीटर में करता, तो मुझे वही परिणाम मिलेंगे, जो मुझे सेंट पीटर से मिलते। यह अंधविश्वास है, लेकिन विश्वास चमत्कार करता है और विश्वास सच्चा हो या झूठा, यह हमेशा चमत्कार करेगा।

पैरासेल्सस के विचारों को पियेत्रो पॉम्पोनैजी ने लिखा कि हम आसानी से उन अद्भुत परिस्थितियों की कल्पना कर सकते हैं, जो आत्मविश्वास और कल्पना से उत्पन्न हो सकती हैं, खासकर जब ये दोनों ही चीजें रोगी और उसे प्रभावित करने वाले के बीच प्रवाहित हों। निश्चित स्मृतिचिह्नों के प्रभाव से होने वाले उपचार उनकी कल्पना और आत्मविश्वास के प्रभाव हैं। नीम-हकीम और दार्शनिक जानते हैं कि यदि किसी संत की अस्थियों की जगह किसी सामान्य मनुष्य की अस्थियों को रख दिया जाए, तब भी बीमारी को उतने ही लाभकारी परिणाम मिलेंगे, लेकिन उन्हें यह विश्वास हो कि यही सच्चे स्मृतिचिह्न हैं।

अर्थात आप संत की अस्थियों की शक्तियों या किसी जगह के पानी के उपचारक गुणों या मेरे ऑस्ट्रेलियाई रिश्तेदार की तरह लकड़ी के टुकड़े के चमत्कारी परिणामों में विश्वास करते हैं, तो आपको असर मिलेंगे, क्योंकि आपके अवचेतन मन को सुझाव दिया गया है। आखिर उपचार तो अवचेतन मन ही करता है।

बर्नहीम के प्रयोग

हिप्पोलाइट बर्नहीम 20वीं सदी की शुरुआत में फ्रांस के नैन्सी में प्रोफेसर ऑफ मेडिसिन थे। उन्होंने यह स्पष्ट किया कि चिकित्सक द्वारा रोगी को दिए गए सुझाव अवचेतन मन की शक्ति के कारण परिणाम देते हैं।

बर्नहीम ने एक आदमी की कहानी बताई, जिसकी जीभ को लकवा मार गया था। बहुत इलाज किया, लेकिन कोई फायदा नहीं हुआ। फिर एक दिन डॉक्टर ने उसे बताया कि उसे एक नया यंत्र मिल गया है, जो उसकी समस्या को बिलकुल ठीक कर देगा। इसके बाद डॉक्टर ने उसके मुँह में एक जेबी थर्मामीटर लगा दिया। मरीज को लगा कि यही वह यंत्र है, जो उसे ठीक कर देगा। कुछ ही पलों में वह खुशी से चिल्लाने लगा कि अब वह फिर से अपनी जीभ घुमा सकता है।

बर्नहीम ने कहा कि हमारे पास इसी तरह के कुछ और तथ्य मिलेंगे। एक युवती मेरे ऑफिस में आई, जिसकी चार हफ्तों से आवाज चली गई थी। जाँच-पड़ताल के बाद मैंने अपने विद्यार्थियों को बताया कि कई बार बोलने की क्षमता बिजली के प्रयोग से तत्काल लौट आती है, क्योंकि इससे सुझाव दिया जा सकता है। मैंने अपना इंडक्शन एपरेटस बुलवाया। मैंने उसके स्वरयंत्र को थोड़ा हिलाया और कहा कि अब तुम बोल सकती हो। एक ही पल में मैंने उससे 'ए' बुलवा लिया, फिर 'ची' और फिर 'मारिया।' वह स्पष्टता से बोलती रही। उसकी आवाज दोबारा लौट आई। यहाँ बर्नहीम, विश्वास की शक्ति और रोगी की आशा के बारे में बता रहे हैं, जिसने अवचेतन मन को सशक्त सुझाव दिया।

डाक टिकट चिपकाकर, फोड़े उत्पन्न करना

बर्नहीम बताते हैं कि उन्होंने एक मरीज की पीठ पर डाक टिकट चिपकाकर उसे सुझाव दिया कि उसे फोड़ा हो गया है। इस तरह के प्रदर्शनों की पुष्टि विश्व के कई हिस्सों में कई डॉक्टरों के प्रयोगों और अनुभवों में हुई है। प्रमाणों को देखते हुए शंका की कोई गुंजाइश नहीं है कि मौखिक सुझाव देकर रोगियों के शरीर में संरचनात्मक परिवर्तन किए जा सकते हैं।

खून निकलने का कारण

किसी व्यक्ति को सुझाव देकर खून भी निकलवाया जा सकता है।

डी. एम. बूरू ने एक मनुष्य पर सम्मोहन करके उसे यह सुझाव दिया- आज दोपहर चार बजे तुम मेरे ऑफिस में आओगे, इस कुर्सी पर बैठोगे और सीने पर हाथ बाँध लोगे। इसके बाद तुम्हारी नाक से खून बहने लगेगा। दोपहर को उस युवक ने ठीक वही किया, जैसा उसे सुझाव दिया गया था। जब उसने अपने हाथ बाँध लिए, तो उसके बाएँ नथुने से खून की कुछ बूँदें टपक गईं।

ऐसा ही उन्होंने एक रोगी को सम्मोहित करके उसका नाम उसकी बाँह पर एक औजार की भोंथरी नोक से लिख दिया। फिर बूरू ने कहा- आज दोपहर चार बजे तुम सो जाओगे। मेरी खींची लाइनों पर तुम्हारे हाथ से खून निकलेगा और तुम्हारा नाम हाथ पर उभर आएगा।

रोगी पर नजर रखी गई। चार बजे वह सो गया। उसकी बाईं बाँह पर अक्षर चमकने लगे और कई जगहों पर खून की बूँदें भी दिखने लगीं। अक्षर धीरे-धीरे मिट गए, लेकिन तीन महीने बाद भी वे धुंधले दिख रहे थे।

ये तथ्य आधारभूत मान्यताओं को सही साबित करते हैं; अवचेतन मन हमेशा सुझाव की शक्ति का पालन करता है और शरीर के कार्य, अनुभूतियों और स्थितियों पर पूरा नियंत्रण करता है।

सभी उदाहरण बताते हैं कि नाटकीय तरीके से दिए गए सुझाव असामान्य स्थितियों को भी प्रेरित कर सकते हैं। ये इस बात के सबूत हैं कि मनुष्य अपने अवचेतन मन में जैसा सोचता है, वह वैसा ही बन जाता है।

याद रखें

1. जान लें कि विश्वास जमीन में बोए बीज की तरह है । यह अपनी तरह के फल देता है। अपने मन में विचार का बीज बो लें, इसे उम्मीद का पानी और खाद दें । यह वास्तविकता में बदल जाएगा।
2. किसी पुस्तक, नए आविष्कार या नाटक का विचार आपके मस्तिष्क में हकीकत है। इसीलिए आप इस बात पर विश्वास कर सकते हैं कि यह इस समय आपके पास है। अपने विचार, योजना या आविष्कार की वास्तविकता पर विश्वास करें। जब आप ऐसा करेंगे, तो यह प्रकट हो जाएगा।
3. खुद को बार-बार याद दिलाएं कि उपचारक शक्ति आपके अवचेतन मन में है।
4. किसी और के लिए प्रार्थना करते समय यह जान लें कि आपका आंतरिक ज्ञान किसी दूसरे के अवचेतन मन के नकारात्मक स्वरूप को बदल सकता है तथा अद्भुत परिणाम दे सकता है।
5. सारे रोग मस्तिष्क में पैदा होते हैं। कोई भी चीज शरीर पर तब तक प्रकट नहीं होती है, जब तक कि उसके अनुरूप मानसिक संरचना न हो। सम्मोहन के सुझाव से लगभग प्रत्येक रोग के लक्षण उत्पन्न किए जा सकते हैं।
6. आप विभिन्न धर्मस्थलों पर जिन चमत्कारी उपचारों के बारे में सुनते हैं, वे कल्पनाशक्ति और अंध विश्वास के कारण होते हैं, जो अवचेतन मन पर कार्य करके उपचारक शक्ति को स्वतंत्र करती है।
7. इससे पता चलता है कि आपके विचार कितने शक्तिशाली हैं।
8. उपचार की सिर्फ एक ही प्रक्रिया है और वह है विश्वास। सिर्फ एक ही उपचारक शक्ति है और वह है आपका अवचेतन मन।
9. चाहे आपके विश्वास की वस्तु सच्ची हो या झूठी, आपको परिणाम मिलेंगे। आपका अवचेतन मन आपके मस्तिष्क के विचार पर प्रतिक्रिया करता है। विश्वास को अपने मस्तिष्क के विचार के रूप में देखें । इतना ही काफी है।

आप जिन महान और उदात्त विचारों के बारे में आदतन सोचते हैं, वे महान कर्म बन जाते हैं।

6 आधुनिकता और मानसिक उपचार

बीमारी या नुकसान या चोट पहुँचाने वाली किसी चीज में विश्वास करना मूर्खता है। संपूर्ण स्वास्थ्य, समृद्धि, शांति, दौलत और दैवी मार्गदर्शन में विश्वास करें।

वह कौन-सी चीज है, जो उपचार करती है? यह उपचारक शक्ति कहां और कैसे काम करती है? सभी सवाल बहुत अहम हैं। इनका एक ही उत्तर है- उपचारक शक्ति प्रत्येक मनुष्य के अवचेतन मन में निवास करती है और रोगी के बदले हुए मानसिक नजरिए से यह सक्रिय हो जाती है।

किसी भी मानसिक या धार्मिक-वैज्ञानिक उपचारक, मनोवैज्ञानिक, मनोविश्लेषक या डॉक्टर ने कभी किसी मरीज को ठीक नहीं किया है। एक पुरानी कहावत है, 'डॉक्टर घाव पर पट्टी बाँधता है, ईश्वर उसे ठीक करता है।' मनोवैज्ञानिक या मनोविश्लेषक मरीज के मानसिक अवरोध हटाकर प्रभावी परिवर्तन लाता है, ताकि उपचारक सिद्धांत सक्रिय हो सके और रोगी दोबारा स्वस्थ हो सके। इसी तरह सर्जन शारीरिक अवरोध हटाता है, ताकि उपचारक प्रवाह सामान्य ढंग से काम कर सके। कोई भी डॉक्टर या सर्जन या मानसिक-विज्ञान का प्रयोग करने वाला पूरी तरह से यह दावा नहीं कर सकता कि उसने मरीज को ठीक कर दिया। उपचारक शक्ति एक ही है, हालाँकि इसे भिन्न-भिन्न नामों से पुकारा जाता है- प्रकृति, जीवन, ईश्वर, रचनात्मक ज्ञान- लेकिन वास्तविकता में ये सभी अवचेतन शक्ति की ओर इशारा करने के भिन्न-भिन्न तरीके हैं।

आप जानते हैं कि हम स्वयं में मौजूद उपचारक जीवन-सिद्धांत के प्रवाह के मानसिक, भावनात्मक और शारीरिक अवरोधों को कई तरीकों से हटा सकते हैं। आपके अवचेतन मन में रहने वाला यह उपचारक सिद्धांत आपको सभी मानसिक तथा शारीरिक रोगों से स्वतंत्र कर सकता है और करेगा, बशर्ते आप या कोई दूसरा मनुष्य इसे सही दिशा दे। यह उपचारक सिद्धांत सभी मनुष्यों में काम करता है, भले ही उनका पंथ, रंग या जाति कोई भी हो।

इसका प्रयोग करने और लाभ लेने के लिए आपको किसी विशेष चर्च का सदस्य बनने की जरूरत नहीं है। आपका अवचेतन आपके हाथ के जले हुए या कटे हुए हिस्से को ठीक कर देगा, भले ही आप नास्तिक या संशयवादी हों।

आधुनिक मानसिक चिकित्सा इस सच्चाई पर आधारित है कि जैसा आपका विश्वास होगा, आपके अवचेतन मन की असीमित बुद्धिमत्ता और शक्ति की प्रतिक्रिया भी वैसी ही होगी। मानसिक-विज्ञान का प्रयोग करने वाले या पादरी बाइबल के आदेश का पालन करते हैं। यानी वे अपने कमरे में जाकर दरवाजा बंद कर लेते हैं, जिसका मतलब है कि वे अपने मस्तिष्क को स्थिर कर लेते हैं, शिथिल कर लेते हैं और असीमित उपचारक शक्ति के बारे में सोचने लगते हैं। अपने अंदर मौजूद वे अपने मस्तिष्क का द्वार सभी बाहरी व्यवधानों तथा वस्तुओं के लिए

बंद कर लेते हैं। फिर वे अपना आग्रह या इच्छा अपने अवचेतन मन को इस विश्वास के साथ बताते हैं कि उनके मस्तिष्क का ज्ञान उन्हें सही उत्तर देगा।

जानने की सबसे अद्भुत बात यह है- इच्छित परिणाम की कल्पना करें और इसकी वास्तविकता को महसूस करें; असीमित जीवन-सिद्धांत आपके चेतन चुनाव और आपके चेतन आग्रह पर प्रतिक्रिया करेगा। यही इस वाक्य का अर्थ है कि विश्वास रखें कि आपको मिल गया है और आपको मिल जाएगा। प्रार्थना चिकित्सा का प्रयोग करते समय आधुनिक मानसिक वैज्ञानिक यही काम करता है।

उपचार प्रक्रिया

विश्व की प्रत्येक वस्तु में सिर्फ एक ही उपचारक सिद्धांत काम कर रहा है, चाहे वह बिल्ली, कुत्ता, पेड़, घास, हवा, धरती हो- क्योंकि प्रत्येक चीज सजीव है। यह जीवन-सिद्धांत प्राणी, वनस्पति और खनिज साम्राज्यों में सहज-बोध और विकास के नियम के रूप में काम करता है। मनुष्य जीवन-सिद्धांत के बारे में चेतन रूप से जागरूक होता है, इसलिए हम खुद को अनगिनत तरीकों से लाभ पहुँचाने के लिए इसका सचेतन प्रयोग कर सकते हैं।

इस सिद्धांत का प्रयोग करने के कई भिन्न तरीके, तकनीकें और विधियाँ हैं, लेकिन उपचार की सिर्फ एक ही प्रक्रिया है, वह यह कि आपके विश्वास के अनुरूप ही आपको परिणाम मिलेगा।

विश्वास का नियम

सभी धर्म विश्वास के रूप हैं और ये विश्वास कई तरीकों से स्पष्ट किए जाते हैं। जीवन का नियम विश्वास है। अपने, जीवन और ब्रह्मांड के बारे में आपके विश्वास क्या हैं? जैसा आपको विश्वास होगा, वैसा ही आपको मिलेगा। विश्वास मस्तिष्क का एक विचार है, जिस कारण अवचेतन की शक्ति आदतन सोच के अनुसार जीवन के सभी क्षेत्रों में उतरती है। आप महसूस करेंगे कि जब बाइबल, विश्वास का जिक्र करती है, तो यह किसी अनुष्ठान, समारोह, रूप, संस्था या फॉर्मूले में विश्वास के बारे में नहीं बोल रही है। यह तो स्वयं विश्वास के बारे में बोल रही है। मस्तिष्क का विश्वास ही आपके मस्तिष्क का विचार है।

यदि आप विश्वास करें तो उसके लिए प्रत्येक चीज संभव है, जो विश्वास करता है।

जो चोट या नुकसान पहुँचाए, ऐसी किसी चीज में विश्वास करना मूर्खता है। ध्यान दें, जिस चीज में आप विश्वास करते हैं, वह आपको नुकसान या चोट नहीं पहुँचाती है। यह तो आपके मस्तिष्क का विश्वास या विचार है, जो परिणाम उत्पन्न करता है। आपके सभी अनुभव, सभी कार्य तथा जीवन की सभी घटनाएँ व परिस्थितियाँ आपके ही विचार की प्रतिक्रियाएँ और प्रतिबिंब हैं।

चेतन और अवचेतन संयुक्त कार्य और वैज्ञानिक तरीका

प्रार्थना चिकित्सा मस्तिष्क के चेतन और अवचेतन स्तरों का क्रमबद्ध, सामंजस्यपूर्ण और बुद्धिमत्तापूर्ण कार्य है, जिसे किसी निश्चित उद्देश्य के लिए विशेष रूप से निर्देशित किया जाता है। वैज्ञानिक प्रार्थना या प्रार्थना चिकित्सा के लिए आपको पता होना चाहिए कि आप क्या और क्यों कर रहे हैं। आप उपचार के नियम में विश्वास करते हैं? इसे कई बार मानसिक उपचार या

वैज्ञानिक प्रार्थना भी कहा जाता है। प्रार्थना चिकित्सा में आप किसी निश्चित विचार, मानसिक तस्वीर या योजना को चुनते हैं, जिसे आप अनुभव करना चाहते हैं। आप इस विचार या मानसिक छवि को अपने अवचेतन तक पहुँचा देते हैं और काल्पनिक अवस्था की वास्तविकता अनुभव करते हैं। यदि आप मानसिक नजरिए में पूर्ण विश्वास रखेंगे, तो आपको अपनी प्रार्थना का उत्तर मिल जाएगा। प्रार्थना चिकित्सा किसी विशिष्ट उद्देश्य के लिए मानसिक कर्म है।

यदि आप प्रार्थना चिकित्सा से किसी समस्या के उपचार का फैसला करते हैं। आपकी समस्या या बीमारी, चाहे वह जो भी हो, आपके अवचेतन मन में रहने वाले भयाक्रांत नकारात्मक विचारों के कारण उत्पन्न हुई है। यदि आप अपने मस्तिष्क से इन विचारों की सफाई कर दें, तो आप ठीक हो जाएँगे।

आप अपने अवचेतन मन की उपचारक शक्ति की ओर मुड़ते हैं। आप खुद को इसकी असीमित शक्ति और बुद्धिमत्ता याद दिलाते हैं। यह प्रत्येक बीमारी का उपचार करने में सक्षम है। जब आप इन सच्चाइयों पर लगातार सोचते हैं, तो आपका भय धीरे-धीरे कम होने लगता है। इन सच्चाइयों की याद गलत विश्वासों से जूझती है और अंततः उन्हें परास्त कर देती है।

जब आप उस उपचार के लिए धन्यवाद देंगे तो यह भी जानते होंगे कि यह अवश्य होगा। फिर आप अपने मस्तिष्क को उस समस्या से तब तक दूर रखते हैं, जब तक कि कुछ समय बाद आपके मन में दोबारा प्रार्थना करने की इच्छा प्रबलता से महसूस नहीं होती है। प्रार्थना करते समय आप नकारात्मक स्थितियों को जरा सी भी शक्ति नहीं देते हैं या पल भर के लिए भी यह नहीं सोचते हैं कि उपचार नहीं होगा। इस तरह के मानसिक नजरिए से चेतन और अवचेतन मन का सामंजस्यपूर्ण मेल बनता है, जो उपचारक शक्ति को सक्रिय कर देता है।

विश्वास-उपचार की कार्यप्रणाली

जिसे मनुष्य विश्वास-उपचार के नाम से जानते हैं, वह दरअसल बाइबल में बताया गया विश्वास नहीं है, जिसका मतलब चेतन और अवचेतन मन के आपसी संबंधों का ज्ञान होता है। विश्वास-उपचारक वह मनुष्य होता है, जो उपचार में शामिल शक्तियों की वैज्ञानिक समझ के बिना उपचार करता है। यह भी हो सकता है कि वह उपचार की विशेष क्षमता का दावा करे और उसमें या उसकी शक्तियों में रोगी का अंधा विश्वास उसे ठीक कर दे।

दुनिया भर में पारंपरिक उपचारक अपने रोगियों को नृत्य, मंत्रों और आत्माओं को बुलाकर ठीक करते हैं। हो सकता है, कोई मनुष्य किसी संत के स्मृतिचिह्न छूकर, खास गंडा बाँधकर, अगरबत्ती या धूप जलाकर या विशेष जड़ी-बूटियों के काढ़े को पीकर स्वस्थ हो गया हो। जो भी चीज रोगी को उस तरीके या प्रक्रिया में सच्चा विश्वास दिलाएगी, वह उपचार को अधिक संभव बना देगी।

यदि कोई चीज आपको भय और चिंता से हटाकर विश्वास और आशा की ओर ले जाएगी तो आपका इलाज संभव कर देगी। चूँकि उनके सिद्धांत परिणाम देते हैं, इसलिए वे सही और सच हैं। जैसा कि हम पहले देख चुके हैं, यह सच नहीं हो सकता।

अंधा विश्वास किस तरह काम करता है, उसके बारे में फ्रैंज एंटन मेस्मर ने बताया है। 1776 में उन्होंने अपने मरीजों के शरीर को चुंबक से छूकर इलाज करने का दावा किया था। बाद में उन्होंने चुंबक छोड़कर मरीज से कुछ दूरी पर अपने हाथ घुमाकर इलाज किया। इस नई तकनीक

की सफलता को समझाने के लिए मेस्मर ने प्राणी चुंबकीयता का सिद्धांत दिया। उन्होंने बताया कि यह द्रव वैसे तो पूरे ब्रह्मांड में फैला हुआ है, लेकिन मनुष्य के शरीर में सबसे सक्रिय है। यह चुंबकीय द्रव उनके हाथों से बीमार शरीर की ओर संप्रेषित होता है और प्राणी चुम्बकीयता का यह स्थानांतरण उनका उपचार कर देता है। हजारों-लाखों मनुष्य उनके पास आने लगे और कई अद्भुत उपचारों का दावा किया गया।

मेस्मर पेरिस की सरकार ने उनके इलाजों की जाँच के लिए एक आयोग गठित किया। इस आयोग में प्रख्यात चिकित्सक और अकेडमी ऑफ साइंस के सदस्य थे, जिनमें बेंजामिन फ्रैंकलिन भी शामिल थे। सघन जाँच-पड़ताल के बाद आयोग ने स्वीकार किया कि मेस्मर ने बीमारों को सचमुच ठीक किया था। हालाँकि यह भी कहा गया कि उनके चुंबकीय द्रव सिद्धांत को सही साबित करने वाला एक भी प्रमाण नहीं है बल्कि इलाज मरीजों की कल्पना की वजह से हुआ था।

मेस्मर को जब निर्वासित कर दिया गया तो सन् 1815 में उनकी मृत्यु हो गई। इंग्लैंड में मैनचेस्टर के डी. जेम्स बैड ने यह साबित करने का बीड़ा उठाया कि चुंबकीय द्रव का डी. मेस्मर के उपचारों से कोई लेना-देना नहीं था। डी. बैड ने पाया कि रोगी को सुझाव देकर सम्मोहित तंद्रा या निद्रा में भेजा जा सकता था। रोगियों के सम्मोहित तंद्रा में रहते समय वे कई अद्भुत परिणाम उत्पन्न करने में सफल हुए, जिनका श्रेय मेस्मर ने प्राणी चुंबकीयता को दिया था।

इस प्रकार ये सभी उपचार निस्संदेह रोगियों की सक्रिय कल्पना और अवचेतन मन को दिए गए स्वास्थ्य के सशक्त सुझावों द्वारा संभव हुए थे। इसे अंधा विश्वास कहना ठीक नहीं होगा, क्योंकि न तो मरीज, न ही उपचारक को यह समझ थी कि ये उपचार कैसे हुए।

कल्पनावादी विश्वास का अर्थ

मनुष्य का कल्पनावादी अवचेतन मन उसके चेतन या यथार्थवादी मन के नियंत्रण के अधीन रहता है। यह सुझावों के प्रति भी अति संवेदनशील होता है। अर्थात जो भी आपका यथार्थवादी विश्वास है, यदि आप उसमें सक्रियता या निष्क्रियता से विश्वास रखेंगे, तो आपका अवचेतन मन उस सुझाव द्वारा नियंत्रित होगा और आपकी इच्छा पूरी हो जाएगी।

मानसिक उपचारों के लिए कल्पनावादी विश्वास की जरूरत होती है। इसे प्राप्त करने का तरीका यथार्थवादी या चेतन मन के सक्रिय विरोध का अंत करना है।

क्योंकि शरीर के प्रभावी उपचार के लिए सबसे अच्छा तो यह रहेगा कि चेतन और अवचेतन दोनों ही मन विश्वास को पूरी तरह स्वीकार करने की अवस्था में हों, लेकिन यह हमेशा जरूरी नहीं होता है। आप अपने मन और शरीर को शिथिल करके उनींदी अवस्था में पहुँच सकते हैं और निष्क्रियता तथा ग्रहणशीलता की स्थिति में दाखिल हो सकते हैं। इस उनींदी अवस्था में आपकी निष्क्रियता कल्पनावादी छाप के प्रति ग्रहणशील बन जाती है।

एक बार मुझसे किसी ने पूछा कि ऐसा कैसे हो गया कि उस पादरी ने मुझे ठीक कर दिया। जब उसने मुझे बताया कि रोग जैसी कोई चीज नहीं होती है और इसका कोई अस्तित्व ही नहीं होता है, तो मैंने उसके एक भी शब्द पर विश्वास नहीं किया। मुझे लगा कि वह मेरी बुद्धि का अपमान कर रहा है,लेकिन इसके बावजूद मैं ठीक हो गया। ऐसा कैसे हो सकता है?

इसका स्पष्टीकरण आसान है, क्योंकि वह पादरी के शांतिदायक शब्दों से शांत हो गया। फिर पादरी ने उसे कुछ समय के लिए पूर्णत: निष्क्रिय अवस्था में जाने, कुछ न बोलने या सोचने की सलाह दी। पादरी भी निष्क्रिय बन गए। उन्होंने आधे घंटे तक शांति से, धीरे-धीरे तथा दृढ़ता से लगातार कहा कि इस मनुष्य को संपूर्ण स्वास्थ्य, शांति, सद्भाव और पूर्णता मिल जाए।

आधे घंटे बाद उस मनुष्य को असीम राहत महसूस हुई और वह दोबारा स्वस्थ हो गया।

उपचार के समय निष्क्रियता के कारण उसका कल्पनावादी विश्वास प्रकट हो गया था और पादरी द्वारा दिए गए संपूर्ण स्वास्थ्य के सुझाव उसके अवचेतन मन तक पहुँच गए थे। दोनों कल्पनावादी मन तालमेल में थे।

यदि इस व्यक्ति ने उपचारक की शक्ति और उसके सिद्धांत के सही होने के बारे में अपनी शंकाओं को उस वक्त उभरने दिया होता, तो यह विरोधी आत्म-सुझाव के रूप में काम करता। उस स्थिति में पादरी के सुझाव बहुत कम असर दिखाते या बिलकुल असफल हो जाते। उनींदी, निष्क्रिय अवस्था में चेतन मन का विरोध न्यूनतम होने के कारण रोगी का अवचेतन मन पादरी के सुझावों के प्रति ग्रहणशील हो गया था। इसने उन सुझावों के अनुरूप कार्य किया और उपचार हो गया।

अनुपस्थित उपचार का अर्थ

यदि आप लॉस एंजेलिस में रहते हैं और आपको यह खबर मिलती है कि आपकी माँ न्यूयॉर्क सिटी में बहुत बीमार हैं। सबसे पहले आपके मन में आएगा कि घर-परिवार और नौकरी छोड़कर उनके पास पहुँच जाएँ। लेकिन यह संभव न हो तो? क्या आप अपनी माँ के ठीक होने की प्रक्रिया में अपने विश्वास की शक्ति का प्रयोग नहीं कर पाएँगे?

ऐसा बिलकुल नहीं है। चाहे आप भौतिक रूप से मौजूद न हों, लेकिन आपकी प्रार्थनाएं उन तक अवश्य पहुँच सकती हैं। रचनात्मक मस्तिष्क एक ही है। मस्तिष्क का रचनात्मक नियम आपको लाभ पहुँचाता है। आपको तो बस अपने मन में स्वास्थ्य और सामंजस्य का आंतरिक महसूस भरना है। इसकी प्रतिक्रिया स्वत: होती है। आपके अवचेतन मन का यह आंतरिक महसूस आपकी माँ के अवचेतन मन पर काम करता है। सेहत, स्फूर्ति और पूर्णता के आपके विचार एक ही शाश्वत कल्पनावादी मन में काम करते हैं। वे जीवन के कल्पनावादी पहलू के नियम को गतिमान कर देते हैं, जो उनके शरीर में उपचार के रूप में प्रकट होता है।

मस्तिष्क सिद्धांत में समय या स्थान का कोई महत्त्व नहीं होता है। वही मस्तिष्क आपकी माँ और आपमें काम करता है- चाहे आप कहीं भी रहें। वास्तव में कोई भी अनुपस्थित उपचार नहीं होता है, जो उपस्थित उपचार का विरोधी हो, क्योंकि शाश्वत मस्तिष्क प्रत्येक जगह है। आप विचार भेजने या पकड़ने की कोशिश नहीं करते हैं। आपका उपचार विचार की चेतन गति है। जब आप स्वास्थ्य, कल्याण और आराम के लक्षणों के प्रति जागरूक बन जाते हैं, तो ये लक्षण आपकी माँ में प्रकट होंगे। परिणाम अवश्य मिलेंगे। जब लॉस एंजेलिस की एक महिला को पता चला कि न्यूयॉर्क में रहने वाली उसकी माँ को कोरोनरी थ्राम्बोसिस हो गया है। वह अपनी माँ के पास नहीं जा सकती थी, इसलिए उसने यह प्रार्थना की-

उपचारक शक्ति मेरी माँ के पास है। उनके शरीर की स्थिति उनके विचार-जीवन का वैसा ही प्रतिबिंब है, जिस तरह छायाएं पर्दे पर पड़ती हैं। मैं जानती हूँ कि उस पर्दे की छवियों को बदलने

के लिए मुझे उन चीजों को बदलना होगा, जिनका वे प्रतिबिंब दिखाती हैं। मैं अब अपने मस्तिष्क में अपनी माँ के लिए पूर्णता, सामंजस्य और संपूर्ण स्वास्थ्य की छवि बना रही हूँ।

जिस असीमित उपचारक शक्ति ने मेरी माँ का शरीर और उनके सभी अंग बनाए हैं, वह उनके अस्तित्व के प्रत्येक परमाणु में भर रही है और उनके शरीर की प्रत्येक कोशिका से शांति की धारा प्रवाहित हो रही है। डॉक्टरों को दैवी मार्गदर्शन मिल रहा है। जो भी मेरी माँ को छू रहा है, उसे सही काम करने का मार्गदर्शन मिल रहा है।

मैं जानती हूँ कि रोग अंतिम सच नहीं है, सभी का उपचार संभव है। मैं प्रेम और जीवन के असीमित सिद्धांत की समर्थक हूँ। मैं जानती हूँ और यह आदेश देती हूँ कि मेरी माँ के शरीर में सामंजस्य, सेहत और शांति व्यक्त हो रही है।

उसने कई बार यह प्रार्थना दोहराई। इससे उसकी माँ की हालत में उल्लेखनीय सुधार हुआ। उनका हृदयरोग चिकित्सक हैरान था और उसने ईश्वर में प्रबल विश्वास के लिए उन्हें बधाई दी।

बेटी के मस्तिष्क के पूर्ण विश्वास के साथ स्वीकार किए गए निष्कर्ष ने शाश्वत अवचेतन मन में व्याप्त रचनात्मक ऊर्जा को सक्रिय कर दिया। यह उसकी माँ के शरीर में संपूर्ण स्वास्थ्य और सामंजस्य के रूप में प्रकट हुई। बेटी ने अपनी माँ के बारे में जो सोचा, वह उसकी माँ के अनुभव में अभिव्यक्त हुआ।

अवचेतन मन का गतिशील कार्य

मेरी एक मनोवैज्ञानिक मित्र ने मुझे बताया कि एक महत्त्वपूर्ण अंग की बायोप्सी में कैंसर की कोशिकाएँ मिलीं। डॉक्टर ने पीड़ादायक और खतरनाक उपचार का सुझाव दिया। इसके लिए 'हाँ' करने से पहले मेरी मित्र ने एक और तकनीक आजमाई। प्रत्येक रात में सोने से पहले वह शांति से यह विश्वास जताती थी कि प्रत्येक कोशिका, नस, तंत्रिका और अंग अब पूर्ण, दोषरहित और आदर्श बन रहा है। मेरे पूरे शरीर में स्वास्थ्य और सामंजस्य दोबारा लौट रहा है।

एक महीने में उसका पूर्ण उपचार हो गया। बाद के परीक्षणों में पता चला कि कैंसर की कोशिकाएँ अब नहीं बची थीं। मैं इससे प्रभावित हुआ और मेरी जिज्ञासा जाग गई। मैंने उससे पूछा कि वह सोने से पहले अपना निश्चय क्यों दुहराती थी। उसने कहा कि एक बार किसी दिशा में सक्रिय होने पर अवचेतन मन का काम नींद के दौरान भी चलता रहता है। इसीलिए यह बहुत जरूरी है कि आप सोने से पहले अवचेतन मन को कोई लाभकारी काम सौंप दें।

यह बहुत समझदारी भरा उत्तर था, क्योंकि पूर्ण स्वास्थ्य के बारे में सोचते समय उसने एक बार भी अपनी बीमारी का नाम नहीं लिया।

यदि आप अपनी बीमारियों के बारे में बोलना बंद कर दें या उनका नाम न लें, खास तौर पर सोने से ठीक पहले तो बहुत फायदेमंद होता है। आपके ध्यान और भय से भी उन्हें जीवन मिलता है। हमने जिस मनोवैज्ञानिक का जिक्र किया है, आप भी उसकी तरह मानसिक सर्जन बनें। फिर आपकी मुश्किलें भी उसी तरह दूर हो जाएँगी, जिस तरह निर्जीव शाखाएँ किसी पेड़ से टूट जाती हैं।

यदि आप लगातार अपने दर्द और लक्षणों की रट लगाए रहते हैं तथा उनके बारे में बात करते हैं, तो आप उनकी शक्ति बढ़ा देते हैं। आप उस गतिशील कर्म को रोकते हैं, जो आपके अवचेतन

मन की उपचारक शक्ति और ऊर्जा को सक्रिय करता है। जब आपके ही मस्तिष्क के नियम द्वारा ये कल्पनाएँ आकार लेने लगती हैं तो वही चीज होती है, जिसका आपको भय रहता था। इसीलिए अपने मस्तिष्क में जीवन की महान सच्चाइयाँ भरें और प्रेम की रोशनी की ओर बढ़ें।

महत्त्वपूर्ण-सूत्र

1. अवचेतन मन को अपने आग्रह या इच्छाएँ बताने की एक निश्चित योजना बना लें।
2. इच्छित परिणाम की कल्पना करें और इसकी वास्तविकता महसूस करें। इसे लगातार करें । आपको निश्चित रूप से परिणाम मिलेंगे।
3. पता लगाएँ कि वह कौन-सी चीज है, जो आपका उपचार करती है। विश्वास करें कि अवचेतन मन को दिए गए सही निर्देश आपके मस्तिष्क और शरीर का उपचार कर देंगे।
4. फैसला करें कि विश्वास क्या है। जान लें कि विश्वास आपके मन का एक विचार है और आप जो सोचते हैं, आप उसकी रचना करते हैं।
5. बीमारी या नुकसान या चोट पहुँचाने वाली किसी चीज में विश्वास करना मूर्खता है। संपूर्ण स्वास्थ्य, समृद्धि, शांति, दौलत और दैवी मार्गदर्शन में विश्वास करें।
6. अपने जीवन में प्रार्थना उपचार की शक्ति लागू करें। निश्चित योजना, विचार या मानसिक तस्वीर चुन लें। उस विचार के साथ मानसिक और भावनात्मक तालमेल बनाएँ। जब आप अपने मानसिक नजरिए के प्रति आस्थावान रहेंगे, तो आपकी प्रार्थना का उत्तर मिल जाएगा।
7. आप जिन महान और उदात्त विचारों के बारे में आदतन सोचते हैं, वे महान कर्म बन जाते हैं।
8. आप सचमुच उपचार की शक्ति पाना चाहते हैं, तो आप इसे विश्वास के जरिये पा सकते हैं, जिसका मतलब है अपने चेतन और अवचेतन मन की कार्यविधि का ज्ञान। विश्वास समझ से आता है।
9. अपने बीमार प्रियजनों के लिए प्रार्थना करना सीखें। अपने मन को शांत कर लें। सेहत, स्फूर्ति और पूर्णता के आपके विचार शाश्वत कल्पनावादी मस्तिष्क के माध्यम से आपके प्रियजन के मस्तिष्क में महसूस किए जाएँगे और प्रकट होंगे।
10. अंधे विश्वास का मतलब है कि उपचारक शक्तियों की वैज्ञानिक समझ के बिना भी सफल उपचार हो सकता है।

7 व्यावहारिक तकनीक द्वारा मानसिक उपचार

आपकी मनोकामना आपकी प्रार्थना है। अपनी मनोकामना पूरी होने की तस्वीर बनाएँ और इसकी वास्तविकता महसूस करें। आपकी मनोकामना सचमुच पूरी हो जाएगी।

एक इंजीनियर जब पुल या अंतरिक्ष यान बनाता है, तो वह किसी जानी-पहचानी तकनीक तथा आजमाई हुई योग्यताओं व तरीकों से समस्या का समाधान करता है। ये तकनीकें, योग्यताएँ और तरीके सीखने पड़ते हैं। इसी तरह आपके जीवन को नियंत्रित और निर्देशित करने की भी जानी-पहचानी तकनीकें, योग्यताएँ और तरीके हैं। ये तरीके और तकनीकें मूलभूत हैं।

गोल्डन गेट ब्रिज बनाने से पहले इंजीनियरों को गणित के सिद्धांत, दबाव और तनाव को समझना था। दूसरे, उन्हें अपने मस्तिष्क में खाड़ी पर उत्कृष्ट पुल की मानसिक तस्वीर बनानी थी। तीसरा कदम उस तस्वीर को साकार करने के लिए आजमाए हुए और समय सिद्ध तरीकों का प्रयोग करना था। जब ये तीनों कदम पूरे हो गए, तो पुल बन गया और कार चलाने वालों की कई पीढ़ियां इसके पार जाने लगीं।

यदि आपको आपकी प्रार्थनाओं का उत्तर मिले, तो आपको सही तकनीकों और विधियों से शुरुआत करनी होगी। प्रार्थना का उत्तर वैज्ञानिक तरीके से मिलता है। कुछ भी संयोग से नहीं होता है। यह व्यवस्था और नियम-कायदे का विश्व है। इस अध्याय में आप अपने आध्यात्मिक जीवन के प्रकटीकरण और पोषण की व्यावहारिक तकनीक पाएँगे। आपकी प्रार्थनाओं को गुब्बारे की तरह हवा में लटके रहने की जरूरत नहीं है। उन्हें कहीं पहुँचना चाहिए और आपके जीवन में कुछ लाभ पहुँचाना चाहिए।

प्रार्थना का विश्लेषण करने पर पता चलता है कि इसकी कई भिन्न-भिन्न विधियाँ और तरीके हैं। हम इस पुस्तक में धार्मिक पूजा-पाठ की औपचारिक प्रार्थनाओं को शामिल नहीं करेंगे। समूह आराधना का अपना महत्त्व है, लेकिन यहाँ हम उन पर ध्यान केंद्रित नहीं करेंगे। हमारा मूल ध्यान तो व्यक्तिगत प्रार्थना के उन प्रभावी तरीकों पर है, जो आपकी रोजमर्रा की जिंदगी में शामिल किए जा सकें, ताकि आपको या दूसरों को मदद मिल सके।

प्रार्थना किसी मनचाही चीज से जुड़े विचार का सूत्रीकरण है। प्रार्थना आत्मा की सच्ची मनोकामना है। आपकी मनोकामना ही आपकी प्रार्थना है। यह गहरी जरूरतों से निकलती है और उन चीजों को साकार करती है, जिन्हें आप अपने जीवन में पाना चाहते हैं। यही प्रार्थना की सच्ची प्रकृति है, जीवन की भूख और शांति, सद्भाव, स्वास्थ्य, खुशी और जीवन की बाकी अन्य नियामतों को पाने की प्रभावी अभिव्यक्ति।

विचार पहुंचाने की तकनीक

आपने देखा कि प्रभावी प्रार्थना का रहस्य अवचेतन मन को इच्छित परिणाम से सराबोर करना है। ऐसा करने का एक बहुत आसान तरीका चेतन से अवचेतन मन तक विचार पहुंचाने की तकनीक है। इसमें मुख्यत: अवचेतन मन को प्रेरित किया जाता है, ताकि यह चेतन मन के आग्रह को उसी रूप में ग्रहण कर ले। यह तकनीक सपने में सबसे अच्छी तरह काम करती है। क्योंकि ज्यादा गहरे अवचेतन मन में असीमित बुद्धिमत्ता और असीम शक्ति है। बस शांति से अपनी मनोकामना के बारे में सोचें। इसके साकार होने की तस्वीर इसी पल से देखना शुरू कर दें। उस छोटी लड़की की तरह बनें, जिसे बहुत बुरी खाँसी थी और गला खराब था। उसने दृढ़ता से बार-बार घोषणा की, खाँसी अब जा रही है। यह अब जा रही है। चमत्कार यह हुआ कि खाँसी एक घंटे में सचमुच गायब हो गई। इस तकनीक का प्रयोग किसी को भी ईमानदारी और सहजता से करना चाहिए।

अवचेतन मन और ब्लूप्रिंट

यदि आप अपने लिए नया घर बनवा रहे हैं, तो आप उसके ब्लूप्रिंट में गहरी रुचि लेंगे। आप यह सुनिश्चित करना चाहेंगे कि भवन निर्माता आपके ब्लूप्रिंट का पालन करे। आप उसके द्वारा लगाई जाने वाली निर्माण सामग्री पर भी नजर रखेंगे। क्योंकि आप जानते हैं कि आपके भावी मकान का जीवन इस सामग्री की गुणवत्ता पर निर्भर करता है, इसलिए आप सर्वश्रेष्ठ सीमेंट, बिजली के तार, छत की सामग्री आदि चुनेंगे।

इसीलिए आपको अपने मानसिक घर का भी ध्यान रखना है। इसमें समझदारी होगी कि आप इतनी ही चिंता, खुशी और समृद्धि से अपने मानसिक ब्लूप्रिंट को तैयार करें।

आपके सभी अनुभव और जीवन में दाखिल होने वाली प्रत्येक चीज उन मानसिक ईंटों की प्रकृति पर निर्भर करती है, जिनका प्रयोग आप अपने मानसिक घर को बनाने में करते हैं। यदि आपका मानसिक ब्लूप्रिंट भय, चिंता, तनाव या कमी से बना हो, यदि आप निराश, शंकालु और दोषदर्शी हों, तो आपकी इस मानसिक सामग्री के कारण आपके जीवन में अधिक थकान, शंका, तनाव, चिंता और सभी तरह की सीमाएँ प्रकट हो जाएँगी।

जीवन में सबसे मूलभूत और दूरगामी चीज वह है, जो आप अपनी मानसिकता में बनाते हैं। क्योंकि आपके शब्द खामोश और अदृश्य, लेकिन वास्तविक होते हैं।

आप लगातार अपना मानसिक घर बना रहे हैं और आपके विचार तथा मानसिक तस्वीरें आपके ब्लूप्रिंट को दर्शाती हैं। प्रत्येक घंटे, प्रत्येक पल आप बेहतरीन सेहत, सफलता और खुशी का निर्माण कर सकते हैं, उन विचारों से जो आप सोचते या रखते हैं, उन विश्वासों से जिन्हें आप स्वीकार करते हैं और उन दृश्यों से, जिनकी आप अपने मस्तिष्क के छिपे हुए स्टूडियो में रिहर्सल करते हैं। जिस राजसी महल के निर्माण में आप लगातार जुटे रहते हैं, वह आपका व्यक्तित्व है, इस धरती पर आपकी पहचान है, इस विश्व में आपके जीवन की पूरी कहानी है।

एक नया ब्लूप्रिंट बनाकर वर्तमान में शांति, खुशी और सद्भावना को महसूस करें। इन चीजों का दावा करने पर आपका अवचेतन आपके ब्लूप्रिंट को स्वीकार कर लेगा और इन सभी चीजों को उत्पन्न कर देगा और उनके फलों से आप उन्हें पहचान जाएँगे।

सच्ची प्रार्थना की कला और विज्ञान

विज्ञान एक संयोजित, व्यवस्थित और क्रमबद्ध ज्ञान है। हमें सच्ची प्रार्थना के विज्ञान और कला के बारे में ज्यादा गौर से सोचना होगा। यह ज्ञान जीवन के बुनियादी सिद्धांतों के बारे में है। इसमें उन तकनीकों और प्रक्रियाओं का वर्णन है, ये किसी भी मनुष्य के जीवन में प्रदर्शित की जा सकती हैं, जो पूरे विश्वास से उन्हें लागू करता है। आपकी तकनीक या प्रक्रिया और इसके पीछे का विज्ञान आपकी मानसिक तस्वीर या विचार पर आपके रचनात्मक मन की निश्चित प्रतिक्रिया है।

'माँगो और तुम्हें मिल जाएगा; खोजो और तुम पा लोगे;

खटखटाओ और तुम्हारे लिए दरवाजा खुल जाएगा।'

उपरोक्त पंक्ति हमें क्या बताती है? इसका स्पष्ट अर्थ है कि आप जो चीज मांगेगे, वह आपको मिल जाएगी। जब आप खटखटाएँगे, तो आपके लिए दरवाजा खुल जाएगा और आप जिसे खोज रहे हैं, उसे पा लेंगे। इस सबक में मानसिक और आध्यात्मिक नियमों की निश्चिंतता निहित है। आपके चेतन चिंतन पर आपके अवचेतन मन की असीमित बुद्धिमत्ता हमेशा सीधी प्रतिक्रिया करती है। यदि आप रोटी माँगेंगे, तो आपको पत्थर नहीं मिलेगा। यह पूरे विश्वास से माँगना होगा, तभी आपको मिलेगा। आपका मन विचार से वस्तु की ओर चलता है। जब तक मन में तस्वीर नहीं होगी, तब तक मन नहीं चल सकता, क्योंकि आगे बढ़ने के लिए कुछ नहीं होगा। आपकी प्रार्थना, जो आपका मानसिक कर्म है, को पहले आपकी मानसिक तस्वीर को बनाना होगा। आपको अपने मस्तिष्क में स्वीकृति के बिंदु पर पहुँचना होगा, अविवादित और पूर्ण स्वीकृति। इसके अलावा, अपनी मनोकामना की पूर्ति को पहले से देखने की खुशी तथा सुख की भावना होनी चाहिए। सच्ची प्रार्थना की कला और विज्ञान का दमदार आधार आपका यह ज्ञान तथा पूर्ण विश्वास है कि आपके चेतन मन की गतिविधि पर आपका अवचेतन मन निश्चित प्रतिक्रिया करेगा, जिसमें असीमित ज्ञान और असीम शक्ति है। इस प्रकार आपको अपनी प्रार्थनाओं का उत्तर भी मिल जाएगा।

तस्वीर की तकनीक

विचार के सूत्रीकरण का सरल और स्पष्ट तरीका है इसकी तस्वीर देखना; अपने मन की आँख से इसे उतनी ही स्पष्टता से देखना, जैसे यह साकार हो। आप आंख से सिर्फ वही देख सकते हैं, जो बाहरी जगत में पहले से मौजूद है। इसी तरह, आप मन की आँख से जो तस्वीर देख सकते हैं, वह पहले ही आपके मन के अदृश्य क्षेत्रों में मौजूद होती है। जो भी तस्वीर आपके मन में है, वह चाही गई अदृश्य चीजों का प्रमाण है। आप अपनी कल्पना में जो गढ़ते हैं, वह आपके शरीर के किसी अंग जितना ही वास्तविक होता है। विचार वास्तविक होते हैं और वे एक दिन आपके यथार्थवादी विश्व में अवश्य प्रकट होंगे, शर्त सिर्फ इतनी है कि आपको अपनी मानसिक तस्वीर के प्रति निष्ठावान रहना होगा।

यह चिंतन प्रक्रिया आपके दिमाग पर छाप छोड़ देती है। यह छाप बाद में आपके जीवन में तथ्य और अनुभव के रूप में सामने आती है। आर्किटेक्ट जिस तरह की इमारत बनाना चाहते हैं, पहले उसकी तस्वीर देखते हैं। वे उसे इस तरह देखते हैं, जिस तरह वे उसे पूरा देखना

चाहते हैं। उनकी कल्पना और विचार-प्रक्रिया एक प्लास्टिक का साँचा बन जाती है। यह सुंदर या बदसूरत हो सकती है, गगनचुंबी अट्टालिका या एकमंजिला मकान हो सकती है, लेकिन यह सब तस्वीर की कल्पना से शुरू होता है। आर्किटेक्ट की मानसिक तस्वीर कागज पर आकार लेती है। अंततः कॉन्टेक्टर और भवन-निर्माता आवश्यक सामग्री इकट्ठी करते हैं और इमारत बनने लगती है। पूरी होने पर यह आर्किटेक्ट के मानसिक ढाँचे के अनुरूप होती है। मैं श्रोताओं के सामने भाषण देने से पहले हमेशा तस्वीर की तकनीक आजमाता हूँ। मैं अपने मस्तिष्क को शांत कर लेता हूँ, ताकि विचार की तस्वीर अवचेतन मन तक पहुँचा सकूँ। फिर मैं पूरे सभागृह की तस्वीर देखता हूँ। इसकी कुर्सियाँ पुरुषों और महिलाओं से भरी हैं। वे अपने अंदर की असीमित उपचार शक्ति से उत्साहित हैं। मैं उन्हें स्वस्थ, खुश और स्वतंत्र देखता हूं। अपनी कल्पना में यह विचार लाने के बाद मैं इस मानसिक तस्वीर को बनाए रखता हूँ और कल्पना करता हूँ कि लोग कह रहे हैं, 'मैं ठीक हो गया,' 'मुझे बहुत अच्छा लग रहा है,' 'मेरा कायापलट हो गया।' मैं लगभग 10 मिनट तक ऐसा करता हूँ। मैं खुद को यह महसूस कराता हूँ कि प्रत्येक मनुष्य का मन और शरीर प्रेम, पूर्णता, सुंदरता से भरा है। मेरा महसूस उस बिंदु पर पहुँच जाता है, जहाँ मैं मन में जनता की आवाजें सुन सकता हूँ, जो उनकी सेहत और खुशी की घोषणा करती हैं। फिर मैं पूरी तस्वीर को स्वतंत्र कर देता हूँ और मंच पर पहुँच जाता हूँ।

इस तकनीक का प्रयोग करने के बाद मैं जब भी बोलता हूँ, तो हर बार कुछ लोग देर तक रुककर मुझे बताते हैं कि उन्हें उनकी प्रार्थनाओं का उत्तर मिल गया।

मानसिक फिल्म विधि

एक पुरानी कहावत है कि एक तस्वीर हजार शब्दों के बराबर है। इस तथ्य पर जोर दिया जाना चाहिए कि अवचेतन मन किसी भी तस्वीर को साकार कर देगा, बशर्ते उसके पीछे विश्वास हो कि इस तरह काम कर, जैसे मैं हूँ और मैं सचमुच मौजूद रहूंगा।

कुछ साल पहले मेरा मिडवेस्ट में एक लेक्चर था। इस सिलसिले में मुझे कुछ राज्यों में जाना पड़ा। मैं उस इलाके में एक स्थायी जगह चाहता था, ताकि मैं जरूरतमंद लोगों की सेवा कर सकूँ। मैंने काफी दूर-दूर तक यात्रा की, लेकिन स्थायी जगह के विचार को नहीं भूला। एक रात को स्पोकेन, वॉशिंगटन में मैं अपने होटल के कमरे में पलंग पर आराम कर रहा था। शांत और निष्क्रिय तरीके से मैंने कल्पना की कि मैं बहुत बड़े जनसमुदाय के सामने भाषण दे रहा हूं। मैंने सुनने वाले लोगों से कहा कि मुझे यहाँ आकर खुशी हुई; मैंने इस आदर्श अवसर के लिए प्रार्थना की है।

मैंने अपने मन की आँख से काल्पनिक भीड़ को देखा और मुझे यह वास्तविक लगी। मैंने किसी अभिनेता की तरह इस मानसिक फिल्म का नाटकीयकरण किया। मैंने संतुष्टि महसूस की कि यह तस्वीर मेरे अवचेतन मन तक पहुँच रही है, जो अपने तरीके से इसे वास्तविकता में बदल देगा। अगली सुबह जागने पर मुझे काफी शांति और संतुष्टि का अहसास हुआ। कुछ दिन बाद मेरे पास मिडवेस्ट के एक संस्थान का फोन आया। वे मुझे अपना डायरेक्टर बनाना चाहते थे। मैंने प्रस्ताव स्वीकार कर लिया और कई साल तक वहाँ पर बहुत ही संतुष्टिदायक काम करने का आनंद लिया।

जिस तरीके का वर्णन मैंने किया है, उसे अक्सर 'मानसिक फिल्म विधि' कहा जाता है। मुझे बहुत से लोगों के पत्र मिलते हैं, जिन्होंने मेरी पुस्तकें पढ़ी हैं या मेरे भाषण सुने हैं। वे मुझे इस तकनीक से प्राप्त हुए आश्चर्यजनक परिणामों के बारे में बताते हैं।

मानसिक फिल्म विधि एक क्षेत्र में खास उपयोगी लगती है, जैसे जायदाद बेचना। लेकिन आप कोई मकान या जायदाद बेचना चाहते हैं, तो मेरा सुझाव है कि आप पहले तो अपने मन में यह संतुष्टि कर लें कि आपके द्वारा तय कीमत सही है और आपके तथा खरीददार दोनों के हिसाब से न्यायपूर्ण है। इसके बाद अपने मस्तिष्क को शांत कर लें, शिथिल हो जाएँ, विश्राम करें और उनींदी, निष्क्रिय अवस्था में चले जाएँ, ताकि समस्त मानसिक प्रयास न्यूनतम हो जाएँ। अब अपने हाथों में चेक की तस्वीर देखें, चेक पाने पर खुशी मनाएं, चेक के लिए धन्यवाद दें और अपने मस्तिष्क में बनी पूरी मानसिक फिल्म की सहजता अनुभव करते हुए सो जाएँ।

इस प्रकार काम करे, जैसे यह सच हो चुका हो। ऐसा करने से अवचेतन मन पर इसकी छाप बन जाएगी। फिर असीमित बुद्धिमत्ता उस खरीदार को आपकी ओर आकर्षित करेगी, जो उस जायदाद को सचमुच चाहता है और जो इसे प्रेम करेगा तथा इसमें समृद्ध होगा। मस्तिष्क के अधिक गहरे प्रवाह से खरीदने और बेचने वाले एक साथ आ जाते हैं। विश्वास होने पर मन में रखी मानसिक तस्वीर हकीकत बन जाएगी।

बॉडोइन तकनीक

चार्ल्स बॉडोइन फ्रांस के रूसो इंस्टीट्यूट में एक प्रोफेसर थे। वे न्यू नैन्सी स्कूल ऑफ हीलिंग के कुशल साइकोथेरेपिस्ट और शोध निदेशक भी थे। उन्होंने अवचेतन मन को प्रभावित करने का सबसे अच्छा तरीका उनींदी, निष्क्रिय या नींद जैसी अवस्था में पहुँचना बताया, जहाँ सारे प्रयास कम-से-कम हो जाएँ। फिर चिंतन द्वारा यह विचार शांत, निष्क्रिय, ग्रहणशील तरीके से अवचेतन तक पहुँचाया जाता है।

बॉडोइन ने स्पष्ट किया

अवचेतन मन को भरने का एक आसान तरीका सुझाई वस्तु के विचार को सघन करना है, इसे तत्काल याद होने वाले संक्षिप्त वाक्यांश में व्यक्त करना है और लोरी की तरह बार-बार दोहराना है।

कुछ साल पहले लॉस एंजेलिस की एक युवा विधवा लंबे और कटु पारिवारिक विवाद में उलझ गई थी। उसके स्वर्गीय पति ने पूरी जायदाद उसके नाम कर दी थी, लेकिन पहली शादी से उसके बेटे-बेटियों ने वसीयत को गैर-कानूनी ठहराने के लिए मुकदमा दायर कर दिया था। उन्होंने विधवा के समझौते के प्रस्तावों को ठुकरा दिया था।

जब इस विधवा ने मेरी मदद माँगी, तो मैंने उसे बॉडोइन तकनीक बताई। मैंने उससे कहा कि वह अपनी आवश्यकता को कुछ शब्दों में भर ले, ताकि यह उसकी याद पर आसानी से अंकित हो सके। उसने जो वाक्यांश चुना, वह था, 'यह दैवी इच्छा के अनुरूप पूर्ण हुआ।' इन शब्दों से उसका मतलब था कि असीमित बुद्धि, जो उसके अवचेतन मन के नियमों द्वारा काम कर रही थी, सामंजस्य के सिद्धांत द्वारा सामंजस्यपूर्ण निष्कर्ष निकालेगी।

10 दिनों तक रात-रात के समय वह एक कुर्सी पर बैठी और अपने शरीर को सुनियोजित तरीके से शिथिल करके उनींदी अवस्था में पहुँची। फिर उसने धीरे-धीरे, शांति और भावना से यह वाक्य बार-बार दृढ़ता से कहा, 'यह दैवी इच्छा के अनुरूप पूर्ण हुआ।' उसे आंतरिक शांति महसूस हुई; फिर वह गहरी, सामान्य नींद में सो गई।

11वें दिन जागने पर उसे बहुत सुखद अहसास हुआ कि यह सचमुच पूर्ण हो गया था। उसी दिन उसके वकील ने उसे फोन किया। विपक्षी वकील और उसके मुवक्किल समझौते के लिए तैयार हो गए थे। सामंजस्यपूर्ण समझौता हो गया और मुकदमा वापस ले लिया गया।

नींद की तकनीक

उनींदी, निष्क्रिय अवस्था में प्रयास न्यूनतम हो जाते हैं। उनींदी अवस्था में चेतन मन काफी हद तक निष्क्रिय हो जाता है। इसका कारण यह है कि अवचेतन सोने से ठीक पहले और जागने के ठीक बाद ही सबसे शक्तिशाली होता है। इस अवस्था में आपकी इच्छा को अवचेतन मन तक पहुँचने से रोकने वाले नकारात्मक विचार मौजूद नहीं होते हैं।

यदि आप किसी विनाशक आदत से छुटकारा पाना चाहते हैं, तो अपने शरीर को शिथिल कर दें और स्थिर हो जाएँ। उनींदी अवस्था में जाएँ और बार-बार किसी लोरी की तरह दोहराते रहें- मैं इस आदत से पूरी तरह से आजाद हूँ; मैं सद्भाव और पूर्ण मानसिक शांति महसूस कर रहा हूँ। इन शब्दों को रात और सुबह पाँच-दस मिनट तक धीरे-धीरे, शांति और प्रेम से दोहराएँ। बार-बार दोहराने से शब्दों का भावनात्मक महत्त्व बढ़ जाता है। जब नकारात्मक आदत जोर मारे, तो इस फॉर्मूले को दोहरा लें। इस तकनीक से आप अवचेतन को विचार स्वीकार करने के लिए प्रेरित करते हैं और उपचार हो जाता है।

धन्यवाद तकनीक

जब हम अपने आग्रहों के साथ प्रशंसा और धन्यवाद करेंगे तो प्रार्थना के इस आसान तरीके से असाधारण परिणाम मिलते हैं। कृतज्ञ हृदय ब्रह्मांड की रचनात्मक शक्तियों के हमेशा करीब होता है, जिससे साझे संबंध के नियम तथा क्रिया और प्रतिक्रिया के ब्रह्मांडीय नियम के आधार पर इसकी ओर असंख्य नियामतें प्रवाहित होती हैं।

एक युवा माँ ने मुझे इस तकनीक के बारे में कहा कि 'मेरी नौकरी छूट गई थी और मैं दिवालिया थी। मेरे तीन बच्चे थे, जिनका मुझे पेट पालना था। मैं नहीं जानती थी कि मदद के लिए किधर जाऊँ। फिर मैंने आपकी यह बात सुनी कि हमारी प्रार्थनाओं का उत्तर मिलने से पहले ही हमें धन्यवाद देना चाहिए। मुझे लगा जैसे मेरे दिमाग की बत्ती जल गई हो। मैं समझ गई कि मुझे इसे आजमाना ही होगा। प्रत्येक रात और सुबह तीन हफ्ते तक वह महिला ये शब्द दुहराती रही, 'परमपिता, मेरी दौलत के लिए धन्यवाद।' उसने यह काम शिथिल, शांत अवस्था में किया और तब तक करती रही, जब तक कि कृतज्ञता की भावना उसके दिमाग पर हावी नहीं हो गई। उसने कल्पना की कि वह अपने अंदर की असीमित शक्ति और बुद्धिमत्ता का आह्वान कर रही है, हालाँकि जाहिर है, वह रचनात्मक बुद्धिमत्ता या असीमित मस्तिष्क को देख नहीं सकती थी। वह आध्यात्मिक अनुभूति की अंदरूनी आँख से देख रही थी और उसे यह महसूस हो रहा था कि दौलत की उसकी विचार-छवि पहला कारण था, जिससे उसे धन, प्रतिष्ठा और भोजन मिलेगा। उसकी विचार-भावना दौलत से ओत-प्रोत थी, जिस पर किसी

तरह की परिस्थिति का प्रभाव नहीं पड़ा था। बार-बार 'धन्यवाद, परमपिता' दोहराकर महिला का दिलोदिमाग स्वीकृति के बिंदु तक पहुँच गया। जब उसके मन में कमी, गरीबी और रोग के विचार आते थे, तो वह आवश्यकतानुसार बार-बार कहती थी, 'धन्यवाद, परमपिता।' वह जानती थी कि वह कृतज्ञ नजरिया रखेगी, तो उसका दिमाग दौलत के विचार को ग्रहण कर लेगा। यही हुआ।

महिला की प्रार्थना को रोचक परिणाम मिला। प्रार्थना शुरू करने के कुछ समय बाद उसे रास्ते में एक पूर्व नियोक्ता मिला, जिससे वह पाँच साल से नहीं मिली थी। पूर्व नियोक्ता ने उसके सामने अच्छी तनख्वाह वाली नौकरी देने का प्रस्ताव रखा। उसने उसे कर्ज भी दिया, ताकि वह पहली तनख्वाह मिलने तक काम चला सके। उस महिला ने मुझसे कहा, 'मैं धन्यवाद, परम पिता' की अद्भुत शक्ति को कभी नहीं भूल पाऊँगी। इसने मेरे लिए चमत्कार किया है।

सकारात्मक घोषणा का तरीका

सकारात्मक घोषणा का प्रभाव शब्दों में निहित सत्य और अर्थ की आपकी समझ से तय होता है। प्रार्थना में निरर्थक दोहराव न करें। सकारात्मक घोषणा की शक्ति निश्चित और स्पष्ट सकारात्मक बातों के बुद्धिमत्तापूर्ण मान लें, स्कूल का कोई बच्चा तीन और तीन को जोड़कर ब्लैकबोर्ड पर सात लिख देता है। टीचर गणित की निश्चिंतता से घोषणा करता है कि तीन और तीन छह होते हैं; इसके बाद बच्चा अंकों को बदल देता है। टीचर की घोषणा से तीन और तीन छह नहीं हुए। यह तो पहले से ही गणित की सच्चाई थी। इसी सच्चाई के कारण बच्चे ने ब्लैकबोर्ड के अंक बदल दिए।

बीमार होना असामान्य और स्वस्थ होना सामान्य है। स्वास्थ्य आपके अस्तित्व की सच्चाई है। जब आप स्वास्थ्य, सामंजस्य और खुद के लिए या किसी दूसरे के लिए शांति की सकारात्मक घोषणा करते हैं तथा जब आपको यह महसूस होता है कि आपके अस्तित्व के शाश्वत सिद्धांत हैं, तो आप अवचेतन मन के नकारात्मक ढाँचे को अपने विश्वास और घोषणा के अनुरूप दोबारा व्यवस्थित कर लेते हैं।

प्रार्थना की सकारात्मक घोषणा का परिणाम जीवन के सिद्धांतों पर बल देने पर निर्भर करता है।

एक पल के लिए विचार करें-

गणित का एक सिद्धांत होता है, लेकिन गलती का कोई सिद्धांत नहीं होता। सच्चाई का एक सिद्धांत होता है, लेकिन बेईमानी का नहीं होता। बुद्धि का एक सिद्धांत होता है, लेकिन अज्ञान का नहीं होता। सद्भाव का एक सिद्धांत होता है, लेकिन मनमुटाव का नहीं होता। स्वास्थ्य का एक सिद्धांत होता है, लेकिन बीमारी का नहीं होता और समृद्धि का एक सिद्धांत होता है, लेकिन गरीबी का नहीं होता।

एक बार इंग्लैंड के एक अस्पताल में गॉलस्टोन्स हटाने के लिए मेरी बहन का ऑपरेशन होना था, तो मैंने सकारात्मक घोषणा के तरीके का प्रयोग किया। अस्पताल की जाँचों और एक्सरे में उसके रोग की पुष्टि हो चुकी थी। उसने मुझसे अपनी सेहत के लिए प्रार्थना करने को कहा। मैं 6000 मील से ज्यादा दूर था, लेकिन इससे मैं विचलित नहीं हुआ। मस्तिष्क-

सिद्धांत में समय और दूरी का कोई महत्त्व नहीं होता है। असीमित मन या बुद्धिमत्ता एक ही समय में प्रत्येक बिंदु पर पूरी तरह मौजूद रहती है।

दिन में कई बार मैंने अपनी बहन के रोग के लक्षणों और उसके शारीरिक व्यक्तित्व के विचार को दूर किया। शांति और विश्वास से मैंने इस बात की सकारात्मक घोषणा की- 'यह प्रार्थना मैं अपनी बहन कैथरीन के लिए कर रहा हूँ। वह आराम और चैन से है, संतुलित और पूरी तरह शांत। अवचेतन मन की जिस उपचारक बुद्धि ने उसके शरीर को बनाया है, वह अब उसके अस्तित्व की प्रत्येक कोशिका, स्नायु, ऊतक, मांसपेशी और अस्थि को बदल रही है। यह बदलाव उसके अवचेतन मन में समाहित सभी अंगों के आदर्श ब्लूप्रिंट के अनुरूप हो रहा है। शांति और खामोशी से उसके अवचेतन मन के सभी विकृत विचार तंत्र हट रहे हैं। उसके अस्तित्व के प्रत्येक अणु में जीवन सिद्धांत की जीवंतता पूर्णता और सुंदरता प्रकट हो रही है। यह अब उन उपचारक तरंगों को ग्रहण कर रही है, जो उसमें नदी की तरह प्रवाहित हो रही हैं तथा उसे पूर्ण स्वास्थ्य, सामंजस्य और शांति दे रहे हैं। सारी विकृतियों और कुरूप छवियाँ अब उसमें प्रवाहित हो रहे प्रेम तथा शांति के असीमित समुद्र से धुल रही हैं। यही हो रहा है।'

दो सप्ताह बाद मेरी बहन की जाँच के बाद, उसके एक्सरे में कोई गड़बड़ नहीं निकली। उसके डॉक्टर ने कहा कि उसकी हालत में उल्लेखनीय सुधार हुआ था और अब ऑपरेशन की कोई जरूरत नहीं थी।

सकारात्मक घोषणा का मतलब यह कहना है कि ऐसा ही है। जब आप सारे विपरीत प्रमाणों के बावजूद इस मानसिक नजरिए को सच मानते हैं, तो आपको अपनी प्रार्थना का उत्तर जरूर मिलेगा। ध्यान दें, आपका विचार नकारात्मक नहीं, सिर्फ सकारात्मक घोषणा करता है, लेकिन आप किसी चीज से इंकार करते हैं, तब भी आप दरअसल उस चीज की उपस्थिति को स्वीकार तो कर ही रहे हैं। सकारात्मक घोषणा को दोहराना, यह जानना कि आप क्या कह रहे हैं और क्यों कह रहे हैं, मस्तिष्क को चेतना की उस अवस्था की ओर ले जाता है, जहाँ यह आपकी कही बात को सच मान लेती है। जीवन की सच्चाइयों की तब तक सकारात्मक घोषणा करते रहें, जब तक कि आपको संतुष्टिदायक अवचेतन प्रतिक्रिया न मिल जाए।

तर्कपूर्ण विधि

डॉ. फिनीज पार्कर क्विम्बी के कारण तर्कपूर्ण विधि विकसित हुई है। डॉ. क्विम्बी मानसिक और आध्यात्मिक उपचार के क्षेत्र में अग्रणी थे और बेलफास्ट, मैन में इलाज करते थे। वे दरअसल मनोदैहिक चिकित्सा के जनक और प्रथम मनोविश्लेषक थे। उनमें मरीज के कष्ट और दर्द के कारण को अतींद्रिय तरीके से भाँपने की उल्लेखनीय क्षमता थी।

अर्थात तर्कपूर्ण विधि, जिसका प्रयोग क्विम्बी ने सफलता से किया था। यह आध्यात्मिक तर्क पर आधारित है। आप मरीज और खुद को यह विश्वास दिलाते हैं कि रोग आपके अवचेतन मन के झूठे विश्वासों, निराधार भय और नकारात्मक ढाँचों के कारण है। आप अपने मस्तिष्क में स्पष्टता से इस पर तर्क करते हैं और रोगी को विश्वास दिला देते हैं कि बीमारी विचार के एक विकृत, ऐंठन भरे ढाँचे के कारण है, जो शरीर में प्रकट हो गया है। किसी बाहरी शक्ति या कारणों में गलत विश्वास अब रोग के रूप में बाहर आ गया है, लेकिन विचारों को बदलकर रोग का उपचार किया जा सकता है।

यदि आप रोगी के सामने स्पष्ट करें कि विश्वास का परिवर्तन ही प्रत्येक उपचार का आधार है। अवचेतन मन ने शरीर और इसके सभी अंगों की रचना की है, यह इसका उपचार कर सकता है और यह आपके बोलते समय भी ऐसा ही कर रहा है। अपने मन की अदालत में आप बहस करते हैं कि रोग मस्तिष्क की विकृत विचार-छवि की छाया है। आप अंदरूनी उपचारक शक्ति के समर्थन में जितने भी तर्क और प्रमाण जुटा सकते हैं, उतने जुटाते हैं। आखिर इसी शक्ति ने ही तो सभी अंगों की रचना की है और इसमें ही प्रत्येक कोशिका, स्नायु और ऊतक का आदर्श तंत्र है।

फिर आप अपने मस्तिष्क की अदालत में अपने तथा अपने रोगी के पक्ष में फैसला सुनाते हैं। आप विश्वास और आध्यात्मिक समझ द्वारा रोगी को स्वतंत्र करते हैं। आपका मानसिक और आध्यात्मिक प्रमाण अजेय है। चूंकि सिर्फ एक ही मस्तिष्क है, इसलिए आप जिसे सच मानते हैं, वह रोगी के अनुभव में प्रकट हो जाता है और उपचार हो जाता है।

परम विधि द्वारा उपचार

विश्व भर के लोगों को इस विधि से उपचार करके अद्भुत परिणाम मिले हैं। परम विधि का प्रयोग करने वाला मनुष्य रोगी का नाम लेता है। फिर वह ईश्वर और उसके गुणों के बारे में खामोशी से सोचता है, जैसे, ईश्वर परम आनंद है, असीमित प्रेम है, असीमित बुद्धिमत्ता है, सर्वशक्तिमान है, असीमित ज्ञान है, पूर्ण सद्भाव है, अवर्णनीय सौंदर्य और पूर्णता है। जब वह इस तरह की बातें सोचता है, तो उसकी चेतना ऊपर उठकर एक नए आध्यात्मिक धरातल पर पहुँच जाती है। वह महसूस करता है कि ईश्वरीय प्रेम का महासागर रोगी के मन और शरीर में मौजूद प्रत्येक गड़बड़ चीज को डुबा रहा है, जिसे दूर करने के लिए वह प्रार्थना कर रहा है। वह महसूस करता है कि ईश्वर की सारी शक्ति और प्रेम अब रोगी पर केंद्रित हो रहा है। जो भी कष्टकारी या परेशानी भरा है, वह जीवन और प्रेम के असीम महासागर की मौजूदगी में अब पूरी तरह गायब हो चुका है ।

प्रार्थना की परम विधि की तुलना अल्ट्रासाउंड चिकित्सा में हुए नवीनतम शोधों से की जा सकती है। लॉस एंजेलिस की एक विख्यात डॉक्टर ने मुझे हाल ही में इसके बारे में बताया। यह महिला डॉक्टर अपने काम में जिस विधि का प्रयोग करती है, वह हाई-फ्रीक्वेन्सी की सशक्त स्वर-लहरें उत्पन्न करती है। जब इन्हें शरीर के असामान्य ऊतक वाले हिस्सों पर केंद्रित किया जाता है, तो प्रभावित कोशिकाएं अल्ट्रासाउंड के प्रति गूँज व्यक्त करती हैं।

ईश्वर के गुणों पर विचार करके हम चेतना में जितना ऊपर उठते हैं सद्भाव सेहत और शांति की उतनी ही आध्यात्मिक लहरें उत्पन्न करते हैं। जिन पर ये लहरें केंद्रित हैं, वे उन पर गूँज के रूप में प्रतिक्रिया करते हैं। प्रार्थना की इस तकनीक से कई उल्लेखनीय उपचार हुए हैं।

अपंग मनुष्य का चलना

डॉ. क्विम्बी ने अपने उपचारक कैरियर में परम विधि का बहुत बार प्रयोग किया था। उनकी एक पांडुलिपि बताती है कि उन्होंने किस तरह एक अपंग औरत को ठीक किया। वे उस महिला को देखने गए, जो अपाहिज थी, बूढ़ी थी और बिस्तर पर पड़ी थी। वे बताते हैं कि उसकी बीमारी का कारण स्पष्ट था। वह इतने छोटे धर्ममत में कैद थी कि खड़ी नहीं हो

सकती थी और चल नहीं सकती थी। वह भय और अज्ञान की कब्र में रह रही थी। चूँकि उसने बाइबल को शब्दश: लिया था।

क्विम्बी ने कहा कि इस कब्र में वह ईश्वर की मौजूदगी और शक्ति बंधनों को तोड़ने तथा मृत्यु से लौटने की कोशिश कर रही थी।

जब महिला ने दूसरों से बाइबल के एक प्रसंग का अर्थ पूछा, तो उत्तर पत्थर जैसा मिला। फिर वह जीवन की रोटी की भूख महसूस करने लगी।

डॉ. क्विम्बी ने उसके मामले का निदान करते हुए कहा कि उसका दिमाग रोमांच और भय के कारण अवरुद्ध हो गया है, इसलिए वह बाइबल के उस प्रसंग का अर्थ स्पष्ट नहीं समझ पाई है। इससे उसके शरीर में भारी और मंद भाव आ गया, जो लकवे में बदल गया।

क्विम्बी ने उससे पूछा कि बाइबल की इन पंक्तियों का क्या अर्थ है- 'थोड़े समय के लिए मैं तुम्हारे साथ हूँ और फिर मैं उस परमपिता के पास चला जाऊँगा, जिसने मुझे भेजा है। तुम मुझे खोजोगे, लेकिन मैं तुम्हें नहीं मिलूंगा- और जहाँ मैं हूँ, वहाँ तुम आ नहीं सकते।'

अर्थात ईसा मसीह स्वर्ग चले गए। क्विम्बी ने उसे इसका वास्तविक अर्थ समझाया। उन्होंने बताया कि उसके साथ थोड़े समय रहने का मतलब उसके लक्षणों, भावनाओं और कारणों का स्पष्टीकरण है। उसे उस महिला की हालत पर करुणा और सहानुभूति होती है, लेकिन वह इस मानसिक अवस्था में नहीं रह सकता। अगला कदम उसके पास जाना है, जिसने हमें भेजा है। क्विम्बी ने बताया कि इसका इशारा हम सभी में मौजूद ईश्वर की रचनात्मक शक्ति है।

क्विम्बी ने तत्काल अपने मन की यात्रा की और दैवी संपूर्णता पर मनन किया। यानी, ईश्वर की जीवंतता, बुद्धिमत्ता, सद्भाव और शक्ति बीमार मनुष्य में काम कर रही है। उन्होंने महिला से कहा कि इसलिए जहाँ मैं हूँ, वहाँ तुम नहीं आ सकतीं, क्योंकि तुम अपने सँकरे, संकुचित विश्वास में रोगग्रस्त मौजूद हो, जबकि मैं स्वस्थ हूँ।

इस प्रार्थना और स्पष्टीकरण का तत्काल परिणाम मिला और उस महिला के दिमाग का कायापलट हो गया। वह बिना बैसाखियों के चलने लगी! क्विम्बी ने कहा कि यह उनके सभी उपचारों में सबसे अनूठा था। वह बिलकुल गलत थी और उसे सजीव करना या सत्य समझाना मुर्दे को जीवित करने जैसा था। क्विम्बी ने ईसा मसीह के पुनर्जीवन को उस महिला के स्वास्थ्य पर लागू किया। इसका उस महिला पर सशक्त प्रभाव पड़ा। क्विम्बी ने यह भी स्पष्ट किया कि उसने जो सच स्वीकार किया था, वह ऐसा देवदूत या विचार था, जो भय, अज्ञान और अंधविश्वास के पत्थर को लुढ़का देता था। इससे ईश्वर की उपचारक शक्ति स्वतंत्र हुई, जिसने उसे स्वस्थ कर दिया।

आदेश विधि

हमारे शब्दों में शक्ति उनके पीछे की भावना और विश्वास के अनुरूप आती है। जब हमें यह महसूस होता है कि हमारे शब्दों के पीछे विश्व को हमारे पक्ष में चलाने वाली शक्ति है, तो हमारा आत्मविश्वास बढ़ जाता है। आप इसमें और ज्यादा शक्ति जोड़ने की कोशिश नहीं करते हैं। इसमें किसी तरह का मानसिक दबाव, बलप्रयोग या मानसिक कुश्ती नहीं होनी चाहिए।

एक युवती ने आदेश विधि का प्रयोग एक युवक पर किया, जो लगातार उसे फोन करके तंग कर रहा था और डेटिंग पर चलने के लिए दबाव डाल रहा था। उससे छुटकारा पाना युवती को बहुत मुश्किल लग रहा था। जब वह उसके ऑफिस में भी आने लगा, तो युवती समझ गई कि अब उसे तत्काल कोई प्रभावी कदम उठाना होगा।

दिन में कई बार वह खुद को शांत अवस्था में लाकर बार-बार यह आदेश देने लगी- मैं जे... आर... को ईश्वर के लिए स्वतंत्र करती हूँ। वह प्रत्येक समय अपनी सही जगह पर है। मैं स्वतंत्र हूँ और वह स्वतंत्र है। मैं अब आदेश देती हूँ कि मेरे शब्द असीमित मस्तिष्क में पहुंचकर इसे वास्तविक बना दें। ऐसा ही हो। उसने बताया कि युवक उसकी जिंदगी से तत्काल गायब हो गया। वह उस युवती को दोबारा नहीं दिखा। वह कहती है कि ऐसा लगा, जैसे उसे जमीन निगल गई हो।

तुम किसी चीज का आदेश दोगे, तो यह तुम्हारे सामने रख दी जाएगी और तुम्हारे रास्ते पर रोशनी जल जाएगी।

वैज्ञानिक सच्चाई के लाभ

1. आपकी मनोकामना आपकी प्रार्थना है। इसी समय अपनी मनोकामना पूरी होने की तस्वीर बनाएँ और इसकी वास्तविकता महसूस करें। आपकी मनोकामना सचमुच पूरी हो जाएगी।
2. चीजों को आसान तरीके से प्राप्त करने की इच्छा करें - मानसिक विज्ञान की अचूक मदद से।
3. मानसिक इंजीनियर बनें और अधिक व्यापक तथा महान जीवन बनाने के लिए आजमाई हुई और समय-सिद्ध तकनीकों का प्रयोग करें।
4. आप अपने मन के स्टूडियो में सोचे गए विचारों से अच्छी सेहत, सफलता और खुशी की तस्वीरें बना सकते हैं।
5. अपनी मनोकामना की निश्चित उपलब्धि के पूर्वानुमान में खुशी और आराम अनुभव करें। आप अपने मस्तिष्क में जो तस्वीर रखें, वह उन चीजों की होनी चाहिए, जिनकी उम्मीद तो हो, लेकिन प्रमाण न हो।
6. एक मानसिक तस्वीर हजार शब्दों के बराबर है। आप विश्वास से अपने मन में जिस तस्वीर को रखेंगे, आपका अवचेतन उसे हकीकत में बदल देगा।
7. वैज्ञानिक रूप से प्रयोग करते रहें, जब तक कि आप खुद के सामने यह साबित न कर दें कि आपकी चेतन सोच पर आपके अवचेतन मन की असीमित बुद्धिमत्ता की हमेशा सीधी प्रतिक्रिया होती है।
8. प्रार्थना में किसी तरह की जबरन कोशिश या मानसिक दबाव का प्रयोग न करें। उनींदी, निष्क्रिय अवस्था में पहुँच जाएँ और इस अहसास के साथ सोने जाएँ कि आपकी प्रार्थना का उत्तर मिल रहा है।

9. ईश्वर के प्रेम और महिमा के बारे में सोचकर सद्भाव, सेहत और शांति की लहरें उत्पन्न करें।
10. आप जो आदेश देते हैं और जिसे सच महसूस करते हैं, वह सच हो जाएगा। सद्भाव, सेहत, शांति और समृद्धि के आदेश दें।
11. याद रखें, कृतज्ञ हृदय हमेशा ब्रह्मांड की समृद्धि के करीब होता है।
12. सकारात्मक घोषणा करने का मतलब यह कहना है कि ऐसा ही है और विपरीत प्रमाणों के बावजूद जब आप इस मानसिक नजरिए को सच मानते हैं, तो आपको प्रार्थना का उत्तर मिलेगा।

आपका शरीर प्रत्येक 11 महीने में नया बन जाता है। अपने विचार बदलकर अपने शरीर को बदल दें।

8 अवचेतन का झुकाव

ईर्ष्या, भय, चिंता और तनाव आपकी तंत्रिकाओं तथा ग्रंथियों को कमजोर या नष्ट कर देते हैं, जिससे सभी तरह की मानसिक और शारीरिक बीमारियाँ उत्पन्न होती हैं।

प्रत्येक व्यक्ति का 90 प्रतिशत मानसिक जीवन अवचेतन है। यदि आप इस अद्भुत शक्ति का प्रयोग नहीं करेंगे, तो आप बहुत संकीर्ण सीमाओं में जीने के लिए अभिशप्त होंगे।

अवचेतन की प्रक्रियाएँ हमेशा सृजनात्मक जीवन की तरफ होती हैं। आपका अवचेतन आपके शरीर का निर्माता है और इसके सभी महत्त्वपूर्ण कार्य करता है। यह 24 घंटे काम करता है और कभी नहीं सोता है। यह हमेशा आपकी मदद और आपको नुकसान से बचाता है।

आपका अवचेतन मन असीम जीवन और असीम बुद्धिमत्ता के संपर्क में रहता है। इसके आवेग और विचार का रुख हमेशा जीवन की ओर होता है। अधिक व्यापक व उदात्त जीवन की महत्त्वाकांक्षाएं, प्रेरणाएँ और सपने अवचेतन से ही उत्पन्न होते हैं। आपके सबसे गहन विश्वास वे होते हैं, जिनके बारे में आप तर्क-वितर्क नहीं कर सकते, क्योंकि वे आपके चेतन मन से नहीं, बल्कि आपके अवचेतन मन से आते हैं।

आपका अवचेतन आपसे अंतर्ज्ञान, आवेगों, अनुभूतियों, संकेतों, मनोकामनाओं और विचारों के जरिये बात करता है। यह हमेशा आपको प्रेरित करता है कि उठो, बाधाएँ पार करो, विकास करो, आगे बढ़ो, रोमांच प्राप्त करो और .ज्यादा ऊँचाई पर पहुँचो। प्रेम करने या दूसरों का जीवन बचाने की इच्छा आपके अवचेतन की गहराइयों से आती है।

एक बार 18 अप्रैल, 1906 को सैन फ्रांसिस्को में भीषण भूकंप आया तथा अग्निकांड हुआ। जो बीमार और अपाहिज मनुष्य लंबे समय से बिस्तर पर पड़े थे, वे भी संकट की इस घड़ी में उठ बैठे और उन्होंने बहादुरी तथा शक्ति के कई आश्चर्यजनक काम कर दिखाए। उनमें दूसरों को प्रत्येक कीमत पर बचाने की प्रबल इच्छा जाग्रत हुई और उनके अवचेतन ने उसके अनुरूप प्रतिक्रिया की।

महान कलाकार, संगीतकार, कवि, वक्ता और लेखक अपनी अवचेतन शक्तियों के साथ सामंजस्य बना लेते हैं। रॉबर्ट लुई स्टीवेंसन सोने से पहले अपने अवचेतन को प्रेरित करते थे कि नींद के दौरान वह उनके लिए कहानियां खोजे। जब भी उनके बैंक खाते में पैसे कम हो जाते थे, तो वे हमेशा अपने अवचेतन को एक अच्छा, बिकने वाला उपन्यास देने को कहते थे। उन्होंने कहा कि उनके अवचेतन मन की बुद्धिमत्ता ने उन्हें कहानी सीरियल की तरह टुकड़ों में दी। इससे पता चलता है कि आपका अवचेतन आपके माध्यम से कितनी महान और समझदारी भरी बातें व्यक्त करता है, जिनके बारे में आपका चेतन मन जरा भी नहीं जानता है।

मार्क ट्वेन ने कहा कि उन्होंने जीवन में कभी काम नहीं किया। उनका सारा हास्य और महान लेखन अवचेतन मन के अथाह भंडार का दोहन करने की योग्यता का परिणाम था।

शरीर मस्तिष्क की कार्यविधि

आपके चेतन और अवचेतन मन की अंतर्क्रिया के लिए तंत्रिकाओं के सामंजस्यपूर्ण सिस्टम्स के बीच भी उसी तरह की अंतर्क्रिया की जरूरत होती है। सेरिब्रोस्पाइनल या स्वैच्छिक तंत्र चेतन मन का अंग है। स्वंतत्र तंत्र (Autonomic System) अवचेतन मन का अंग है। स्वैच्छिक तंत्र द्वारा आप अपनी शारीरिक इंद्रियों से अनुभूति पाते हैं और शरीर की गतिविधियों पर स्वैच्छिक नियंत्रण करते हैं। इस सिस्टम का नियंत्रण केंद्र मस्तिष्क के सेरीब्रल कॉर्टेक्स में है।

स्वतंत्र तंत्रिका तंत्र को कई बार अनैच्छिक तंत्रिका तंत्र भी कहा जाता है। इसकी गतिविधि के केंद्र मस्तिष्क के दूसरे हिस्सों में होते हैं, जिनमें सेरिबलम, ब्रेन स्टैम और एमिगडेला शामिल हैं। इन अंगों के शरीर के महत्त्वपूर्ण तंत्रों के साथ अपने संबंध होते हैं और वे उनके महत्त्वपूर्ण कार्यों में मदद करते हैं, चाहे सचेतन जागरूकता न हो।

ये तंत्र भिन्न-भिन्न या एक साथ काम कर सकते हैं। जब खतरे की अनुभूति सेरिबलम के स्विचिंग केंद्र पर पहुँचती है, तो संदेश चेतन कॉर्टेक्स और अवचेतन एमिगडेला दोनों को भेजे जाते हैं। हो सकता है कि चेतन रूप से खतरे को पहचानने और उसका मूल्यांकन करने से पहले ही मनुष्य का रक्षात्मक तंत्र दोनों खतरों पर प्रतिक्रिया करने लगे।

मानसिक और शारीरिक अंतर्संबंध को देखने का एक आसान तरीका यह महसूस करना है कि आपका चेतन मन किसी विचार को पकड़ लेता है, जो आपकी तंत्रिकाओं के स्वैच्छिक तंत्र के संवेगों के अनुरूप खिला है। आपकी तंत्रिका के अनैच्छिक तंत्र में इसी तरह का एक प्रवाह उत्पन्न होता है, जिससे विचार आपके अवचेतन मन तक पहुँच जाता है, जो आपका रचनात्मक साधन है। इसी तरह आपके विचार वस्तुओं में बदल जाते हैं।

आपके चेतन मन द्वारा सोचा और सच माना गया प्रत्येक विचार आपके कॉर्टेक्स द्वारा मस्तिष्क के अन्य अंगों तक भेजा जाता है, जो आपके अवचेतन मन का साथ देते हैं। फिर अवचेतन मन इसे आपके शरीर में बनाता है और वास्तविकता के रूप में आपके संसार में लाता है।

बुद्धि द्वारा शरीर की देखभाल

जब हम कोशिकाओं और अंगों की संरचना का अध्ययन करेंगे, जैसे आंखें, कान, दिल, लिवर, ब्लैडर आदि, तो पाएंगे कि उनमें कोशिकाओं का समूह सामूहिक बुद्धि का निर्माण करता है, ताकि सामंजस्य में काम हो सके। वे आदेश लेने और मास्टर माइंड (चेतन मस्तिष्क) के सुझावों का पालन करने में सक्षम होते हैं।

एकल कोशीय जीव के अध्ययन से यह पता चलता है कि आपके जटिल शरीर में क्या चलता रहता है। हालाँकि एकल कोशीय जीव में कोई अंग नहीं होते हैं, लेकिन इसके बावजूद यह गति, पाचन, पोषण, उत्सर्जन के मूलभूत कार्य करके मस्तिष्क की क्रिया और प्रतिक्रिया के प्रमाण देता है।

बुद्धि आपके शरीर की देखभाल करती है, बशर्ते आप इसे काम करने दें। यह एक तरह से सच है। मुश्किल यह है कि चेतन मन हमेशा बाहरी अनुभूति और इंद्रियगत प्रमाण के कारण इसमें हस्तक्षेप करता है। इससे झूठे विश्वास, भय और राय बलवान हो जाते हैं। जब आपके अवचेतन

मन में मनोवैज्ञानिक, भावनात्मक कॉडीशनिंग द्वारा भय, झूठे विश्वास और नकारात्मक ढाँचे दर्ज होते हैं, तो अवचेतन मन के पास इसे दिए जा रहे ब्लूप्रिंट पर काम करने के अलावा कोई रास्ता नहीं बचता है।

हमारे हित में अवचेतन मन

आपका कल्पनावादी मन निरंतर सामान्य हित में काम करता है और सभी चीजों के पीछे सामंजस्य के निहित सिद्धांत को प्रदर्शित करता है। आपके अवचेतन मन की अपनी खुद की इच्छा है और यह अपने आप में बहुत वास्तविक है। आप चाहें या न चाहें, यह दिन-रात काम करता है। यह आपके शरीर का निर्माता है, लेकिन आप इसके निर्माण को देख, सुन या महसूस नहीं कर सकते। यह बिलकुल खामोश प्रक्रिया है। आपके अवचेतन का अपना खुद का जीवन है, जो हमेशा सामंजस्य, सेहत और शांति की ओर होता है। इसके अंदर दैवी मानदंड है, जो आपके माध्यम से प्रत्येक समय अभिव्यक्ति चाहता है।

सद्भाव के निहित सिद्धांत

वैज्ञानिक तरीके से सोचने के लिए हमें 'सत्य' मालूम होना चाहिए। जैसा प्राचीन कहावत कहती है, 'आपको सच्चाई जाननी होगी; सत्य आपको स्वतंत्र कर देगा।' सच्चाई जानना अवचेतन मन की असीमित बुद्धि और शक्ति के सामंजस्य में रहना है, क्योंकि अवचेतन का झुकाव हमेशा जीवन की दिशा में रहता है।

जाने-अनजाने में किया गया प्रत्येक असामंजस्यपूर्ण विचार प्रत्येक तरह के विवाद और सीमाएँ पैदा कर देगा।

वैज्ञानिकों का मानना है कि प्रत्येक 11 महीनों में आपका शरीर नया बन जाता है। इसका मतलब है कि शारीरिक दृष्टि से आप सिर्फ 11 महीने बूढ़े हैं, लेकिन आप भय, क्रोध, ईर्ष्या और दुर्भावना के विचारों से अपने शरीर में दोबारा दोष आने देते हैं, तो इसमें आपके सिवा और कोई दोषी नहीं है। आप अपने कुल विचारों का योग हैं। आप नकारात्मक विचार और छवियाँ रखने से इंकार कर सकते हैं। अँधेरे से छुटकारा पाने का तरीका रोशनी है। ठंड से उबरने का तरीका गर्मी है। नकारात्मक सोच से उबरने का तरीका सकारात्मक विचार रखना है। अच्छाई की घोषणा करें, बुराई अपने आप गायब हो जाएगी।

सेहतमंद, जीवंत और शक्तिशाली बनना स्वाभाविक क्यों है; बीमार होना अस्वाभाविक क्यों है? औसत बच्चा विश्व में बिलकुल स्वस्थ आता है और इसके सभी अंग सटीकता से काम करते हैं। यही सामान्य अवस्था है। हमें स्वस्थ, जीवंत और शक्तिशाली होना चाहिए। आत्म-रक्षा की अनुभूति मानव स्वभाव की सबसे प्रबल अनुभूति है। यह आपके स्वभाव में निहित सबसे शक्तिशाली, हमेशा मौजूद और लगातार काम करने वाली सच्चाई है। जब आपके विचार और विश्वास हमेशा आपकी रक्षा करने वाले जीवन-सिद्धांत के सामंजस्य में होंगे, तो वे अधिक क्षमता से कार्य करेंगे। इससे यह निष्कर्ष निकलता है कि असामान्य परिस्थितियों के बजाय सामान्य परिस्थितियाँ ज्यादा आसानी और निश्चितता से वापस पाई जा सकती हैं।

बीमार होना असामान्य है। बीमारी का यह अर्थ है कि आप जीवन की धारा के विपरीत जा रहे हैं और नकारात्मक सोच रहे हैं। जीवन का नियम विकास का नियम है। पूरी प्रकृति खामोशी से

लगातार धीरे-धीरे विकास करके इस नियम के प्रमाण देती है। जहाँ भी विकास और अभिव्यक्ति है, वहाँ जीवन है। जहाँ जीवन है, वहाँ सामंजस्य है। और जहाँ सामंजस्य है, वहाँ आदर्श स्वास्थ्य है।

लेकिन आपकी सोच आपके अवचेतन मन के रचनात्मक सिद्धांत के सामंजस्य में है, तो आप सामंजस्य के निहित सिद्धांत का लाभ उठा रहे हैं। लेकिन आपके विचार सामंजस्य के सिद्धांत के अनुरूप नहीं हैं, तो ये आपसे चिपक जाएँगे, आपको सताएँगे, आपको चिंतित करेंगे और अंतत: बीमारी उत्पन्न कर देंगे। लेकिन इसके बाद भी इन विचारों को नहीं छोड़ा गया, तो शायद मृत्यु भी उत्पन्न कर देंगे।

आपको अपने पूरे तंत्र में अवचेतन मन की महत्त्वपूर्ण शक्तियों का प्रवाह और फैलाव बढ़ाना होगा। भय, चिंता, तनाव, ईर्ष्या, नफरत और अन्य प्रत्येक विनाशक विचार को हटाकर ऐसा किया जा सकता है। ये विचार आपकी तंत्रिकाओं और ग्रंथियों को कमजोर तथा नष्ट कर देते हैं- बॉडी टिशू को भी, जो सारे अवशिष्ट पदार्थों के उत्सर्जन को नियंत्रित और शरीर को साफ रखता है।

रीढ़ की टी.बी. ठीक हुई

रीढ़ की टी.बी. बच्चों की भयंकर बीमारी होती है। इंडियाना के इंडियानापोलिस में रहने वाले फ्रेडरिक एंड्रूज को यह बीमारी हो गई। इससे वह अपाहिज हो गया। वह पैरों से नहीं चल सकता था और उसे हाथों तथा घुटनों के बल चलना पड़ता था। डॉक्टर ने इस बीमारी को लाइलाज घोषित कर दिया।

एंड्रूज को यह फैसला मंजूर नहीं था। वह प्रार्थना करने लगा। उसने अपनी सकारात्मक घोषणा तैयार की। इसे उसने दिन में कई बार दोहराया और मानसिक रूप से आवश्यक गुणों को ग्रहण किया- मैं पूर्ण, आदर्श, सशक्त, शक्तिशाली, प्रेमपूर्ण, सामंजस्यपूर्ण और खुश हूँ। सोते-जागते यही प्रार्थना उसके होंठों पर रहती थी। वह दूसरों के लिए भी प्रार्थना और प्रेम तथा सेहत के विचार भेजता था।

मानसिक नजरिया और प्रार्थना का यह तरीका कई गुना होकर उसके पास लौटा। विश्वास और लगन से उसे काफी फायदा हुआ। मन में भय, क्रोध, ईर्ष्या या जलन के विचार आने पर वह तत्काल सकारात्मक घोषणा करने लगता था। उसके अवचेतन मन ने उसकी आदतन सोच की प्रकृति के अनुरूप प्रतिक्रिया की। वह सशक्त और स्वस्थ बन गया।

बाइबल के इस कथन का यही अर्थ है- अपने रास्ते जाओ, तुम्हारे विश्वास ने तुम्हें पूर्ण बना दिया है।

अवचेतन शक्तियों से इलाज

एक बार एक युवक अवचेतन मन की उपचारक शक्ति पर मेरे भाषण सुनने आया था। उसकी आँखों में गंभीर समस्या थी। नेत्र विशेषज्ञ ने उससे कहा कि उसे एक नाजुक और खतरनाक ऑपरेशन कराना होगा। प्रार्थना के वैज्ञानिक आधार के बारे में सीखने के बाद इस युवक ने खुद से कहा कि मेरे अवचेतन ने मेरी आँखें बनाई हैं, इसलिए यह मेरा उपचार कर सकता है।

प्रत्येक रात को सोने से पहले वह निष्क्रिय, ध्यान की अवस्था यानी नींद जैसी अवस्था में जाता था। उसका ध्यान नेत्र विशेषज्ञ पर केंद्रित था। उसने कल्पना में डॉक्टर को साफ देखा और यह कहते सुना कि चमत्कार हो गया है। उसने प्रत्येक रात सोने से पहले पाँच मिनट तक यह बार-बार सुना।

तीन सप्ताह बाद वह एक बार फिर नेत्र विशेषज्ञ के पास गया, जिसने उसकी आंखों की जाँच की। डॉक्टर को जब विश्वास नहीं हुआ, तो उसने उसकी दोबारा जाँच की और हैरानी से बोला- यह तो चमत्कार हो गया।

क्या हुआ था ? इस मनुष्य ने नेत्र विशेषज्ञ के काल्पनिक शब्दों के माध्यम से अपने अवचेतन मन पर छाप छोड़ी थी, ताकि इसे विश्वास दिलाया जा सके और विचार पहुँचाया जा सके। दोहराव, विश्वास और उम्मीद से उसने अपने अवचेतन मन में यह विचार भरा। उसके अवचेतन मन ने उसकी आँखें ठीक कर दीं। अवचेतन मन में आँख की सामान्य, स्वस्थ अवस्था का आदर्श ब्लूप्रिंट था। जब यह आँख को स्वस्थ करने के विचार से भर गया, तो तत्काल आँख का उपचार करने लगा। यह उदाहरण इस बात का प्रमाण है कि अवचेतन की उपचारक शक्ति में विश्वास आपका इलाज कर सकता है।

समीक्षा के बिंदु

1. सोने से पहले अपने अवचेतन को किसी समस्या का उत्तर खोजने का काम सौंपें । यह उसे कर देगा।
2. अपने विचारों पर नजर रखें। जिस विचार को सच मान लिया जाता है, उसे आपका चेतन कॉर्टेक्स अवचेतन मस्तिष्क तंत्र तक भेज देता है और फिर यह वास्तविकता बनकर आपके विश्व में प्रकट हो जाता है।
3. आपका अवचेतन आपके शरीर का निर्माता है और प्रत्येक दिन 24 घंटे काम करता है। आप नकारात्मक सोच द्वारा इसके जीवनदायी ब्लूप्रिंट में हस्तक्षेप करते हैं।
4. जान लें कि आप अपने अवचेतन मन को नया ब्लूप्रिंट देकर खुद को दोबारा बना सकते हैं।
5. आपके अवचेतन का झुकाव हमेशा जीवन की तरफ होता है। अपने अवचेतन मन में वही आधार-वाक्य भरें, जिसे आप सच करना चाहते हों। आपका अवचेतन हमेशा आपके आदतन मानसिक विचारतंत्र के अनुरूप परिणाम देगा।
6. आपका शरीर प्रत्येक 11 महीने में नया बन जाता है। अपने विचार बदलकर अपने शरीर को बदल दें।
7. ईर्ष्या, भय, चिंता और तनाव आपकी तंत्रिकाओं तथा ग्रंथियों को कमजोर या नष्ट कर देते हैं, जिससे सभी तरह की मानसिक और शारीरिक बीमारियाँ उत्पन्न होती हैं।
8. आप चेतन रूप से जिसमें विश्वास करते हैं और जिसे सच मानते हैं, वह आपके मस्तिष्क, शरीर और परिस्थितियों में प्रकट हो जाएगा। अच्छाई की घोषणा करें और जीवन की खुशी पाएँ।
9. स्वस्थ होना सामान्य है । बीमार होना असामान्य है। यही सामंजस्य का अहित सिद्धांत है।

जब निष्क्रिय अवस्था में आप किसी विचार को स्वीकार करते हैं, तो आपका अवचेतन उस विचार को साकार करने में जुट जाता है।

9 मनचाहे परिणाम कैसे प्राप्त करें

सेहत की भावना से सेहत उत्पन्न होती है, दौलत की भावना से दौलत उत्पन्न होती है। आपकी भावना कैसी है?

सभी मनुष्य अच्छी तरह से जानते हैं कि सभी प्रार्थनाएँ सफल नहीं होती हैं। संदेहवादी इससे यह निष्कर्ष निकालते हैं कि प्रार्थना काम नहीं करती है। सफल प्रार्थना के लिए इसका प्रभावी प्रयोग होना चाहिए और इसके वैज्ञानिक आधार की स्पष्ट समझ होनी चाहिए। सिर्फ तभी हम जान सकते हैं कि कोई खास प्रार्थना प्रभावी क्यों नहीं हुई और इसे ज्यादा असरदार बनाने के लिए हमें कौन-सा व्यावहारिक तरीका अपनाना चाहिए।

यदि आपकी प्रार्थनाओं का अपेक्षित परिणाम नहीं मिल रहा है, तो क्या करें? आपको इस असफलता के प्रमुख कारणों को समझ लेना चाहिए। ये विश्वास की कमी और बहुत ज्यादा कोशिश के कारण भी होता है। कई मनुष्य अपने अवचेतन मन की कार्यविधि को पूरी तरह नहीं समझ पाने के कारण अपनी प्रार्थनाओं को खुद असफल कर लेते हैं। यदि आपको पता चल जाये कि आपका मस्तिष्क कैसे काम करता है, तो आपमें आत्मविश्वास आ जायेगा।

ध्यान रखें कि आपका अवचेतन मन किसी विचार को स्वीकार करते ही उस पर तत्काल अमल करने लगता है। यह उस लक्ष्य को पाने में एड़ी-चोटी का जोर लगा देता है। यह आपके अधिक गहरे मन के सभी मानसिक और आध्यात्मिक नियमों को सक्रिय कर देता है। यह नियम अच्छे विचारों के साथ-साथ बुरे विचारों पर भी लागू होता है। यदि अवचेतन मन का नकारात्मक प्रयोग करते हैं, तो यह मुश्किल, असफलता और दुविधा पैदा करता है। जब आप इसका सृजनात्मक प्रयोग करते हैं, तो यह मार्गदर्शन, स्वतंत्रता और मानसिक शांति प्रदान करता है।

यदि आपके विचार सकारात्मक, सृजनात्मक और प्रेमपूर्ण हैं, तो सही उत्तर जरूर मिलेगा। इससे यह स्पष्ट हो जाता है कि आपको असफलता से उबरने के लिए बस एक ही काम करना है। वह काम है अपने विचार या आग्रह को अपने अवचेतन से स्वीकृत करवाना। इसकी वास्तविकता को महसूस करें और बाकी काम मस्तिष्क का नियम कर देगा। अपने आग्रह को विश्वास और विश्वास से सौंपें। तभी आपका अवचेतन उस पर काम करेगा और आपकी इच्छा को हकीकत में बदल देगा।

यदि आप अपने अवचेतन मन पर किसी काम को करने का दबाव डालेंगे, तो आप असफल हो जाएँगे। जो परिणाम आप चाहते हैं, वे करीब आने के बजाय ज्यादा दूर हो जाएँगे। आपका अवचेतन मन मानसिक दबाव पर प्रतिक्रिया नहीं करता है। यह तो आपकी विश्वास या चेतन मन की स्वीकृति पर प्रतिक्रिया करता है।

परिणाम पाने में असफल होने का कारण यह भी हो सकता है कि आप मानसिक रूप से ऐसी बातें कह रहे हों-

- मुझे नहीं पता कि क्या करना है।
- मेरी इच्छा कभी पूरी नहीं होगी।
- मुझे कोई रास्ता नहीं दिख रहा है।
- स्थिति बिगड़ती जा रही है।
- कोई उम्मीद नहीं है।
- मैं उलझन में हूँ।

जब आप इस तरह सोचेंगे तो आपको अवचेतन मन की ओर से कोई प्रतिक्रिया या सहयोग नहीं मिलता है। समय काटते सैनिक की तरह न तो आप आगे बढ़ते हैं, न ही पीछे हटते हैं। दूसरे शब्दों में, आप कहीं नहीं पहुँच पाते हैं।

यदि आप किसी टैक्सी में बैठें और ड्राइवर को आधा दर्जन भिन्न-भिन्न जगहें बता दें। वह बुरी तरह बौखला जाएगा। यह भी हो सकता है कि वह आपको कहीं भी ले जाने से इंकार कर दे। लेकिन वह आपके निर्देशों का पालन करने की कोशिश भी करे, तो संभवत: वह ऐसा नहीं कर पाएगा। कोई नहीं जानता कि आप कहाँ पहुँचेंगे।

यह तब होता है, जब आप अपने अवचेतन मन की विशाल शक्तियों के साथ काम करते हैं। आपके मन में एक स्पष्ट विचार होना चाहिए। आपको एक निश्चित निर्णय पर पहुँचना चाहिए कि कोई रास्ता है, बीमारी या परेशान करने वाली समस्या का कोई समाधान है। सिर्फ आपके अवचेतन के अंदर की असीमित बुद्धिमत्ता उत्तर जानती है, यदि आप अपने चेतन मन में इस स्पष्ट निष्कर्ष पर पहुँचते हैं, तो आपका मस्तिष्क फैसला कर लेता है और आपको अपने विश्वास के अनुरूप फल मिलता है।

आराम और काम

जब एक बार एक व्यक्ति की अँगीठी कड़ाके की ठंड में खराब हो गई तो उसने एक मैकेनिक बुलाया। उसने आधे घंटे में अँगीठी ठीक किया और और 200 डॉलर का बिल थमा दिया।

बिल देखकर मालिक गुस्से से चिल्लाया- इसमें तुम्हें जरा भी समय नहीं लगा। तुमने किया क्या है, बस एक छोटा सा पुर्जा ही तो बदला है? इस छोटे से पुर्जे के 200 डॉलर माँगने की तुम्हारी हिम्मत कैसे हुई? इसकी कीमत तो पाँच डॉलर भी नहीं होगी।

मैकेनिक कंधे उचकाकर बोला- मैंने उस टूटे पुर्जे के तो आपसे सिर्फ दो डॉलर ही लिए हैं। मैंने इसे इतने में ही खरीदा था।

मालिक ने उसके चेहरे के सामने बिल लहराया और कहा- दो डॉलर! इसमें तो 200 डॉलर लिखे हैं।

सही है। मैकेनिक बोला- बाकी 198 डॉलर तो यह जानने के हैं कि- गड़बड़ी क्या थी और उसे कैसे ठीक किया जाए।

इसी प्रकार आपका अवचेतन मन मास्टर मैकेनिक है। वह सबसे समझदार है। वह आपके शरीर के किसी भी अंग को ठीक करने के रास्ते और तरीके जानता है। आप सेहत का आदेश

दीजिये, आपका अवचेतन सेहत का निर्माण कर देगा, लेकिन इस काम को आराम से करना जरूरी है। आराम से अच्छी तरह होता है। विस्तृत विवरण और साधनों के बारे में सोच-सोचकर हताश होने की जरूरत नहीं है। बस इतना जान लें कि अंतिम परिणाम क्या होगा। अपनी समस्या के सुखद समाधान को महसूस करें, चाहे यह सेहत, पैसे या लोक-व्यवहार से संबंधित हो। याद रखें कि गंभीर बीमारी से ठीक होने पर आपको कैसा महसूस हुआ था। यह कभी न भूलें कि आपकी भावना अवचेतन प्रदर्शन का पैमाना है। आपको नए विचार को साकार रूप में पूरी निष्ठा से महसूस करना चाहिए, भविष्य में होने वाली घटना की तरह नहीं, बल्कि इस तरह, जैसे यह इसी समय हो रही हो।

इच्छाशक्ति बनाम कल्पनाशक्ति

अवचेतन मन की शक्तियों की मदद लेना किसी बाधा के खिलाफ संघर्ष करने की तरह नहीं है। ज्यादा कड़ा श्रम करने से ज्यादा अच्छे परिणाम नहीं मिल सकते हैं। आप इच्छाशक्ति का प्रयोग न करके इसके कारण मिलने वाले परिणाम और स्वतंत्रता की साकार तस्वीर को देखें। आप पाएँगे कि आपकी बुद्धि टाँग अड़ाने, समस्या को सुलझाने के तरीके खोजने और आपके अवचेतन पर उन तरीकों को थोपने की कोशिश करेगी।

आप समस्या सुलझाने हेतु अपने बौद्धिक प्रयासों को दूर हटा दें। बच्चे जैसी, चमत्कार करने वाले, सरल विश्वास रखने में जुटे रहें। यह तस्वीर देखें कि आपको कोई रोग या समस्या नहीं है। अपनी मनचाही स्थिति की भावनात्मक संतुष्टि की कल्पना करें। इस प्रक्रिया से सारी जटिलताएँ हटा दें। यही सरल तरीका हो सकता है।

अनुशासित कल्पना का चमत्कार

अपने अवचेतन मन से प्रतिक्रिया पाने के लिए आपको अनुशासित या वैज्ञानिक कल्पनाशक्ति का प्रयोग करना है। जैसा कि हम देख चुके हैं, अवचेतन मन शरीर का आर्किटेक्ट और निर्माता है। यह आपकी सभी महत्त्वपूर्ण कार्यप्रणालियों को नियंत्रित करता है।

बाइबल कहती है कि आप प्रार्थना में जो भी माँगेंगे, विश्वास करने पर आपको मिलेगा। विश्वास करना किसी चीज को सच मानना है, इसके होने की उम्मीद में जीना है। जब आप इस अवस्था में रहते हैं, तो आपकी प्रार्थना पूरी हो जाएगी।

प्रार्थना में सफलता पाने के तीन कदम

सफल प्रार्थना के लिए तीन मूलभूत कदमों की जरूरत होती है-

- समस्या को अवचेतन मन के हवाले कर दें। सिर्फ वही इसे सुलझाने का सबसे प्रभावी समाधान जानता है।
- समस्या को स्वीकार करें या मानें।
- गहन विश्वास की शांत अनुभूति रखें कि यह काम हो चुका है।

झिझक और शंकाएँ आपकी प्रार्थना को सिर्फ कमजोर कर सकती है इसीलिए खुद से यह न कहें कि काश मैं ठीक हो जाता या मुझे उम्मीद है यह प्रभावी होगा। जो काम होना है, उसके बारे

में आपकी भावना से ही परिणाम तय होता है। मान लें कि आपको सामंजस्य अवश्य मिलेगा। मान लें कि आपको सेहत अवश्य मिलेगी।

अवचेतन मन की असीमित उपचारक शक्ति का जरिया बनकर आप प्रभावी बन सकते हैं। सेहत के विचार को अवचेतन मन तक पूरे विश्वास के साथ पहुंचाकर आराम से बैठ जाएँ। खुद को इसकी शक्ति के भरोसे छोड़ दें। प्रत्येक स्थिति और परिस्थिति में कहें- यह भी गुजर जाएगा। आराम और विश्वास के साथ आप अवचेतन मन में विचार भरते हैं। इससे विचार के पीछे की गतिमान ऊर्जा को क्रियाशील होने और विचार को साकार करने की सामर्थ्य मिलती है।

प्रार्थना से विपरीत परिणाम क्यों

मशहूर फ्रांसीसी मनोवैज्ञानिक एमाइल कूए के अमेरिका में बहुत से प्रशंसक हैं। उन्होंने एक महत्त्वपूर्ण बात कही थी- जब आपकी इच्छाओं और कल्पना में संघर्ष होगा, तो प्रत्येक बार आपकी कल्पना की जीत होगी। वे इसे विपरीत प्रयास का नियम कहते हैं। यदि आपसे जमीन पर रखे एक सँकरे पटिए पर चलने को कहा जाए। आप बिना कोई सवाल किए ऐसा आसानी से कर लेंगे। लेकिन वही पटिया को 20 फुट ऊँची दो दीवारों के बीच रख दी जाये तो क्या आप उस पर चलेंगे ? क्या आप ऐसा कर पाएँगे ?

क्योंकि पटिए को पार करने की आपकी इच्छा आपकी कल्पना से संघर्ष करेगी। आप कल्पना करने लगेंगे कि आप पटिए पर लड़खड़ा रहे हैं और उतनी ऊँचाई से जमीन पर गिर रहे हैं। यह भी संभव है कि पटिए पर चलने का आपका बहुत मन हो, लेकिन गिरने का भय आपको रोक देगा। आप अपनी कल्पना पर विजय प्राप्त करने या इसे दबाने की जितनी कोशिश करेंगे, गिरने का विचार उतना ही मजबूत होगा।

मैं अपनी असफलता से उबरने के लिए इच्छाशक्ति का प्रयोग करने का विचार असफलता के विचार को प्रबल बनाता है। मानसिक प्रयास अक्सर आत्म-पराजय की ओर ले जाता है और चाहे गए परिणाम का विपरीत परिणाम उत्पन्न कर देता है। इच्छाशक्ति लगाने पर ध्यान केंद्रित करना इस बात पर जोर देना है कि आपमें शक्ति की कमी है। यह तो इस तरह का फैसला करना है कि आप हरे हिप्पोटैमस के बारे में बिलकुल नहीं सोचेंगे। इस निर्णय से हरा हिप्पोपोटेमस आपके दिमाग पर हावी हो जाता है और अवचेतन हमेशा सबसे प्रबल विचार पर प्रतिक्रिया करता है। आपका अवचेतन दो विरोधी विचारों में से अधिक प्रबल विचार को स्वीकार कर लेगा।

आप शायद सोचेंगे कि

- मुझे जमकर प्रार्थना करने के लिए खुद को विवश करना होगा।
- मैं सेहत चाहता हूँ; मुझे यह क्यों नहीं मिलती है ?
- मैं बहुत ज्यादा कोशिश कर रहा हूँ, मुझे परिणाम क्यों नहीं मिल रहा है ?
- मुझे अपनी सारी इच्छाशक्ति का प्रयोग करना होगा।

आपको यह जानना जरूरी है कि आपसे कहाँ गलती हो रही है। ऐसा तो नहीं कि आप बहुत ज्यादा कोशिश कर रहे हैं। कभी भी अपने अवचेतन को मजबूर करने की कोशिश न करें।

कभी भी अपनी इच्छाशक्ति द्वारा उससे अपना विचार स्वीकृत करवाने की कोशिश न करें। इस तरह की कोशिशों का नाकामयाब होना तय है। इस तरह अक्सर आपको उस चीज की विपरीत चीज मिलती है, जिसके लिए आपने प्रार्थना की है। प्रयासहीन तरीका ज्यादा अच्छा है। यदि आप किसी तरह की परीक्षा में बैठे हैं। आपने पढ़ाई और सामग्री की समीक्षा में बहुत समय लगाया है। आपको लगता है कि आप बहुत कुछ जानते हैं। परीक्षा में कोरी कॉपी को देख आपका दिमाग उससे भी ज्यादा कोरा हो जाता है। विषय का सारा ज्ञान अचानक आपका साथ छोड़ गया है। आपको एक भी प्रासंगिक विचार याद नहीं आता है। आप अपने दाँत भींचते हैं और अपनी सारी इच्छाशक्ति का आह्वान करते हैं, लेकिन आप जितनी ज्यादा कोशिश करते हैं, कान उतना ही ज्यादा दूर पहुँच जाता है।

जब आप कुंठित होकर परीक्षा कक्ष से बाहर निकल आते हैं तब मानसिक दबाव कम हो जाता है। जिन जवाबों की आप कुछ मिनट पहले तक इतनी बेताबी से तलाश कर रहे थे, अचानक वे अपने आप आपके दिमाग में प्रवाहित होने लगते हैं। आपकी गलती यह थी कि आपने याद रखने के लिए खुद को मजबूर करने की कोशिश की। विपरीत प्रयास के नियम के अनुसार इससे सफलता नहीं, बल्कि असफलता मिली। आपको उसका ठीक विपरीत परिणाम मिला, जो आपको चाहिए था या जिसके लिए आपने प्रार्थना की थी।

इच्छा और कल्पनाशक्ति में संघर्ष

मानसिक शक्ति या इच्छाशक्ति का प्रयोग करना यह मान लेना है कि कहीं न कहीं विरोध है और विरोध की कल्पना करने से विरोध उत्पन्न हो जाता है। लेकिन आपका ध्यान मनचाही वस्तु को प्राप्त करने की बाधाओं पर केंद्रित है, तो इसका मतलब है कि यह आपके मनचाहे परिणाम को प्राप्त करने के साधन पर केंद्रित नहीं है।

बाइबल में कहा गया है- 'लेकिन आपमें से दो मनुष्य विश्व में किसी भी बात पर सहमत हो जाएँ और माँगें, तो स्वर्ग में बैठे मेरे पिता उन्हें दे देंगे।' यह किसके बारे में बोला गया है? ये किसी विचार, इच्छा या मानसिक छवि पर आपके चेतन और अवचेतन के बीच के सामंजस्यपूर्ण मेल या सहमति के प्रतीक हैं। जब आपके मस्तिष्क के भिन्न-भिन्न हिस्सों में कोई संघर्ष नहीं होगा, तो आपकी प्रार्थना का परिणाम मिलेगा। जिससे आप सहमत हैं, वे हो सकता है आप और आपकी इच्छा से हों, आपका विचार और भावना या भाव हों, आपकी इच्छा और कल्पना हों।

इच्छाओं और कल्पना में सारे संघर्ष से बचने का तरीका निष्क्रिय उनींदी अवस्था में पहुँचना है, जो सारे प्रयास को न्यूनतम कर देती है। चेतन मन उनींदी अवस्था में काफी हद तक कम जाता है। जैसा कि आप जानते हैं कि आपके अवचेतन को सराबोर करने का सबसे अच्छा समय सोने से ठीक पहले का है। ऐसा इस कारण है, क्योंकि अवचेतन सोने से ठीक पहले और जागने के ठीक बाद सबसे ज्यादा सशक्त होता है। इस अवस्था में वे नकारात्मक विचार और तस्वीरें नहीं रहती हैं, जो आपकी इच्छा को नकारती हैं और आपके अवचेतन मन द्वारा उनकी स्वीकृति को रोकती हैं। जब आप मनोकामना पूरी होने की वास्तविकता की कल्पना करते हैं और उपलब्धि का रोमांच महसूस करते हैं, तो आपका अवचेतन आपकी मनोकामना पूरी कर देता है।

कुछ व्यक्ति अपनी सारी दुविधाओं और समस्याओं को अपनी नियंत्रित, निर्देशित तथा अनुशासित कल्पना से सुलझा लेते हैं। वे जानते हैं कि वे जो कल्पना करते हैं और जिसे सच

महसूस करते हैं, वह होगा और अवश्य होगा। एक युवा महिला बड़ी हताशा में मेरे पास आई। वह एक लंबे, जटिल मुकदमे में उलझी थी, जिसकी तारीखें बढ़ती जा रही थीं और कोई अंत नजर नहीं आ रहा था। उसकी सबसे गहरी इच्छा मुकदमे का सामंजस्यपूर्ण

समाधान थी। बहरहाल, उसकी मानसिक तस्वीरें असफलता, हानि, दिवालियेपन और गरीबी से भरी थीं। परिणाम वैसा ही मिला, जैसी भविष्यवाणी की थी। उसकी कल्पनाशक्ति उसकी इच्छा पर हावी हो गई और मुकदमा टलता रहा।

मेरे सुझाव पर वह रात सोते समय खुद को उनींदी, निष्क्रिय अवस्था में ले आती थी और अपनी समस्या के सबसे अच्छे संभावित अंत की कल्पना करने लगती थी। वह इसकी भरसक कोशिश करती थी। वह जानती थी कि उसके दिमाग की छवि अंततः उसके दिल की इच्छा के अनुरूप बन जाएगी। निष्क्रिय होने पर वह बहुत चित्रात्मक तरीके से यह कल्पना करने लगी कि मुकदमा खत्म होने के बाद वह अपने वकील से मिल रही है, उसके स्पष्टीकरण सुन रही थी। वकील ने कहा कि मुकदमे का कोर्ट से बाहर समझौता हो गया है। यह बिलकुल उचित समाधान है।

दिन में जब भय के विचार उसके दिमाग में आते थे, तो वह महिला वकील से मुलाकात का मानसिक वीडियोटेप चला देती थी, जिसमें शब्द और हाव-भाव भी थे। उसने वकील की मुस्कराहट, उसके अंदाज, उसकी आवाज, उसके विशिष्ट शब्दों की कल्पना की। उसने यह इतनी ज्यादा बार और इतनी निष्ठा से किया कि भय दिमाग में घुसने से पहले ही खत्म हो गया।

कुछ सप्ताह बाद उसके वकील ने उसे फोन किया। उसने वही कहा, जिसकी वह कल्पना कर रही थी और सच मान रही थी। मुकदमे में समझौता हो गया और वह जानती थी कि समझौता उचित ही होगा।

यही भजनकार का मतलब था कि मेरे शब्द और मेरे हृदय का मनन आप स्वीकार करें। हे ईश्वर! मेरी शक्ति और मेरे उद्धारक, आपके अवचेतन मन की शक्ति और बुद्धिमत्ता, जो बीमारी, बंधन तथा दु:ख से मेरा उद्धार कर सकती है।

याद रखने लायक विचार

1. उनींदी अवस्था में चेतन और अवचेतन मन के बीच संघर्ष नहीं होता है। सोने से पहले अपनी इच्छा के पूर्ण होने की बार-बार कल्पना करें। शांति से सोएँ और खुशी से जागें।
2. जब निष्क्रिय अवस्था में आप किसी विचार को स्वीकार करते हैं, तो आपका अवचेतन उस विचार को साकार करने में जुट जाता है।
3. मानसिक दबाव या बहुत ज्यादा कोशिश तनाव और भय के सूचक हैं। ये प्रार्थना के उत्तर को रोकते हैं। आराम से काम अच्छी तरह होता है।
4. पारंपरिक तरीकों से स्वतंत्र होकर सोचें और योजना बनाएँ। जान लें कि हमेशा प्रत्येक सवाल का कोई न कोई उत्तर होता है और प्रत्येक समस्या का समाधान होता है।

5. सेहत की भावना से सेहत उत्पन्न होती है, दौलत की भावना से दौलत उत्पन्न होती है। आपकी भावना कैसी है ?
6. अपने दिल की धड़कनों, फेफड़ों के साँस लेने या शरीर के किसी अंग के कार्य को लेकर ज्यादा चिंतित न हों। अपने अवचेतन पर पूरा भरोसा करें और बार-बार दावा करें कि सही काम हो रहा है।
7. कल्पना आपकी सबसे बड़ी आंतरिक शक्ति है। अच्छी और सुंदर चीजों की कल्पना करें। आप वैसे ही हैं, जैसी आप खुद के बारे में कल्पना करते हैं।

10 दौलत पाने हेतु अवचेतन की शक्ति का प्रयोग

दौलत अवचेतन विश्वास है। अपनी मानसिकता में दौलत का विचार बनाएँ। दौलत की भावना से दौलत पैदा होती है। इसे हमेशा याद रखें।

यदि आप आर्थिक संकट में हैं और तंगहाली में दिन काट रहे हैं, तो आपने अपने अवचेतन मन को यह विश्वास नहीं दिलाया है कि आप हमेशा समृद्धि में रहेंगे और बचत भी करेंगे। आप ऐसे मनुष्यों को जानते होंगे, जो हफ्ते में सिर्फ कुछ घंटे काम करते हैं, लेकिन बहुत सारे पैसे कमाते हैं। वे ज्यादा श्रम नहीं करते हैं। इस बात पर विश्वास न करें कि दौलतमंद बनने का इकलौता तरीका खून-पसीना बहाना और कड़ी मेहनत करना है। लेकिन जीवन का प्रयासरहित तरीका सबसे अच्छा है। वह काम करें, जिसे आप प्रेम करते हैं। इसे आपकी खुशी और रोमांच के लिए करें। मैं लॉस एंजेलिस के एक एक्जीक्यूटिव को जानता हूँ, जिसकी तनख्वाह लाखों में है। पिछले साल उसने क्रूज से नौ महीने तक विश्व की सैर की। उसने मुझे बताया कि उसने अपने अवचेतन मन को विश्वास दिला दिया था कि वह इतनी ज्यादा तनख्वाह का हकदार है। उसने कहा कि उसकी कंपनी में ऐसे मनुष्य हैं, जिनकी तनख्वाह उसकी तुलना में 10 प्रतिशत कम है, हालाँकि वे बिजनेस के बारे में उससे ज्यादा जानते हैं और शायद बेहतर प्रबंधन भी कर सकते हैं। बहरहाल, उनमें न तो महत्त्वाकांक्षा है, न ही रचनात्मक विचार। अपने अवचेतन मन के आश्चर्यों में उनकी रुचि नहीं है।

मस्तिष्क में दौलत

दौलत मनुष्य के अवचेतन के विश्वास से ज्यादा और कुछ नहीं होती है। आप यह कहकर लखपति नहीं बन सकते कि मैं लखपति हूँ, मैं लखपति हूँ। अपनी मानसिकता में दौलत और समृद्धि के विचार रखकर आप दौलत की चेतना विकसित करते हैं।

अदृश्य साधन

लोगों के लिए दिक्कत यह है कि उनके पास अदृश्य सहारे नहीं होते हैं। जब बिजनेस कमजोर हो जाता है, स्टॉक मार्केट गिरने लगता है या उनको नुकसान होता है, तो वे बेबस नजर आते हैं। इतनी असुरक्षा का कारण यह है कि वे अवचेतन मन का दोहन करने का तरीका नहीं जानते हैं। वे जानते ही नहीं कि उनके अंदर कभी न खत्म होने वाला भंडार भरा पड़ा है। गरीब मानसिकता वाला व्यक्ति खुद को गरीब परिस्थितियों में पाता है। बहरहाल, जिसका मस्तिष्क दौलत के विचारों से भरा होता है, वह तमाम सुख-सुविधाओं में जीता है। ईश्वर नहीं चाहता है कि हम गरीबी में दिन काटें। आप दौलत

और अपनी जरूरत की प्रत्येक वह चीज पा सकते हैं। आपके शब्दों में इतनी शक्ति है कि वे आपके मस्तिष्क से गलत विचार साफ करके सही विचार भर दें।

दौलत की चेतना विकसित करें

अध्याय पढ़ते समय आप सोच रहे होंगे कि मुझे दौलत और सफलता चाहिए। आप ऐसा करें कि रोजाना तीन-चार बार पाँच मिनट तक ये दो शब्द दोहराएँ, दौलत। सफलता। इन शब्दों में जबर्दस्त शक्ति है। ये अवचेतन मन की आंतरिक शक्ति के प्रतिनिधि हैं। अपने मस्तिष्क में अपने अंदर की प्रबल शक्ति का लंगर डाल लें। इसके बाद उनकी प्रकृति और गुण से मेल खाती परिस्थितियाँ आपके जीवन में प्रकट हो जाएँगी। क्योंकि आप यह नहीं कह रहे हैं कि मैं दौलतमंद हूँ, आप तो अपने अंदर की वास्तविक शक्तियों पर भरोसा कर रहे हैं। 'दौलत' कहने पर आपके मस्तिष्क में कोई दुविधा नहीं होती है। जब आप दौलत के बारे में सोचते रहेंगे, तो आपके अंदर इसकी भावना और अधिक प्रबल हो जाएगी।

आप जानते हैं कि दौलत की भावना से दौलत उत्पन्न होती है। आपका अवचेतन मन किसी बैंक की तरह है- एक तरह की शाश्वत वित्तीय संस्था। यह प्रत्येक उस चीज को बढ़ा देता है, जो भी आप इसमें जमा करते हैं या जिसकी भी आप इस पर छाप छोड़ते हैं, भले ही यह दौलत का विचार हो या गरीबी का। दौलत को चुनें।

संकल्प असफल क्यों?

बहुत से लोगों की आम शिकायत यह होती है कि मैं कई हफ्तों और महीनों से कह रहा हूँ- मैं दौलतमंद हूँ, मैं अमीर हूँ, लेकिन कुछ नहीं हुआ। मैंने देखा कि जब वे कहते थे- मैं दौलतमंद हूँ, मैं अमीर हूँ, तो उन्हें मन-ही-मन लगता था कि वे खुद से झूठ बोल रहे थे। एक व्यक्ति ने मुझसे कहा कि मैंने

घोषणा की कि मैं अमीर हूँ। मैं यह करते-करते थक चुका हूँ। स्थितियाँ अब पहले से ज्यादा खराब हैं। अपनी अमीरी की घोषणा करते समय मैं जानता था कि यह सच नहीं है। इस प्रकार कथनों को चेतन मन स्वीकार नहीं करता है। इसी कारण उसने बाहर से जो घोषणा की और जिसका दावा किया, उसे उसका विपरीत परिणाम मिला। सकारात्मक घोषणा तब सबसे अच्छी तरह सफल होती है, जब यह विशिष्ट हो और मानसिक संघर्ष या विवाद पैदा न होता हो। इस व्यक्ति के कथन से स्थिति और बिगड़ गई, क्योंकि उसमें वित्तीय तंगी की भावना थी। आपका अवचेतन निरर्थक शब्दों या वाक्यों को स्वीकार नहीं करता है। यह तो सिर्फ उन्हें स्वीकार करता है, जिन्हें आप सचमुच सच मानते हैं। अवचेतन मन हमेशा प्रबल विचार या विश्वास को स्वीकार करता है।

मानसिक संघर्ष से बचाव

मानसिक संघर्ष से उबरने का आदर्श तरीका यहाँ दिया गया है। यह व्यावहारिक कथन बार-बार सोने से ठीक पहले दोहराएं कि दिन-रात मैं अपनी सभी रुचियों में

समृद्ध हो रहा हूँ। इस सकारात्मक घोषणा से कोई बहस नहीं होगी, क्योंकि यह आपके अवचेतन मन की वित्तीय कमी की छाप का विरोध नहीं करती है।

एक बिजनेसमैन मेरे पास आया, उसकी बिक्री व आर्थिक स्थिति बहुत खराब थी। मैंने उससे कहा कि वह अपने ऑफिस में शांत होकर बैठ जाए और बार-बार दोहराए कि मेरी बिक्री प्रत्येक दिन बढ़ रही है। इस कथन के कारण उसके चेतन और अवचेतन मन मिलकर काम करने लगे। और बाद में अच्छे परिणाम मिले।

कोरे चेक पर साइन न करें

जब आप कोरे चेक पर साइन करते हैं, तो आप बात कहते हैं कि काम चलाने के लिए पर्याप्त पैसे नहीं हैं, काफी तंगी है, कर्ज की किस्त नहीं चुकाने के कारण मैं अपना घर गँवा दूँगा आदि। जब आप भविष्य के बारे में डरते हैं, तो आप एक कोरा चेक लिख रहे हैं और नकारात्मक परिस्थितियों को अपनी ओर आकर्षित कर रहे हैं। आपका अवचेतन मन आपके भय तथा नकारात्मक कथन को आपके आग्रह के रूप में स्वीकार करता है। फिर यह अपने तरीके से काम शुरू कर देता है, जिससे आपके जीवन में बाधाएँ, विलंब, कमी और सीमाएँ पैदा हो जाती हैं।

अवचेतन द्वारा चक्रवृद्धि ब्याज

यदि आपमें दौलत पाने की भावना है तो अधिक दौलत मिल जाएगी, यदि कमी की भावना है उसे कम दिया जाएगा। आप जिस चीज को अपने अवचेतन में जमा करते हैं, यह उस चीज को कई गुना कर देता है और बढ़ा देता है। आप प्रत्येक सुबह समृद्धि, सफलता, दौलत और शांति के विचार जमा करेंगे और इन अवधारणाओं पर सोचेंगे तो आपका मस्तिष्क अधिकतम व्यस्त रहेगा। ये सृजनात्मक विचार जमा राशि की तरह आपके अवचेतन मन में पहुँच जाएँगे और प्रचुरता तथा समृद्धि ले आएँगे।

कुछ क्यों नहीं हुआ

अब आप कहेंगे कि ओह, मैंने यह किया था, लेकिन कुछ नहीं हुआ। आपको परिणाम इसलिए नहीं मिले, क्योंकि आप भय के विचार में डूब गए थे और आपने उस अच्छे विचार को नकार दिया था, जिसकी आपने

घोषणा की थी। जब आप जमीन में कोई बीज बोते हैं, तो आप उसी दिन बाद में उसे खोदकर वापस नहीं निकाल लेते हैं। आप उसे जड़ें जमाने और बढ़ने का मौका देते हैं। यदि आप यह कहते हैं कि मैं उस चीज के पैसे अदा नहीं कर पाऊँगा। इससे पहले कि आप 'मैं' से आगे बढ़ें, वहीं रुक जाएँ। इसे बदलकर सृजनात्मक कर दें, जैसे, मैं सभी तरीकों से समृद्ध बनूँगा।

दौलत का स्रोत

किसी भी व्यक्ति के अवचेतन मन में विचारों की कमी नहीं होती है। इसके अंदर असंख्य विचार हैं, जो आपके चेतन मन में प्रवाहित होने और असंख्य तरीकों से

आपकी जेब में पैसे भरने के लिए तैयार हैं। यह प्रक्रिया हमेशा दिमाग में चलती रहती है चाहे शेयर बाजार ऊपर जाए या नीचे। दरअसल आपकी दौलत कभी बॉण्ड, स्टॉक या बैंक के पैसे पर निर्भर नहीं रहती है; ये तो सिर्फ प्रतीक हैं- जाहिर है, आवश्यक और उपयोगी भी लेकिन सिर्फ प्रतीक। अर्थात आप अपने अवचेतन मन को विश्वास दिला दें कि दौलत आपकी है और यह आपके जीवन में हमेशा प्रवाहित हो रही है, तो हमेशा और अंतत: यह आपको मिल जाएगी, चाहे यह कैसा ही रूप ले।

तंगी का असली कारण

बहुत लोग कहते हैं कि वे तंगी में दिन गुजार रहे हैं और महीने का खर्च चलाने के लिए संघर्ष कर रहे हैं। उन्हें अपने खर्च पूरे करने के लिए बहुत जूझना पड़ता है। आपने भी ऐसी बातचीत सुनी होगी, वे लगातार उन मनुष्यों की निंदा करते हैं, जो जीवन में सफल हुए हैं और जिन्होंने अपने सिर भीड़ से ऊपर उठाए हैं। कई मामलों में उनकी बातचीत इस तरह से चलती है कि ओह, वह आदमी बदमाश है; वह क्रूर है; वह तो धूर्त है। वे लगातार उसी चीज की निंदा कर रहे हैं, जिसे वे चाहते हैं। वे अपने अधिक दौलतमंद सहयोगियों की आलोचना इसलिए करते हैं, क्योंकि वे उनकी समृद्धि से जलते हैं। दौलत को दूर भगाने का सबसे तीव्र तरीका अपने से ज्यादा दौलतमंद मनुष्यों की आलोचना और निंदा करना है।

दौलत का मुख्य अवरोध

बहुत से लोगों में दौलत की कमी का कारण ईर्ष्या भी है अधिकांश मनुष्य इसे मुश्किल तरीके से सीखते हैं। यदि आप अपने किसी प्रतिस्पर्धी को बैंक में बहुत सारे पैसे जमा करते देखें, जबकि आपके पास जमा करने के लिए छोटी राशि है, तो क्या इससे आपको जलन होती है? इस भाव से उबरने का तरीका खुद से यह कहना है कितनी बढ़िया बात है! मुझे उस मनुष्य की समृद्धि पर खुशी होती है। मैं चाहता हूँ कि वह और अधिक दौलत कमाए।

आप जानते ही हैं कि ईर्ष्या के विचार विध्वंसक होते हैं, क्योंकि वे आपको नकारात्मक स्थिति में रखते हैं। इसलिए दौलत आपके पास आने के बजाय आपसे दूर भाग जाती है लेकिन आप किसी दूसरे की दौलत या समृद्धि से चिढ़ महसूस करें, तो तत्काल दावा करें कि आप सचमुच उसे ज्यादा दौलतमंद देखना चाहते हैं, प्रत्येक संभव तरीके से। यह आपके मस्तिष्क के नकारात्मक विचारों को हटा देगा और अवचेतन मन के नियम द्वारा आपको अधिक दौलत प्रदान कर देगा।

दौलत के मानसिक अवरोध

यदि इस बात की आलोचना कर रहे हैं कि कोई अपना पैसा बेईमानी से कमा रहा है, तो उसके बारे में चिंता करना छोड़ दें। आप जानते हैं कि इस तरह का मनुष्य मस्तिष्क के नियम का नकारात्मक प्रयोग कर रहा है। समय के साथ मस्तिष्क का नियम उसे परिणाम देगा। बहरहाल, सावधान रहें, उसकी आलोचना न करें। इसके कारण पहले ही बताए जा चुके हैं। ध्यान रहे दौलत की राह में अवरोध आपके अपने मस्तिष्क में हैं।

आप अब उस मानसिक अवरोध को नष्ट कर सकते हैं। इससे आप एक के साथ अच्छे मानसिक संबंध भी बना सकते हैं।

सोएं और अमीर बनें

आप सभी रात को सोते समय इस तकनीक का अभ्यास करें। 'दौलत' शब्द को शांति, सरलता और भावना से दोहराएँ। ऐसा बार-बार करें, किसी लोरी की तरह। 'दौलत' शब्द बोलते हुए सोएँ। आप परिणाम देखकर हैरान रह जाएँगे। दौलत बड़े हिमखंडों की तरह आपकी ओर प्रवाहित होगी। यह आपके अवचेतन मन की जादुई शक्ति की एक और मिसाल है।

मन की शक्तियों से लाभ

1. खून-पसीने और कड़े श्रम से दौलत इकट्ठी करने की कोशिश करना कब्र में सबसे अमीर आदमी बनना है। आपको कड़ा श्रम करने की कोई जरूरत नहीं है।
2. सरलता से दौलतमंद बनने का फैसला करें। अपने अवचेतन मन की अचूक सहायता से अमीर बनें।
3. दौलत अवचेतन विश्वास है। अपनी मानसिकता में दौलत का विचार बनाएँ।
4. ज्यादातर मनुष्यों के साथ दिक्कत यह है कि उनके पास अदृश्य सहारे नहीं हैं।
5. दौलत की भावना से दौलत पैदा होती है। इसे हमेशा याद रखें।
6. सोने से पहले पाँच मिनट तक 'दौलत' शब्द धीरे-धीरे और शांति से दोहराएँ। ऐसा करने पर आपका अवचेतन मन आपके जीवन में दौलत ले आएगा।
7. चेतन और अवचेतन दोनों मन सहमत होने चाहिए। आपका अवचेतन उस चीज को स्वीकार करता है, जिसे आप सच मानते हैं। आपका अवचेतन मन हमेशा प्रबल विचार को स्वीकार करता है। आपका प्रबल विचार गरीबी नहीं, अमीरी होना चाहिए।
8. इस वाक्य को दोहराकर अपनी बिक्री बढ़ाएं कि मेरी बिक्री प्रत्येक दिन बढ़ रही है। मैं प्रत्येक दिन तरक्की कर रहा हूँ और प्रत्येक दिन ज्यादा दौलतमंद बन रहा हूँ।
9. आप यह घोषणा करके दौलत के बारे में किसी भी मानसिक संघर्ष से उबर सकते हैं, जैसे दिन-रात मैं अपनी सभी रुचियों में अमीर बन रहा हूँ।
10. कोरे चेक लिखना बंद कर दें, जैसे काम चलाने के लिए पर्याप्त पैसे नहीं हैं या बड़ी तंगी है आदि। इस तरह के वाक्य आपकी कमी को और बढ़ाते हैं।
11. आप चेतन रूप से जो सकारात्मक घोषणा करते हैं, उसे कुछ पल बाद ही मानसिक रूप से न नकारें। इससे वह अच्छाई खत्म हो जाएगी, जिसकी आपने घोषणा की है।

12. अपने अवचेतन मन में समृद्धि, दौलत और सफलता के विचार जमा करें। यह आपको चक्रवृद्धि ब्याज के साथ लौटाएगा।
13. दौलत का सच्चा स्रोत आपके विचार हैं। आपके एक विचार का मूल्य लाखों डॉलर भी हो सकता है। आपका अवचेतन मन आपको आपके द्वारा चाहा गया विचार दे देगा।
14. दौलत का अवरोध आपके अपने मस्तिष्क में है। सभी के साथ अच्छे मानसिक संबंध बनाकर उस अवरोध को इसी समय नष्ट कर दें।
15. ईर्ष्या और जलन दौलत के प्रवाह में अवरोध हैं। दूसरों की समृद्धि पर खुश हों।

यह दावा करने का साहस जुटाएं कि आपको अमीर बनने का हक है। आपका अवचेतन मन आपके दावे को हकीकत में बदल देगा

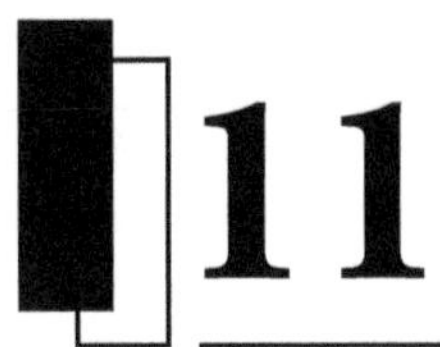

11 अमीर बनने का हक

आप यहाँ पर किसी दड़बे में रहने, चीथड़े पहनने या भूखों मरने के लिए नहीं आए हैं। आप यहाँ अधिक समृद्ध जीवन जीने के लिए आए हैं।

दुनिया में प्रत्येक व्यक्ति को अमीर बनने का मूलभूत हक है। सभी समृद्ध जीवन जीने और खुश, स्वस्थ तथा आजाद रहने के लिए आए हैं। इसलिए सबके पास इतना पैसा तो होना ही चाहिए कि प्रत्येक व्यक्ति अपनी जरूरत के हिसाब से पूर्ण, सुखी और समृद्ध जीवन जी सके।

आप भी विकास करने, व्यापक बनने और स्वयं को आध्यात्मिक, मानसिक तथा भौतिक रूप से प्रकट करने के लिए आए हैं। आपको अपनी संभावनाओं को पूरा करने और आत्म-अभिव्यक्ति का असंदिग्ध अधिकार है। इसका एक महत्त्वपूर्ण पहलू सुंदरता और विलासिता से घिरे रहना है।

जब आप अपने अवचेतन मन की मदद से अमीरी का आनंद ले सकते हैं, तो फिर तंगी में क्यों रहा जाए? इस अध्याय में आप पैसे से दोस्ती करना सीखेंगे। जब आप ऐसा कर लेते हैं, तो आपके पास अपनी जरूरत का सारा पैसा होगा और जरूरत से ज्यादा भी। अमीर बनने की अपनी इच्छा के बारे में किसी की भी बातों से शर्मिंदा महसूस न करें। गहनतम स्तर पर यह इच्छा

पूर्ण, खुश और अद्भुत जीवन जीने की इच्छा है। यह पूरे ब्रह्मांड की इच्छा है। यह न सिर्फ अच्छी है, बल्कि बहुत अच्छी है।

धन तो एक प्रतीक है

आप जानते हैं धन विनिमय का साधन है। यह आजादी का प्रतीक है, बल्कि सुंदरता, परिष्कार, प्रचुरता और विलासिता का भी प्रतीक है। यह किसी राष्ट्र की आर्थिक सेहत का प्रतीक है, लेकिन खून आपके शरीर में स्वतंत्र प्रवाहित होता है, तो आप शारीरिक दृष्टि से स्वस्थ हैं। यदि धन आपके जीवन में स्वतंत्र रूप से प्रवाहित हो रहा हो, तो आप आर्थिक दृष्टि से स्वस्थ हैं। जब मनुष्य धन संचय करने लगता है, इसे टिन के डिब्बों में बंद करने लगता है और भयाक्रांत या आशंकित होने लगता है, तो वे आर्थिक दृष्टि से बीमार बन जाते हैं।

धन के प्रतीक सदियों से रूप बदलते रहे हैं। आपके विचार ने इतिहास में किसी-न-किसी समय और किसी-न-किसी जगह धन का काम किया है- जाहिर है, सोना और चाँदी धन का रूप थे, लेकिन नमक, मनके और कई सस्ती चीजें भी थीं। प्राचीन काल में मनुष्यों की दौलत अक्सर उनकी भेड़ों और बैलों से आंकी जाती थी। अब बिल चुकाने के लिए अपने साथ कुछ भेड़ों को लेकर चलने के बजाय चेक लिखना ज्यादा सुविधाजनक है।

अमीरी की शाही राह

यदि आपने अवचेतन मन की शक्तियों को समझ लिया तो आपके पास आध्यात्मिक, मानसिक और वित्तीय- सभी तरह की अमीरी की शाही राह का नक्शा आ जाता है। यदि आपने मस्तिष्क के नियमों को सीख लिया तो आपको कभी किसी चीज की कमी नहीं पड़ेगी। आर्थिक संकटों, स्टॉक मार्केट के उतार-चढ़ावों, नदियों, हड़तालों, बढ़ती महँगाई या यहाँ तक कि युद्ध के दौरान भी उसके पास काफी धन रहेगा।

इसका कारण यह है कि उसने दौलत का विचार अपने अवचेतन मन तक पहुँचा दिया है। परिणामस्वरूप, उसका मन उसे दौलत देता रहता है। बस आपको मस्तिष्क को विश्वास दिलाना है कि धन उसके जीवन में मुक्तता से प्रवाहित हो रहा है और उसके पास हमेशा जरूरत से बहुत ज्यादा पैसे रहेंगे। जैसा वह आदेश देता है, वैसा ही होगा। लेकिन कल वह वित्तीय रूप से तबाह हो जाए और उसके पास की प्रत्येक चीज मूल्यहीन हो जाए, तब भी वह दौलत को आकर्षित करेगा। वह संकट से आराम से उबर जाएगा। यही नहीं, वह उससे लाभ भी उठा लेगा।

आपके पास पैसे की कमी क्यों

आप सोच रहे होंगे कि मैं ज्यादा आमदनी का हकदार हूँ। यह अधिकांश लोगों के बारे में सही है। वे सचमुच ज्यादा आमदनी के हकदार होते हैं, लेकिन उन्हें मिलती नहीं है। अधिक पैसे नहीं होने का एक बहुत महत्त्वपूर्ण कारण यह है कि वे मन-ही-मन या खुलकर इसकी निंदा करते हैं। वे धन को 'गंदा' कहते या मानते हैं। वे कहते हैं कि धन का प्रेम ही सारी बुराइयों की जड़ है। उनके दौलतमंद न बन पाने का एक कारण यह भी है कि उनके अवचेतन में कहीं-न-कहीं यह भाव छिपा होता है कि गरीबी में कोई खास गुण है। हो सकता है कि यह अवचेतन भाव बचपन की नसीहत या फिर धर्मग्रंथों के गलत विश्लेषण के कारण आ गया हो।

संतुलित जीवन और धन

एक आदमी ने मुझसे कहा कि मैं दिवालिया हो गया हूँ। लेकिन मुझे धन पसंद नहीं है। यह सारी बुराइयों की जड़ है। यह कथन दुविधाग्रस्त, न्यूरोटिक मानसिकता का सूचक है। धन का प्रेम बाकी प्रत्येक चीज से ज्यादा हो जाए, तो इससे आप एकतरफा और असंतुलित हो सकते हैं, लेकिन यहाँ आप अपनी शक्ति या सत्ता का समझदारी से प्रयोग करेंगे। कुछ मनुष्य शक्ति के भूखे होते हैं, बाकी धन के भूखे होते हैं।

यदि आप सिर्फ धन पर पूरा ध्यान लगाते हैं और कहते हैं मैं सिर्फ धन चाहता हूँ। मैं अपना पूरा ध्यान धन संग्रह पर केंद्रित करूँगा। बाकी किसी चीज का कोई महत्त्व नहीं है, तो हो सकता है कि आप धन पा लें, लेकिन आप इसकी कितनी बड़ी कीमत चुकाएंगे, क्या आपको याद है कि आप विश्व में संतुलित जीवन जीने के लिए आए हैं। आपको मानसिक शांति, सद्भाव, प्रेम, खुशी और संपूर्ण स्वास्थ्य की आवश्यकता को भी संतुष्ट करना चाहिए।

किसी ने भी मृत्युशय्या पर यह इच्छा व्यक्त नहीं की है कि काश उसने पैसे कमाने में ज्यादा समय लगाया होता। लेकिन आप चाहें, तो अपने अवचेतन मन के नियम सीखकर 10 लाख डॉलर या एक करोड़ डॉलर भी कमा सकते हैं, और साथ ही मानसिक शांति, सद्भाव, संपूर्ण स्वास्थ्य और आदर्श अभिव्यक्ति भी पा सकते हैं।

गरीबी एक मानसिक रोग

आपने देखा होगा कि बहुत से लोगों में गरीबी अन्य मानसिक रोगों की तरह है। यदि आप शारीरिक रूप से बीमार हैं, तो आपको यह महसूस होगा कि आपके साथ कुछ-न-कुछ गड़बड़ है। आप मदद लेना चाहेंगे और स्थिति का उपचार करने की कोशिश करेंगे। इसी तरह, लेकिन आपके जीवन में धन का पर्याप्त प्रवाह नहीं हो रहा है, तो आपके साथ कोई-न-कोई मूलभूत गड़बड़ है।

जीवन-सिद्धांत की दिशा विकास, विस्तार और जीवन को अधिक समृद्ध बनाने की ओर है। आप यहाँ पर किसी दड़बे में रहने, चीथड़े पहनने और भूखों मरने के लिए नहीं आए हैं। आपको खुश, समृद्ध और सफल बनना चाहिए।

धन की आलोचना न करे

धन के बारे में सारे अजीब विश्वास और अंधविश्वास अपने दिमाग से धो डालें। कभी भी धन को बुरा या गंदा न मानें। ऐसा करने पर यह पंख लगाकर आपसे दूर उड़ जाएगा। याद रखें, आप जिसकी बुराई करते हैं, उसे खो देते हैं। आप जिसकी आलोचना करते हैं, उसे आकर्षित नहीं कर सकते।

धन के प्रति सही नजरिया

इस तकनीक के प्रयोग से आप अपने जीवन में धन को कई गुना कर सकते हैं। दिन में कई बार ये वाक्य दोहराएँ- मुझे धन पसंद है। मैं इससे प्रेम करता हूँ। मैं इसका समझदारी से, सृजनात्मक तरीके से और न्यायपूर्ण प्रयोग करता हूँ। मेरे जीवन में धन का लगातार प्रवाह हो रहा है। मैं खुशी से इसे स्वतंत्र करता हूँ और यह अद्भुत तरीके से कई गुना होकर मेरे पास लौटता है। यह अच्छा है, बहुत अच्छा है। धन बहुत बड़ी मात्रा में मेरी तरफ प्रवाहित हो रहा है। मैं इसका प्रयोग सिर्फ भलाई के लिए करता हूँ। मैं अपनी आर्थिक समृद्धि तथा मानसिक दौलत के लिए कृतज्ञ हूँ।

वैज्ञानिक चिंतक और धन

यदि आप सोने, चाँदी, जस्ते, ताँबे या लोहे की समृद्ध खदान खोज लेते हैं, तो क्या आप यह ऐलान करेंगे कि ये चीजें बुरी हैं? जाहिर है, नहीं! सारी बुराई इंसानों की अंधकारमय समझ, अज्ञान, जीवन के झूठे विश्लेषण और अवचेतन मन के दुरुपयोग के कारण पैदा होती है।

चूँकि धन सिर्फ एक प्रतीक है, इसलिए हम लेन-देन के साधन के रूप में उतनी ही आसानी से जस्ते या टिन या किसी अन्य धातु का प्रयोग कर सकते हैं। 20वीं सदी में अमेरिकी सिक्के डाइम और क्वार्टर चाँदी से बनते थे। उनमें 10 या 25 सेंट मूल्य की चाँदी होती थी। फिर सरकार उन्हें ज्यादा सस्ती धातु से बनाने लगी। इसके बाद भी क्वार्टर का मूल्य 25 सेंट ही रहा, हालाँकि इसकी धातु का मूल्य इससे कम था।

कोई भी भौतिकशास्त्री आपको बता देगा कि एक धातु और दूसरी धातु के बीच इकलौता अंतर इसके परमाणुओं में प्रारंभिक कणों के प्रकार और संख्या का है। किसी धातु के टुकड़े पर कणों की धारा छोड़कर आप इसे दूसरी धातु में बदल सकते हैं। कीमियागरों ने सस्ती धातुओं

को सोने में बदलने का सपना देखा था लेकिन उससे क्या? सोना जस्ते से ज्यादा गुणवान या बुरा नहीं है। ये तो भिन्न धातुएँ हैं, जिनके गुण भिन्न हैं, बस इतनी-सी बात है। लंबे इतिहास के कारण ही सोने को खास कीमती समझा जाता है। यही वजह है कि मनुष्य इससे जस्ते से ज्यादा प्रेम या नफरत करते हैं।

आवश्यक धन प्राप्त करें

बहुत सालों पहले मैं ऑस्ट्रेलिया में एक युवक से मिला। उसने डॉक्टर बनने का सपना देखा था। उसने विज्ञान की पढ़ाई की और उसका प्रदर्शन बहुत बढ़िया भी रहा, लेकिन मेडिकल कॉलेज का खर्च उठाना उसके बूते से बाहर था। अपना पेट पालने के लिए उसने स्थानीय अस्पताल में डॉक्टरों के ऑफिसों की सफाई की। मैंने उससे कहा कि जमीन में बोया गया बीज अपनी तरफ प्रत्येक उस चीज को आकर्षित करता है, जिसकी इसे सही तरीके से उगने में जरूरत होती है। उसे तो बस बीज से सबक लेना था और अपने अवचेतन मन में अपेक्षित विचार का बीज बोना था। प्रत्येक रात सोने से पहले यह युवक एक मेडिकल डिप्लोमा सर्टिफिकेट की तस्वीर देखता था, जिसमें उसका नाम बड़े-बड़े अक्षरों में लिखा रहता था। उसे डिप्लोमा की स्पष्ट, विस्तृत तस्वीर देखने में जरा भी मुश्किल नहीं हुई। वह दिन में डॉक्टरों के ऑफिसों में दीवारों पर टँगे फ्रेम किए हुए डिप्लोमा सर्टिफिकेट की धूल साफ करके उन्हें चमकाता था। उनकी सफाई करते समय वह उन्हें गौर से देखा करता था।

कुछ महीने बाद तक वह तस्वीर वाली तकनीक आजमाता रहा। फिर जिस डॉक्टर के ऑफिस की वह सफाई करता था, उसने उससे पूछा कि क्या वह उसका सहयोगी बनेगा। डॉक्टर ने उसे एक प्रशिक्षण कार्यक्रम में भेजने का खर्च उठाया, जहाँ उसने बहुत-सी चिकित्सा-संबंधी योग्यताएं सीखीं। इसके बाद डॉक्टर ने उसे अपना सहयोगी बना लिया। वह इस युवक की प्रतिभा और संकल्प से इतना प्रभावित हुआ कि उसने उसे बाद में मेडिकल कॉलेज भेजने में भी मदद की। आज वह युवक मॉन्ट्रियल, कनाडा में एक शीर्षस्थ डॉक्टर है।

युवक को सफलता मिली, क्योंकि उसने आकर्षण का नियम सीख लिया था। उसने यह जान लिया कि अपने अवचेतन मन का सही तरीके से प्रयोग कैसे करना है। इसमें युगों पुराना वह नियम शामिल है, जो कहता है कि अंत को स्पष्ट रूप से देखने के बाद आप उस अंत की प्राप्ति के साधन की इच्छा करते हैं। इस मामले में अंत डॉक्टर बनना था। वह डॉक्टर बनने की कल्पना कर सकता था, इसकी तस्वीर देख सकता था और इसकी वास्तविकता महसूस कर सकता था। वह इस विचार के साथ जिया। उसने इसे बनाए रखा, पोषण दिया और प्रेम किया। आखिरकार, तस्वीर देखने के कारण यह विचार उसके अवचेतन मन की परतों को भेदकर पहुँच गया। यह विश्वास बन गया। इस विश्वास ने उसकी ओर प्रत्येक उस चीज को आकर्षित किया, जो उसके सपने को हकीकत में बदलने के लिए जरूरी थी।

तनख्वाह क्यों नहीं बढ़ती

यदि आप किसी बड़ी कंपनी में काम करते हैं और आपको कम तनख्वाह मिलती है, तो आप इस बात से चिढ़ते हैं और आपको लगता है कि आपके बॉस आपको महत्त्व नहीं देते हैं। आप लगातार सोचते हैं कि आप ज्यादा तनख्वाह और महत्त्व के हकदार हैं।

अपने बॉस के प्रति मानसिक विरोध रखकर आप अवचेतन रूप से उस कंपनी से अपने बंधन तोड़ रहे हैं। आप एक प्रक्रिया शुरू कर रहे हैं। नतीजा यह होगा कि एक दिन आपका बॉस आपसे कहेगा

कि हमें आपको निकालना पड़ेगा। सच तो यह है कि एक तरह से आपने ही खुद को निकलवाया है। आपका बॉस तो सिर्फ एक साधन के रूप में काम कर रहा है, जिससे आपकी ही नकारात्मक मानसिक अवस्था की पुष्टि हुई है। यह क्रिया और प्रतिक्रिया के नियम का एक उदाहरण मात्र है। क्रिया आपका विचार है और प्रतिक्रिया आपके अवचेतन मन की है।

अमीरी बाधाएँ और अवरोध

आपने सुना होगा, जो भी ढेर सारे पैसे कमाता है, वह हमेशा बदमाश होता है।

इस तरह से बोलने और सोचने वाला आम तौर पर वित्तीय बीमारी का शिकार होता है। वह अपने पुराने दोस्तों के प्रति कटु और ईर्ष्यालु है, जो ज्यादा सफल तथा दौलतमंद बन गए हैं। इस प्रकार का विचार करके वह अपनी मुश्किलें खुद पैदा कर रहा है। उन दोस्तों के बारे में नकारात्मक विचार रखकर और उनकी दौलत की निंदा करके वह दौलत और समृद्धि को खुद से दूर कर रहा है। क्या आप किसी ऐसे मनुष्य के पास रुकना पसंद करेंगे, जो आपकी निंदा करता हो? यह मनुष्य उसी चीज को दूर भगा रहा है, जिसके लिए वह प्रार्थना कर रहा है। वह दो विरोधी प्रार्थनाएं कर रहा है। एक तरफ तो वह कह रहा है कि मैं चाहता हूँ कि अब दौलत मेरी ओर प्रवाहित हो। लेकिन अगली ही साँस में वह कह रहा है, उस आदमी की दौलत गंदी और बुरी चीज है। यह विरोध गरीबी और दु:ख की राह का सूचक है। इस बात का खास ध्यान रखें कि आपको दूसरों से हमेशा खुश रहना चाहिए।

निवेशों की रक्षा करें

यदि आप निवेश संबंधी मार्गदर्शन चाहते हो लेकिन चिंतित भी हो, तो धीरे से दावा करें- असीमित बुद्धि मेरे सभी वित्तीय मामलों को नियंत्रण करती है और उनकी निगरानी करती है। मैं जो भी करूँगा, समृद्ध होगा। लेकिन आप इसे बार-बार पूरे विश्वास से करते हैं, तो आप पाएँगे कि आपका अवचेतन मन समझदारी भरे निवेशों की ओर आपको मार्गदर्शन देगा। यही नहीं, आपको नुकसान भी नहीं होगा, क्योंकि नुकसान होने से पहले ही आपको जोखिम भरे शेयरों को बेचने का संदेश मिल जाएगा।

बिना दिए आपको कुछ नहीं मिल सकता

आपने देखा होगा कि बड़े स्टोरों में पहरेदारों और जासूसों को रखा जाता है, ताकि वे चोरी से सामान को बचा सकें। वे कुछ लोगों को चोरी करते हुए भी पकड़ते हैं। चोरी करने वाले चुराने की कोशिश में वे अपनी ही शांति, सद्भाव, विश्वास, ईमानदारी, अखंडता, सद्भावना और विश्वास को चुरा रहे हैं।

यही नहीं, इससे उनके अवचेतन मन में जो संदेश जाता है, उससे उनका बहुत नुकसान होता है- चरित्र, छवि, सामाजिक प्रतिष्ठा और मानसिक शांति का नुकसान। ये लोग यह नहीं समझते हैं कि उनका दिमाग कैसे काम करता हैं। उन्हें आपूर्ति के स्रोत में विश्वास नहीं होता है, लेकिन वे मानसिक रूप से अपने अवचेतन मन की शक्तियों का आह्वान करें और यह दावा करें कि उनकी सच्ची अभिव्यक्ति हो रही है, तो उन्हें सफलता और समृद्धि मिलेगी। फिर ईमानदारी, अखंडता और लगन से वे खुद को और समाज को लाभ पहुँचा सकते हैं।

दौलत की सतत आपूर्ति

आप जान गये होंगे कि स्वतंत्रता, आराम और आवश्यक दौलत की सतत आपूर्ति आपके अवचेतन मन की शक्तियों को पहचानने में निहित है। यह आपके विचार या मानसिक छवि की रचनात्मक शक्ति को पहचानने में निहित है। अपने मस्तिष्क में समृद्धि से भरे जीवन को स्वीकार करें। दौलत की मानसिक स्वीकृति और आशा का अपना गणित तथा अभिव्यक्ति का तंत्र होता है। जब आप समृद्धि की मानसिकता में कदम रखते हैं, तो उस समृद्ध जीवन को संभव बनाने वाली चीजें होने लगती हैं।

इसकी घोषणा करें कि मैं अपने अवचेतन मन की असीमित समृद्धि के साथ एकाकार हूँ। अमीर, खुश और सफल बनना मेरा अधिकार है। धन मेरी ओर मुक्तता से, प्रचुरता से और अनंत रूप से प्रवाहित हो रहा है। मैं हमेशा अपने सच्चे मूल्य के प्रति सचेत हूँ। मैं अपनी प्रतिभाओं को मुक्तता से देता हूँ और मुझे अत्यधिक वित्तीय वरदान मिलते हैं। यह अद्भुत है!

अमीरी की राह पर आगे बढ़ने के पायदान

1. आप जैसे-तैसे गुजारा नहीं करना चाहते हैं। आप इतना सारा पैसा चाहते हैं, ताकि आप जब चाहें, तब अपनी मनचाही चीजें कर सकें। अपने अवचेतन मन की दौलत को पहचानें।
2. यह दावा करने का साहस जुटाएं कि आपको अमीर बनने का हक है। आपका अवचेतन मन आपके दावे को हकीकत में बदल देगा।
3. लेकिन धन आपके जीवन में मुक्तता से प्रवाहित हो रहा है, तो आप आर्थिक दृष्टि से स्वस्थ हैं। धन को ज्वार की तरह देखेंगे, तो यह आपके पास हमेशा बहुत सारा रहेगा। ज्वार का आना और जाना लगातार होता है। जब ज्वार चला भी जाए, तो भी आपको पूरा विश्वास होता है कि यह जरूर लौटेगा।
4. कई मनुष्य तंगी में जीते हैं और उनके पास पर्याप्त पैसे नहीं होते हैं। इसका एक कारण यह है कि वे धन की निंदा करते हैं। आप जिसकी निंदा करते हैं, वह पंख लगाकर दूर उड़ जाता है।
5. अपने अवचेतन मन के नियम जानने के बाद आपको हमेशा धन मिलता रहेगा, चाहे यह किसी भी रूप में मिले।
6. धन को भगवान न बनाएं। यह सिर्फ एक प्रतीक है। याद रखें, सच्ची दौलत आपके दिमाग में है। आप संतुलित जीवन जीने के लिए आए हैं- इसमें अपनी जरूरत का सारा धन प्राप्त करना शामिल है।
7. गरीबी में कोई गुण नहीं है। यह मानसिक रोग है। आपको इस मानसिक संघर्ष या बीमारी का तत्काल इलाज करना चाहिए।
8. धन को अपना एकमात्र लक्ष्य न बनाएँ। दौलत, खुशी, शांति, सच्ची अभिव्यक्ति और प्रेम का दावा करें। सबके प्रति प्रेम और सद्भाव रखें। फिर आपका अवचेतन मन इन सभी क्षेत्रों में आपको चक्रवृद्धि ब्याज देगा।

9. आप यहाँ पर किसी दड़बे में रहने, चीथड़े पहनने या भूखों मरने के लिए नहीं आए हैं। आप यहाँ अधिक समृद्ध जीवन जीने के लिए आए हैं।

10. कभी भी 'गंदा पैसा' शब्दावली का प्रयोग न करें या यह न कहें कि मैं धन से नफरत करता हूँ। आप जिसकी आलोचना करेंगे, उसे खो देंगे। धन अपने आप में बुरा या अच्छा नहीं है, इसके बारे में इस तरह सोचने पर यह वैसा बन जाता है।

11. धन ताँबे, जस्ते, टिन या लोहे से ज्यादा बुरा नहीं है, जिसे आप जमीन में पा सकते हैं। सारी बुराई मस्तिष्क की शक्तियों के अज्ञान और दुरुपयोग के कारण उत्पन्न होती है।

12. बार-बार दोहराएं कि मैं धन को पसंद करता हूँ। मैं इसका प्रयोग समझदारी से, सृजनात्मक तरीके से और न्यायपूर्ण तरीके से करूँगा। मैं इसे खुशी के साथ स्वतंत्र करता हूँ और यह हजार गुना होकर मेरे पास लौट आता है।

13. अपने मस्तिष्क में अंतिम परिणाम की तस्वीर बना लें। आपका अवचेतन आपकी मानसिक तस्वीर पर प्रतिक्रिया करता है और उसे साकार कर देता है।

14. बिना कुछ दिए कुछ पाने की कोशिश छोड़ दें। आपको कुछ पाने के लिए कुछ देना होगा। लेकिन आप अपने लक्ष्यों, आदर्शों और कामों पर मानसिक ध्यान देंगे, तो आपका अवचेतन मन हमेशा आपका साथ देगा। दौलत की कुंजी अवचेतन मन के नियमों को लागू करना और इसमें दौलत के विचार का बीज बोना है।

सफल मनुष्य के पास गहन मनोवैज्ञानिक और आध्यात्मिक समझ होती है। मानसिक शांति के बिना कोई सच्ची सफलता नहीं मिलती है।

12 अवचेतन मन सफलता का द्वार

सफल मनुष्य स्वार्थी नहीं होते हैं। जीवन में उनकी प्रमुख इच्छा मानवता की सेवा है। सफल मनुष्य के पास गहन मनोवैज्ञानिक और आध्यात्मिक समझ होती है।

महान लोगों का कहना है कि सफलता का सच्चा आंतरिक अर्थ जीवन में सफल बनना है। इस धरती पर दीर्घकालीन शांति, खुशी और सुख पाने को सफलता की संज्ञा दी जा सकती है। इनका अनुभव ही वह अनंत जीवन है, जिसके बारे में ईसा मसीह ने कहा है। जीवन की सच्ची चीजें, जैसे शांति, सद्भाव, अखंडता, सुरक्षा और खुशी अमूर्त हैं। वे मनुष्य के गहरे स्वरूप से उत्पन्न होती हैं। यही वह सच्ची जगह है, जहाँ घुन या जंग कमजोर नहीं करती है और जहाँ चोर धावा बोलकर चुराते नहीं हैं।

सफलता के पायदान

पहला पायदान उस काम का पता लगाना है, जिससे आप प्रेम करते हैं। जब तक आप अपने काम से प्रेम नहीं करते हैं, तब तक आप सफल नहीं हो सकते हैं, भले ही विश्व आपको सफल व्यक्ति मानता रहे। काम से प्रेम होने पर आपके मन में उसे करने की गहरी इच्छा होती है। यदि कोई मनोचिकित्सक बनने की इच्छा रखे और डिप्लोमा लेकर दीवार पर टाँग दे तो वह काम पूरा नहीं हो जाता है। उसे और आगे काम करना पड़ेगा। उसे दूसरे क्लीनिकों में जाना और नवीनतम वैज्ञानिक जर्नल पढ़ना पड़ेगा। अर्थात आपको इंसानी कष्ट को कम करने के नवीनतम तरीकों के बारे में ज्ञान प्राप्त करना होगा, क्योंकि आपको रोगियों के हितों को सर्वोच्च प्राथमिकता देनी है।

यदि ये शब्द पढ़कर आप यह सोचने लगें कि मैं पहला कदम नहीं उठा सकता, क्योंकि मैं यही नहीं जानता हूँ कि मैं क्या करना चाहता हूँ। मुझे यह पता ही नहीं है कि मैं किस काम से प्रेम करता हूँ। मैं कोई क्षेत्र कैसे चुन सकता हूँ, जिससे मैं प्रेम करूँ? तो मार्गदर्शन के लिए इस तरह प्रार्थना करें- मेरे अवचेतन मन की असीमित बुद्धिमत्ता जीवन में मेरी सच्ची जगह मेरे सामने प्रकट कर रही है। इस प्रार्थना को धीरे-धीरे, सकारात्मक तरीके और प्रेम से अपने अवचेतन मन के सामने दोहराएं। जब आप विश्वास और विश्वास से जुटे रहेंगे, तो आपको भावना, संकेत या किसी निश्चित दिशा में प्रवृत्ति के रूप में उत्तर मिलेगा। यह स्पष्टता और शांति से तथा आंतरिक मौन जागरूकता से आपके सामने प्रकट हो जाएगा।

सफलता का दूसरा पायदान काम की किसी विशिष्ट शाखा में विशेषज्ञता प्राप्त करना और उसमें उत्कृष्ट बनने की इच्छा रखना है। यदि कोई विद्यार्थी केमिस्ट्री के क्षेत्र को पेशे के रूप में चुनता है। उसे इस क्षेत्र की किसी एक शाखा पर अपना ध्यान केंद्रित करना चाहिए और अपना सारा समय तथा ध्यान उसी चुने हुए क्षेत्र पर करना चाहिए, ताकि वह उसका विशेषज्ञ बन जाए। उसके उत्साह के कारण वह अपने क्षेत्र में ज्यादा-से-ज्यादा जानकारी प्राप्त करना

चाहेगा। लेकिन संभव हो, तो वह बाकी सबसे ज्यादा जानने की कोशिश करेगा। उसे अपने काम में बहुत उत्साहपूर्ण दिलचस्पी लेना चाहिए और उसके मन में विश्व की सेवा करने की इच्छा होनी चाहिए।

आप जानते हैं, जो सबसे महान है उसे सेवक बनना ही होगा। इस प्रकार उस मनुष्य के नजरिए में बहुत बड़ा विरोधाभास है, जो जैसे-तैसे आजीविका कमाना चाहता है, किन्तु जैसे-तैसे आजीविका कमाना सच्ची सफलता नहीं है। मनुष्यों के लक्ष्य ज्यादा महान, उदात्त और परोपकारी होने चाहिए। उन्हें दूसरों की सेवा करनी चाहिए और अपनी रोटी पानी में बहानी चाहिए।

सफलता का तीसरा पायदान सबसे महत्त्वपूर्ण है। आपको यह सुनिश्चित करना चाहिए कि आप जो करना चाहते हैं, वह सिर्फ आपको ही सफल न बनाएं। आपकी इच्छा स्वार्थपूर्ण नहीं होनी चाहिए। इससे मानवता को लाभ होना चाहिए। सर्किट पूरा होना चाहिए अर्थात आपका उद्देश्य विश्व की सेवा करना या लाभ पहुँचाना होना चाहिए, लेकिन आप सिर्फ अपने ही लाभ के लिए काम करते हैं, तो आप इस अनिवार्य सर्किट को पूरा नहीं करते हैं। हो सकता है, आप सफल नजर आएं, लेकिन आपने अपने जीवन में जो शॉर्ट-सर्किट किया है, वह आगे चलकर सीमा या बीमारी की ओर ले जा सकता है।

सफलता का पैमाना

अब आप सोच रहे होंगे कि उस आदमी के बारे में क्या, जिसके बारे में मैंने टी.वी. पर अभी खबर देखी है? उसने तो धोखेबाजी करके शेयर बाजार से करोड़ों डॉलर कमाए हैं। उससे ज्यादा सफल तो कोई नहीं लगता है और मुझे नहीं लगता कि वह मानवता को लाभ पहुँचाने की जरा भी परवाह करता होगा। ये मामले बहुत आम होते हैं, लेकिन हमें सावधानी से उनकी हकीकत समझनी होगी। हो सकता है कोई मनुष्य कुछ समय के लिए सफल नजर आए, लेकिन धोखे से प्राप्त धन अक्सर पंख लगाकर उड़ जाता है। इसके अलावा, जब हम किसी दूसरे को लूटते हैं, तो हम खुद को लूटते हैं। जिस कमी और सीमा की मानसिकता से हमने व्यवहार किया है, वह दूसरे तरीकों से भी खुद को प्रकट करती है, जैसे हमारे शरीर, पारिवारिक जीवन और मनुष्यों के साथ हमारे संबंधों में।

आप जानते हैं कि जो भी हम सोचते हैं, वही होता है। हम जिसमें विश्वास करते हैं, वही होता है। धोखे से दौलत इकट्ठी करने वाले मनुष्य को सफल नहीं माना जा सकता। मानसिक शांति के बिना कोई सफलता नहीं होती है। किसी मनुष्य की दौलत का क्या फायदा, जब वह रात को सो नहीं सकता है, बीमार है या उसमें अपराधबोध की ग्रंथि है?

मुझे एक बार लंदन में एक अपराधी से मिलना पड़ा, उसने अपने कारनामे बताए कि उसने बहुत सारी दौलत इकट्ठी कर ली थी और वह लंदन के बाहरी इलाके में अपने मकान में रहता था। गर्मियों में वह फ्रांस के घर में विलासिता का जीवन गुजारता था। विलासिता से, लेकिन आराम से नहीं। उसे हमेशा भय लगा रहता था कि स्कॉटलैंड यार्ड उसे कभी भी गिरफ्तार कर लेगा। उसे कई आंतरिक समस्याएं थीं, जो निश्चित रूप से उसके सतत भय और गहराई में जमी अपराधबोध की ग्रंथि से उत्पन्न हुई थीं। वह जानता था कि उसने गलत काम किए हैं। अपराध के इस गहरे महसूस ने उसकी ओर बहुत-सी मुश्किलों को आकर्षित किया।

कुछ समय बाद उसने खुद को पुलिस के हवाले कर दिया और जेल की सजा काटी। जेल से छूटने के बाद उसने मनोवैज्ञानिक और आध्यात्मिक सलाह ली, जिससे उसका कायापलट हो गया। वह नौकरी करने लगा और कानून का पालन करने वाला ईमानदार नागरिक बन गया। उसे वह मिल गया, जिसे करने से उसे प्रेम था। अब वह जीवन में पहली बार खुश था।

आपने देखा कि एक सफल मनुष्य अपने काम से प्रेम करता है और खुद को पूरी तरह व्यक्त करता है। सफलता सिर्फ दौलत इकट्ठी करना नहीं है, यह तो इससे ऊँचे आदर्श पर निर्भर करती है। सफल मनुष्य वह है, जिसने गहन मनोवैज्ञानिक और आध्यात्मिक समझ प्राप्त कर ली है। आज के कई महान बिजनेसमैन सफलता के लिए अपने अवचेतन मन के सही उपयोग पर बल देते हैं। वे किसी आगामी प्रोजेक्ट को इस तरह देखते हैं, जैसे वह पहले ही पूरा हो चुका हो। उसकी साकार तस्वीर देखने और अपनी प्रार्थनाओं के परिणाम को महसूस करने के बाद उनका अवचेतन मन उस प्रोजेक्ट को पूरा कर देता है, इसलिए आप किसी लक्ष्य की स्पष्टता से कल्पना कर सकें, तो आपको आवश्यक चीजें मिल जाएंगी। ये चीजें आपको अवचेतन मन की चमत्कारी शक्ति द्वारा ऐसे तरीकों से मिलेंगी, जिनके बारे में आप कुछ नहीं जानते हैं।

आपको सफलता के पायदानों पर विचार करते समय अपने अवचेतन मन की रचनात्मक शक्तियों को कभी नहीं भूलना चाहिए। यही सफलता की किसी भी योजना में सारे कदमों के पीछे की शक्ति है। आपका विचार रचनात्मक है। विचार भावना के साथ मिलकर कल्पनावादी विश्वास या विश्वास बन जाता है। और तुम्हारे विश्वास के अनुरूप तुम्हें दिया जाएगा।

अब आपने समझ लिया होगा कि आपके अंदर एक प्रबल शक्ति है, जो आपकी सारी इच्छाओं को साकार करने में सक्षम है, तो आपको आत्मविश्वास और शांति का अहसास होता है। आप चाहे जो काम करते हों, आपको अपने अवचेतन मन के नियम अवश्य सीखने चाहिए। जब आप जानते हैं कि अपने मन की शक्तियों का कैसे प्रयोग किया जाए, जब आप खुद को पूरी तरह अभिव्यक्त कर रहे हों और अपनी प्रतिभा से दूसरों को लाभ पहुँचा रहे हों, तो आप सच्ची सफलता के अचूक मार्ग पर हैं, लेकिन आप ईश्वर के काम या इसके किसी हिस्से में जुटे हैं, तो ईश्वर आपके साथ है। ऐसे में कौन आपके खिलाफ टिक सकता है? धरती या आसमान में ऐसी कोई शक्ति नहीं है, जो आपको सफलता तक पहुँचने से रोक सके।

उसने सपना साकार किया

मैं एक बार हॉलीवुड अभिनेता से मिला, जिसका नाम शायद प्रत्येक फिल्म देखने वाले या टेलीविजन प्रेमी को मालूम होगा। उसने मुझे कहा था कि वह मिडवेस्ट में एक छोटे से खेत में पला-बढ़ा था। उसका परिवार जैसे-तैसे गुजारा करता था। उसके मनोरंजन का एकमात्र साधन पुराना ब्लैक एंड व्हाइट टी.वी. था, जिस पर मुश्किल से दो चैनल आते थे, लेकिन उसने अभिनेता बनने का सपना देखा। यह सपना उसके दिलोदिमाग पर हावी होता चला गया। उसने कहा कि जब मैं बाहर खेतों में काम करता था या खलिहान में गायों को वापस लाता था, तब भी मैं सारे समय कल्पना करता था कि मेरा नाम एक बड़े थियेटर के बाहर बड़े-बड़े अक्षरों में लिखा है। मैंने प्रत्येक चीज स्पष्टता से देखी- प्रशंसकों की भीड़ शोर मचा रही है, इंटरव्यू लेने वाले मुझे घेरे हुए हैं। मैं यह तस्वीर बरसों तक देखता रहा। आखिरकार, मैंने घर छोड़ दिया। मैं लॉस एंजेलिस पहुँच गया और मुझे फिल्मों तथा टी.वी. कार्यक्रमों में काम मिल गया और जल्दी ही मुझे अभिनेता के रूप में पहली भूमिका मिल गई। प्रीमियर की रात जब मैं कार से थिएटर

पहुँचा, तो बेहोश होते-होते बचा। वहाँ पर मेरा नाम बड़े-बड़े अक्षरों में रोशनी में चमक रहा था, भीड़ थी और अखबार के रिपोर्टर थे। सब कुछ वैसा ही था, जैसी मैंने बचपन में कल्पना की थी। उसने आगे कहा- मुझसे ज्यादा कौन जान सकता है कि लगातार की गई कल्पना की शक्ति सफलता दिला सकती है।

सपने की हकीकत

कुछ समय पहले मैं एक युवा फार्मासिस्ट मैरी एस. से मिला था। वह एक बड़े चेन ड्रगस्टोर के प्रिस्क्रियान डिपार्टमेंट में काम करती थी। एक दिन मैंने उससे पूछा कि उसे यह नौकरी कैसी लगती है।

ओह, ठीक है। उसने कहा था, तनख्वाह और कमीशनों से काम चल जाता है। इसके अलावा कंपनी मुनाफा भी बाँटती है। लेकिन किस्मत अच्छी रही, तो मैं कम उम्र में रिटायर हो जाऊँगी ताकि जीवन का आनंद ले सकूँ।

मैं एकदम खामोश हो गया, फिर उससे मैंने पूछा कि क्या आपने बचपन में यही सपना देखा था, जब आपने फार्मासिस्ट बनने का फैसला किया था? वह बोली, नहीं, मेरा ख्याल है, नहीं। मैंने हमेशा खुद को अपने स्टोर की मालकिन के रूप में देखा था। मैं चाहती थी कि जब मैं सड़क पर जाऊँ, तो लोग नाम लेकर मुझे हैलो कहें। मैं भी उन सबके नाम जानती थी, क्योंकि मैं उन्हें दवाएँ देती थी। आप सोचेंगे कि यह अजीब है, लेकिन मैंने इस बारे में भी सपने देखे हैं कि माता-पिता अपने बीमार बच्चे की दवा के लिए मुझे आधी रात को फोन कर रहे हैं। मैं अपने पाजामे के ऊपर कपड़े पहनकर नीचे स्टोर तक जा रही हूँ और उन्हें उनकी जरूरत की दवा दे रही हूँ। मेरे सपने की तस्वीर किसी बड़े स्टोर के काउंटर के पीछे नौ से पाँच की नौकरी जैसी नहीं थी, है ना?

मैंने कहा, 'लेकिन आप अपने सपने को पूरा करने की कोशिश क्यों नहीं कर रही हैं? क्या आप उसमें ज्यादा खुश और सफल नहीं होंगी? अपनी नजरें ऊपर रखें। यहाँ से बाहर निकलें। अपना खुद का स्टोर शुरू करें।' मैं कैसे कर सकती हूँ? उसमें बहुत पैसे लगेंगे और हम इस वक्त जैसे-तैसे महीना काटते हैं।

उसने मुझे एक अद्भुत सच्चाई बताई- वह जिसे भी सच मानती थी, उसे वह अस्तित्व में ला सकती थी। मैंने उसे अवचेतन मन की शक्तियों के बारे में बताया। वह जल्दी ही समझ गई कि वह अपने अवचेतन मन तक स्पष्ट और विशिष्ट विचार पहुँचा दे, तो वे शक्तियाँ किसी तरह उसे साकार कर देंगी।

वह कल्पना करने लगी कि वह अपने खुद के स्टोर में थी। उसने मानसिक रूप से बोतलें जमाईं, पर्चों पर लिखी दवाएं बनाई और ग्राहकों का इंतजार करने की कल्पना की, जो उसके पड़ोसी और मित्र भी थे। उसने अच्छे-खासे बैंक बैलेंस की तस्वीर भी देखी। मानसिक रूप से वह अपने काल्पनिक स्टोर में काम करने लगी। अच्छी अभिनेत्री की तरह उसने अपनी भूमिका अच्छी तरह निभाई। मैं जिस तरह अभिनय करूंगी, वैसी ही बन जाऊँगी। वह पूरे दिल से अभिनय में जुट गई। वह इस तरह चलती थी और काम करती थी, जैसे वह स्टोर की मालकिन हो।

कुछ समय बाद मैरी ने मुझे एक चिट्ठी लिखी और उसने बताया कि हमारी बातचीत के बाद उसके जीवन में कैसा मोड़ आया। जिस चेन स्टोर में वह काम करती थी, वह एक नए मील के बड़े स्टोर से प्रतिस्पर्धा में दिवालिया हो गया। इसके बाद वह एक बड़ी ड्रग कंपनी में ट्रैवलिंग रिप्रजेन्टेटिव का काम करने लगी और एक ऐसा इलाका संभालने लगी, जिसमें कई राज्य थे।

एक दिन काम के सिलसिले में उसे अपने इलाके के पश्चिमी कोने के एक छोटे कस्बे में जाना पड़ा। उस कस्बे में दवा की सिर्फ एक ही दुकान थी। वह वहाँ पहले कभी नहीं गई थी, लेकिन जिस पल वह अंदर गई, उसने उसे पहचान लिया। यह हूबहू उसी स्टोर जैसा था, जिसका सपना उसने अपनी कल्पना में इतनी स्पष्टता से देखा था।

अचंभित होकर उसने स्टोर के बूढ़े मालिक को इस अद्भुत संयोग के बारे में बताया। इस पर मालिक ने उसे बताया कि वह रिटायर तो होना चाहता है, लेकिन अपना स्टोर किसी बड़े कॉरपोरेशन को नहीं बेचना चाहता, क्योंकि यह स्टोर तीन पीढ़ियों से उसके परिवार में है।

कई बार की बातचीत के बाद मालिक ने उसे स्टोर खरीदने के लिए पैसे उधार देने का प्रस्ताव रखा। बिजनेस से होने वाले मुनाफे से वह कर्ज की किस्त दे सकती थी। युवा महिला अपने परिवार सहित उस कस्बे में आ गई और जल्दी ही उसने एक बड़े पुराने मकान का डाउन पेमेंट दे दिया, जो स्टोर के पास ही था। अब जब वह सुबह स्टोर जाती है, तो पास से गुजरने वाला प्रत्येक मनुष्य उसका नाम लेकर हैलो कहता है। सब उसे जानते हैं, क्योंकि वह उन्हें दवाएँ देती है।

बिजनेस और अवमन

एक बार मैंने बिजनेस एक्जीक्यूटिव्ज के एक समूह के सामने कल्पना और अवचेतन मन की शक्तियों पर अपने भाषण में बताया कि महान जर्मन कवि गेटे मुश्किलें और समस्याएं आने पर अपनी कल्पना का किस तरह प्रयोग करते थे।

गेटे की जीवनी लिखने वाले लेखकों ने बताया कि वे घंटों तक अकेले काल्पनिक बातचीत किया करते थे। वे कल्पना करते थे कि उनका कोई दोस्त उनके सामने बैठा है और उन्हें सही उत्तर दे रहा है। दूसरे शब्दों में, वे यह कल्पना करते थे कि उनका दोस्त उनकी समस्या के बारे में उन्हें सही या उचित सलाह दे रहा है। वे उस दोस्त के अगमन और बोलने के खास अंदाज की कल्पना करते थे। वे इस पूरे काल्पनिक दृश्य को जितना वास्तविक और स्पष्ट बना सकते थे, बनाते थे।

इस भाषण के दौरान मुझे एक युवा स्टॉकब्रोकर भी मिला। उसने गेटे की तकनीक अपना ली। वह एक परिचित करोड़पति निवेशक से काल्पनिक बात चीत करने लगी, जिसने एक बार शेयरों के समझदारी भरे सुझाव के लिए उसे बधाई भी दी थी। उसने इस बातचीत का तब तक अभिनय किया, जब तक कि उसके मन में यह मनोवैज्ञानिक विश्वास के रूप में अंकित नहीं हो गया। इस ब्रोकर की आंतरिक बातचीत और नियंत्रित कल्पना निश्चित रूप से उसके लक्ष्य के अनुरूप भी थी। उसका काम अपने क्लाइन्ट्स को दमदार निवेश का सुझाव देना था। उसका लक्ष्य था कि वह अपने क्लाइन्ट्स को ज्यादा-से-ज्यादा लाभ पहुँचाए और अपनी समझदारी भरी सलाह से उन्हें समृद्ध बनाएं। वह अपने बिजनेस में अवचेतन मन का उपयोग कर रही है और अपने क्षेत्र में बहुत सफल है। एक प्रमुख वित्तीय पत्रिका में हाल ही में उसका इंटरव्यू भी छपा है।

16 साल के लड़के की सफलता

एक बार 16 साल के टॉड एम. ने मुझे बताया कि मैं प्रत्येक चीज में असफल हो रहा हूँ। मैं नहीं जानता कि ऐसा क्यों हो रहा है। मुझे लगता है कि मैं निरा मूर्ख हूँ। शायद अच्छा यही रहेगा कि उनके स्कूल से निकालने से पहले मैं खुद ही स्कूल छोड़ दूँ।

बाद में मुझे पता चला कि टॉड का नजरिया ही गड़बड़ था। वह अपनी पढ़ाई के बारे में उदासीन था और अपने कुछ टीचर्स तथा सहपाठियों के प्रति द्वेष भी पाले था। मैंने उसे बताया कि पढ़ाई में सफल होने के लिए वह अपने अवचेतन मन का प्रयोग कैसे कर सकता है। वह दिन में कई बार कुछ सच्चाइयों की घोषणा करने लगा, खास तौर पर सोने से ठीक पहले और सुबह जागने के ठीक बाद। जैसा कि हम देख चुके हैं, अवचेतन मन तक विचार पहुँचाने के लिए ये सबसे अच्छे समय होते हैं।

उसने यह सकारात्मक घोषणा की- मुझे महसूस है कि मेरा अवचेतन मन यादों का भंडार है। यह प्रत्येक उस चीज का संग्रह करता है, जो मैंने पढ़ी है या टीचर्स के लेक्चर्स में सुनी है। मेरी याददाश्त आदर्श है, बशर्ते मैं उसका प्रयोग करने का चुनाव करूँ। मेरे अवचेतन मन की असीमित बुद्धिमत्ता मुझे वह प्रत्येक चीज लगातार बताती है, जो मुझे परीक्षा में जानने की जरूरत है, चाहे वह लिखित हो या मौखिक। वे अपने सभी टीचर्स और सहपाठियों के प्रति प्रेम और सदभाव दर्शाता है। मैं सचमुच चाहता हूँ कि वे सफल हो और उन्हें सभी अच्छी चीजें मिलें। टॉड अब पहले से बहुत ज्यादा स्वतंत्रता का आनंद ले रहा है। उसे अब प्रत्येक विषय में ए ग्रेड मिल रहा है। वह कल्पना करता है कि उसके टीचर्स और माता-पिता पढ़ाई में उसकी सफलता पर उसे बधाई दे रहे हैं।

खरीदने और बेचने में सफलता का राज

याद रखें कि खरीदते या बेचते समय आपका चेतन मन स्टार्टर है और आपका अवचेतन मन मोटर है। आप मोटर चालू करेंगे, तभी यह काम शुरू कर पाएंगे। आपका चेतन मन आपके अवचेतन मन की शक्ति को जगाता है। अपनी स्पष्ट इच्छा, विचार या छवि को अपने अवचेतन मन तक पहुँचाने का पहला कदम उसे शांत करना है। शिथिल, निष्क्रिय और शांत मानसिक नजरिया बाहरी मामलों तथा गलत विचारों को अवचेतन मन तक पहुँचने और लक्ष्य में हस्तक्षेप करने से रोकता है। यही नहीं, मस्तिष्क के शांत, निष्क्रिय और ग्रहणशील नजरिए में न्यूनतम प्रयास की जरूरत होती है।

दूसरा कदम मनचाहे परिणाम की वास्तविकता की कल्पना करना है। जैसे, हो सकता है आप कोई मकान खरीदना चाहते हों। अपनी शिथिल मानसिक अवस्था में आप इस तरह घोषणा करते हैं- मेरे अवचेतन मन की असीम बुद्धिमत्ता परम बुद्धिमान है। यह मुझे अपनी सारी जरूरतों को पूरा करने वाला आदर्श मकान बताती है, जिसे मैं खरीद सकता हूँ। मैं अब इस आग्रह को अपने अवचेतन मन को सौंप रहा हूँ। मैं जानता हूँ कि यह मेरे आग्रह की प्रकृति के अनुरूप प्रतिक्रिया करेगा। मैं इस आग्रह को पूर्ण विश्वास और विश्वास के साथ उसी तरह स्वतंत्र कर रहा हूँ, जिस तरह किसान जमीन में बीज बोता है।

आपकी प्रार्थना का उत्तर अखबार के किसी विज्ञापन या दोस्त से मिल सकता है। या हो सकता है कि आपको किसी खास मकान की तरफ सीधे मार्गदर्शन दिया जाए, जो ठीक वैसा ही

होगा, जैसा आप चाहते हों। प्रार्थना का उत्तर कई तरीकों से मिल सकता है। अर्थात उत्तर हमेशा मिलता है, बशर्ते आपको अपने अवचेतन मन के काम करने पर पूरा विश्वास हो।

यदि खरीदने के बजाय आप कोई मकान, जमीन या जायदाद बेचना चाहते हों। अवचेतन मन की असीमित बुद्धिमत्ता पर भरोसा करने की यही नीति आपको सटीक मार्गदर्शन देगी। लॉस एंजेलिस में अपना मकान बेचते समय मैंने एक तकनीक का प्रयोग किया। जब मैंने यह तकनीक अपनी पहचान के कई रियल एस्टेट ब्रोकर्स को बताई, तो वे भी इसका प्रयोग करने लगे। इससे उन्हें उल्लेखनीय परिणाम मिल रहे हैं।

मैंने अपने मकान के सामने घास पर एक साइनबोर्ड लगाया, जिस पर लिखा था, 'बेचना है।' उस रात सोने से ठीक पहले मैंने खुद से पूछा कि मान लो तुम्हें घर के लिए खरीदार मिल गया, तो फिर तुम क्या करोगे? उत्तर था, 'मैं' 'बेचना है' साइनबोर्ड को कचरे में फेंक दूँगा। अपने मस्तिष्क के अंदरूनी पर्दे पर मैंने एक विस्तृत दृश्य देखा। मैंने साइनबोर्ड पकड़ा, उसे जमीन से उखाड़ा, अपने कंधे पर रखा और मकान के पीछे कूड़ेदान की तरफ ले गया। मैंने उसे फेंकते हुए कहा कि मदद के लिए धन्यवाद, लेकिन अब मुझे तुम्हारी जरूरत नहीं है!

मैं गहरी संतुष्टि के अहसास के साथ सोने गया कि काम पूरा हो गया था। अगले दिन एक आदमी ने मुझे उस मकान का बयाना दे दिया और कहा कि अब आप उस साइनबोर्ड को फेंक सकते हैं। अब आपको उसकी जरूरत नहीं है। मैंने उसकी सलाह पर अमल किया। मैंने साइनबोर्ड उखाड़ा और उसे फेंक दिया। आंतरिक क्रिया ने बाहरी क्रिया को साकार कर दिया। इसके बारे में नया कुछ नहीं है। जैसा अंदर वैसा बाहर। दूसरे शब्दों में, आपके अवचेतन मन पर छपी तस्वीर जैसी होगी, वैसा ही दृश्य आपके जीवन के पर्दे पर उभरेगा। बाहरी स्वरूप आंतरिक स्वरूप का प्रतिबिंब दिखाता है। बाहरी कर्म आंतरिक कर्म का अनुसरण करता है।

यहाँ घर, जमीन या जायदाद बेचने का एक और प्रभावी तरीका बताया जा रहा है। धीरे-धीरे, शांति से और भावना के साथ यह सकारात्मक घोषणा करें- मेरी असीमित बुद्धिमत्ता इस मकान के उस खरीदार को आकर्षित कर रही है। इस खरीदार को मेरे पास मेरे अवचेतन मन के रचनात्मक ज्ञान ने भेजा है, जो कभी गलतियाँ नहीं करता है। हो सकता है, यह खरीदार कई और मकान देखे, लेकिन मेरा मकान ही उसे पसंद आएगा और वह इसे ही खरीदेगा, क्योंकि उसके अंदर की असीमित बुद्धिमत्ता उसका मार्गदर्शन करेगी। मैं जानता हूँ कि खरीदार सही है, समय सही है और कीमत सही है। इसके बारे में प्रत्येक चीज सही है। मेरे अवचेतन मन का अधिक गहरा प्रवाह अब हम दोनों के दैवीय विधान में एक साथ जा रहा है। मैं जानता हूँ कि ऐसा ही है।

हमेशा याद रखें कि आप जिसे खोज रहे हैं, वह भी आपको खोज रहा है। कोई-न-कोई हमेशा रहता है, जो उसी मकान या जायदाद को खरीदना चाहता है, जिसे आप बेचना चाहते हैं। अपने अवचेतन मन की शक्तियों का सही प्रयोग करके आप अपने मस्तिष्क से प्रतिस्पर्धा का सारा अहसास और खरीदने-बेचने की सारी चिंता खत्म कर देते हैं।

जो चाहा वो पाया

एक युवा महिला मार्गरेट टी. निरंतर मेरे भाषणों में आती थी। अपने घर से हॉल तक आने के लिए उसे तीन बार बस बदलनी पड़ती थी। प्रत्येक बार भाषण सुनने आते समय उसे डेढ़ घंटा

लगता था। एक दिन वह मेरा भाषण सुनने आई, जिसमें मैंने बताया कि एक युवक को अपनी नौकरी के सिलसिले में कार की जरूरत थी और कल्पना के प्रयोग से वह उसे मिल गई। वह घर गई और भाषण में सुनी तकनीक आजमाने लगी। उसने बाद में मुझे चिट्ठी लिखकर बताया कि उसने मेरे तरीकों को कैसे लागू किया और उसके बाद क्या हुआ। मैं वह चिट्ठी उसकी अनुमति से यहाँ छाप रहा हूँ।

प्रिय डॉ. मर्फी

मैं जानती थी कि व्यक्तिगत विकास के लिए मुझे कार की सख्त जरूरत थी। इसके अलावा कोई रास्ता नहीं था कि मैं आपके भाषण निरंतर रूप से सुनने आ सकूँ! मैंने फैसला किया कि चाहे मुझे कार पाने में जितना भी समय लगे, मुझे उस कार को पाने की कोशिश करनी चाहिए. जिसका मैंने हमेशा सपना देखा था- कैडिलक कार।

अपनी कल्पना में मैंने वे सारे कदम उठाए, जो मैं करती, लेकिन मैं सचमुच कार खरीदती और चलाती। मैंने खुद को शोरूम में जाते देखा और उस मॉडल का टेस्ट ड्राइव लेते देखा, जो मुझे पसंद था। मैंने बार-बार कैडिलक पर हक जताया। मैंने कार में बैठने, उसे चलाने, उसके डैशबोर्ड को छूने की मानसिक तस्वीर देखी और लगातार दो सप्ताह तक देखती रही। पिछले सप्ताह मैं कैडिलक चलाकर आपका भाषण सुनने आई थी। इंगलवुड में रहने वाले मेरे अंकल की मृत्यु हो गई थी और वे अपनी कैडिलक तथा सारी जायदाद मेरे नाम कर गए थे।

कई उत्कृष्ट एक्जीक्यूटिव द्वारा अपनाई जाने वाली सफलता की तकनीक के अनुसार कई शीर्षस्थ बिजनेस एक्जीक्यूटिव दिन में कई बार 'सफलता' शब्द का तब तक प्रयोग करते हैं, जब तक कि उन्हें यह विश्वास नहीं होने लगता है कि उन्हें सफलता मिल गई है। वे जानते हैं कि सफलता के विचार में सफलता के सभी अनिवार्य तत्त्व शामिल हैं। इसी तरह आप भी 'सफलता' शब्द को विश्वास और विश्वास के साथ दोहराएँ। आपका अवचेतन मन इसे आपके बारे में सच मान लेगा और आपको सफलता की प्रेरणा देगा।

आप अपने कल्पनावादी विश्वासों, छापों और विश्वासों को व्यक्त करने के लिए विवश हैं। सफलता का आपके लिए क्या मतलब है ? बेशक आप अपने घरेलू जीवन और दूसरों के साथ संबंधों में सफल बनना चाहते हैं। आप अपने सुने हुए काम या व्यवसाय में उत्कृष्ट बनना चाहते हैं। आप एक सुंदर घर और दौलत चाहते हैं, ताकि आप आराम और सुख से रह सकें। आप अपने प्रार्थना-जीवन और अपने अवचेतन मन की शक्तियों के संपर्क में सफल बनना चाहते हैं। आप एक बिजनेस एक्जीक्यूटिव भी हैं, क्योंकि आप जीने के व्यवसाय में हैं। आप जो करना चाहते हैं और जिस वस्तु के मालिक बनना चाहते हैं, उसकी कल्पना करके सफल एक्जीक्यूटिव बनें, कल्पनाशील बनें। मानसिक रूप से सफलता की वास्तविक तस्वीर देखें। इसकी आदत डालें। प्रत्येक रात को सफल और पूर्ण संतुष्टि के साथ सोने जाएँ। अंततः आप अपने अवचेतन में सफलता का विचार बोने में कामयाब हो जाएँगे। विश्वास करें कि आप सफल होने के लिए पैदा हुए हैं और प्रार्थना करने से चमत्कार हो जाएगा।

याद रखने लायक विचार

1. पता लगाएँ कि आपको कौन-सा काम प्रिय है, फिर उसे कर दें, लेकिन आप अपनी सच्ची अभिरुचि नहीं जानते हैं, तो मार्गदर्शन के लिए प्रार्थना करें और यह आपको मिल जाएगा।

2. सफलता का मतलब सफल जीवन है, लेकिन आप शांत, खुश, सुखी हैं और अपना प्रिय काम कर रहे हैं, तो आप सफल हैं।

3. अपने खास क्षेत्र में विशेषज्ञ बनें और इसके बारे में किसी अन्य मनुष्य से ज्यादा जानने की कोशिश करें।

4. सफल मनुष्य स्वार्थी नहीं होते हैं। जीवन में उनकी प्रमुख इच्छा मानवता की सेवा है।

5. सफल मनुष्य के पास गहन मनोवैज्ञानिक और आध्यात्मिक समझ होती है।

6. मानसिक शांति के बिना कोई सच्ची सफलता नहीं मिलती है।

7. लेकिन आप किसी उद्देश्य की स्पष्टता से कल्पना करते हैं, तो अवचेतन मन की चमत्कारी शक्ति आपको सारी आवश्यक वस्तुएँ प्रदान कर देगी।

8. लगातार कल्पना करने से आपके अवचेतन मन की चमत्कारी शक्तियाँ प्रेरित होती हैं।

9. आपका विचार भावना के साथ जुड़कर कल्पनावादी विश्वास बन जाता है और आपके विश्वास के अनुसार आपको मिलेगा।

10. लेकिन आप नौकरी में प्रमोशन चाहते हैं, तो कल्पना करें कि आपका मालिक, सुपरवाइजर या कोई प्रियजन प्रमोशन पर आपको बधाई दे रहा है। इस तस्वीर को स्पष्ट और वास्तविक बनाएँ। आवाज सुनें, आएं देखें और इसकी वास्तविकता को महसूस करें। ऐसा करते रहें। बार-बार दोहराने से आपकी मनोकामना सुखद रूप से पूरी हो जाएगी।

11. लेकिन आप मकान या जायदाद बेचना चाहते हैं, तो धीरे-धीरे, शांति से ओर भावना से यह सकारात्मक घोषणा करें- असीमित बुद्धिमत्ता इस मकान या जायदाद के खरीदार को मेरी और आकर्षित कर रही है, जो इसे चाहता है और इसमें समृद्ध होता है। इस जागरूकता को कायम रखें और आपके अवचेतन मन का अधिक गहरा प्रवाह इसे साकार कर देगा।

12. सफलता के विचार में सफलता के सभी तत्व शामिल हैं। 'सफलता' शब्द बार-बार विश्वास और विश्वास के साथ दोहरायेंगे, तो अवचेतन मन आप पर सफल होने के लिए दबाव डालेगा।

13. आपका अवचेतन मन यादों का भंडार है। आदर्श याददाश्त के लिए बार-बार सकारात्मक घोषणा करें- मेरे अवचेतन मन की असीमित बुद्धिमत्ता मुझे वह प्रत्येक चीज याद दिलाती है, जो मैं कभी भी, कहीं भी, जानना चाहता हूँ।

13 वैज्ञानिक अवचेतन मन का प्रयोग कैसे करते हैं

किसी जटिल समस्या के समाधान की तरफ ध्यान और एकाग्रता देकर आपका अवचेतन मन सभी आवश्यक जानकारी इकट्ठा करता है और फिर इसे सुलझाकर चेतन मन को सौंप देता है।

विश्व इतिहास के सबसे रचनात्मक वैज्ञानिक अवचेतन मन के सच्चे महत्त्व को जानते थे। एडीसन, मार्कोनी, आइंस्टीन और कई अन्य वैज्ञानिकों ने अवचेतन मन का प्रयोग करके ऐसा ज्ञान और 'जानकारी' प्राप्त की, जिससे उन्होंने महान उपलब्धियाँ पाईं। अवचेतन मन की शक्ति को कर्म में बदलने की योग्यता, महान वैज्ञानिकों और शोधकर्ताओं की सफलता में बहुत महत्त्वपूर्ण और निर्णायक तथ्य है।

इसका उदाहरण मशहूर केमिस्ट फ्रेडरिक वॉन स्ट्रैडोनिट्ज के जीवन में देखा जा सकता है। वे काफी समय से बेंजीन नामक हाइड्रोकार्बन के रासायनिक सूत्र को समझने के लिए जूझ रहे थे, जिसमें कार्बन और हाइड्रोजन के छह-छह परमाणु होते हैं। स्ट्रैडोनिट्ज इस समस्या से लगातार परेशान हो रहे थे। उनकी तमाम कोशिशें नाकाम हो रही थीं।

जब वे कामयाब नहीं हुए, तो उन्होंने थककर मामले को अपने अवचेतन मन को सौंप दिया। इसके कुछ समय बाद जब वे लंदन की बस में चढ़ने वाले थे, तो उनके अवचेतन ने उनके दिमाग में अचानक कौंध प्रस्तुत की। अपने मन में स्ट्रैडोनिट्ज ने साँप की छवि देखी, जो अपनी ही पूँछ को काट रहा था और गोल-गोल घूम रहा था। अवचेतन मन के इस संदेश से वे प्रेरित हो गए और उन्होंने अपनी खोज की दिशा बदल ली। जल्दी ही उन्हें लंबे समय से चाहा गया उत्तर मिल गया- परमाणुओं का गोलाकार संयोजन, जिसे बेंजीन रिंग नाम से जाना जाता है।

वैज्ञानिक के आविष्कार

निकोला टेस्ला विद्युत के क्षेत्र में बहुत प्रतिभाशाली पथप्रदर्शक थे। विज्ञान म्यूजियमों में रखी टेस्ला कॉइल बच्चों को हमेशा बहुत पसंद आती है। यह उनका सिर्फ एक आविष्कार है। आवेशित धातु के इस गोले को जब कोई छूता है, तो स्थैतिक विद्युत उसके बाल खड़े कर देती है। टेस्ला ने प्रसारण ऊर्जा की अवधारणा के भी प्रयोग किए और इस विषय में उनके विचार अब भी क्रांतिकारी समझे जाते हैं।

टेस्ला अवचेतन मन की शक्ति पर विश्वास करते थे और उसका प्रयोग भी करते थे। जब भी उनके मन में किसी नए आविष्कार या नई शोध दिशा का विचार आता था, तो वे अपनी कल्पना में इसकी तस्वीर बनाते थे और फिर इसे अवचेतन मन के हवाले कर देते थे। वे जानते थे कि उनका अवचेतन मन इसे सही तरीके से पूरा बना देगा और उनके चेतन मन को वे सारी बातें बता देगा। प्रत्येक संभावित सुधार पर शांति से मनन करने की वजह से गलतियाँ

सुधारने में उनका जरा भी समय बर्बाद नहीं हुआ, क्योंकि गलतियाँ हुई ही नहीं। अपने साथ काम करने वाले तकनीशियनों को वे अपने मस्तिष्क से निकला आदर्श पूर्ण प्रोडक्ट देने में सक्षम थे। एक इंटरव्यू में उन्होंने कहा था- मेरा यंत्र हमेशा मेरी कल्पना के अनुरूप ही काम करता है। 20 सालों में इसका एक भी अपवाद नहीं है।

प्रकृति वैज्ञानिक द्वारा समस्या समाधान

हार्वर्ड यूनिवर्सिटी के प्रोफेसर लुई एगैसिज 19वीं सदी के सबसे मशहूर अमेरिकी प्रकृति वैज्ञानिकों में से एक थे। उन्होंने अपने अवचेतन मन की महान शक्तियों को नींद में महसूस किया। नीचे दिया गया उदाहरण एगैसिज की जीवनी से लिया गया है, जिसे उनकी विधवा पत्नी ने लिखा है।

वे दो सप्ताह से एक पत्थर के टुकड़े पर संरक्षित फॉसिल की धुँधली छाप को समझने की कोशिश कर रहे थे। थकने और चकराने के बाद उन्होंने आखिरकार अपना काम एक तरफ रख दिया और उसे अपने दिमाग से निकालने की कोशिश की। इसके ठीक बाद एक बार आधी रात को जब उनकी नींद खुली, तो उन्हें विश्वास था कि सोते समय उन्होंने उसी मछली को देखा था. जिसमें सभी खोए हुए अंग पूरी तरह से दिख रहे थे। जब उन्होंने उस छवि को याद करने की कोशिश की, तो वह उन्हें याद नहीं आई। लेकिन वे यह सोचकर जार्डिन डेस प्लांटेस के पास एक बार फिर उस छाप को देखने गए, ताकि शायद उससे उन्हें सपना याद आ जाए। कोशिश बेकार, धुँधला रिकॉर्ड पहले जितना ही अस्पष्ट था। अगले दिन मछली उन्हें दोबारा दिखी- लेकिन परिणाम पहले जैसे ही थे। पहले की तरह ही जागने पर छवि गायब हो गई। वही अनुभव एक बार फिर दोहराया जाएगा, इस उम्मीद में तीसरी रात को उन्होंने सोने से पहले अपने पलंग के पास एक पेंसिल और कागज रख लिया। हुआ भी यही। सुबह होने वाली थी मछली एक बार फिर उनके सपने में आई, पहले तो अस्पष्टता से, लेकिन बाद में इतनी स्पष्टता से कि उन्हें इसके जैविक अंगों के बारे में जरा भी शंका नहीं रह गई थी। आधे सपने और पूरे अंधेरे में उन्होंने बिस्तर के पास रखे कागज पर मछली की आकृति बना ली। सुबह जब वे जागे, तो अपने रात वाले स्केच में ऐसे अंग देखकर हैरान रह गए, जिनके बारे में उन्हें लगता था कि फॉसिल में इनका मिलना असंभव था। वे जल्दी से जार्डिन डेस प्लांटेस के पास गए। स्केच के मार्गदर्शन से उन्होंने पत्थर की सतह को छीला, जिसके नीचे मछली के बाकी अंग छिपे हुए थे। जब मछली पूरी तरह से बाहर आ गई, तो यह उनके सपने और स्केच के अनुरूप निकली तथा वे आसानी से इसका वर्गीकरण कर पाए।

डॉक्टर द्वारा डायबिटीज की समस्या समाधान

1920 के दशक में कनाडा का मशहूर डॉक्टर और शोधकर्ता डी. फ्रेडरिक बैटिंग ने अपना ध्यान डायबिटीज की ओर मोड़ा। उस वक्त तक चिकित्सा विज्ञान इस बीमारी की रोकथाम का कोई प्रभावी उपाय नहीं सूझा पाया था। डॉ. बैटिंग ने इस विषय पर प्रयोग करने और इस पर उपलब्ध अंतर्राष्ट्रीय साहित्य के अध्ययन में काफी समय लगाया, लेकिन उन्हें जो भी रास्ता मिला वह बंद मिला।

असफल कोशिशों के लंबे समय के बाद एक रात को वे सो गए। नींद में अवचेतन मन ने उन्हें निर्देश दिया कि वे कुत्तों की बिगड़ी हुई पैनक्रिएटिक डक्ट से अवशेष निकाल लें। इस प्रेरणा से वे इन्सुलिन की खोज कर पाए, जो आज भी असंख्य लोगों की मदद कर रही है।

डॉ. बैंटिंग काफी समय से चेतन मन से इस समस्या को सुलझाने की कोशिश कर रहे थे। उनके अवचेतन ने इसके अनुरूप प्रतिक्रिया की। इससे यह निष्कर्ष नहीं निकलता है कि आपको भी हमेशा रातों-रात उत्तर मिल जाएगा। हो सकता है, उत्तर कुछ समय तक न मिले तो हताश न हों। प्रत्येक रात सोने से ठीक पहले समस्या अपने अवचेतन मन के हवाले इस तरह करते रहें, जैसे आपने यह काम पहले कभी न किया हो।

यदि समाधान मिलने में अधिक देर लगे, तो संभव है आप यह सोच रहे हों कि अवचेतन मन को सौंपा गया सवाल इतना बड़ा है कि उसे सुलझाने में लंबा समय लग जाएगा। यह हैरानी की बात नहीं है। आम तौर पर हम सभी को विश्वास होता है कि हमारी समस्याएँ मुश्किल हैं। यदि मुश्किल नहीं होतीं, तो वे समस्याएं नहीं होतीं। बहरहाल, यह सोच गलत है। आपका अवचेतन मन समय और स्थान के बंधन से परे है। यह विश्वास करते हुए सोने जाएँ कि आपको उत्तर अभी मिल गया है। यह घोषणा न करें कि उत्तर का भविष्य में इंतजार करना पड़ेगा। परिणाम में विश्वास रखें। इस पुस्तक को पढ़ते समय अभी विश्वास करें कि आपकी समस्या का एक उत्तर है, एक आदर्श समाधान है।

सोवियत कॉन्सट्रेन कैंप से एक वैज्ञानिक का भाग निकलना

डॉ. लोथार वॉन ब्लेंक-शिमट प्रतिभाशाली इलेक्ट्रॉनिक्स इंजीनियर थे। द्वितीय विश्वयुद्ध के दौरान उन्हें एक सोवियत कॉन्सट्रेन कैंप में कैद कर दिया गया। वे अपने बचाव और अंतत: आजादी की ओर भाग निकलने का श्रेय अपने अवचेतन मन की शक्तियों को देते हैं।

मैं रूस में एक कोयला खदान में युद्धबंदी था और मैंने जेल के अहाते में अपने चारों तरफ मनुष्यों को मरते देखा। क्रूर पहरेदार, दंभी अफसर और चालाक कम्युनिस्ट अफसर हम पर नजर रखते थे। थोड़े से मेडिकल चेकअप के बाद प्रत्येक कैदी के कोयले का कोटा तय कर दिया जाता था। मेरा कोटा 300 पौंड प्रतिदिन था। लेकिन कोई कैदी अपना कोटा पूरा नहीं करता था, तो उसे मिलने वाले थोड़े से राशन में भी कटौती कर दी जाती थी और कुछ समय में वह कब्र में पहुंच जाता था।

मैं वहाँ से भागने पर ध्यान केंद्रित करने लगा। मैं जानता था कि मेरा अवचेतन मन किसी-न-किसी तरह कोई रास्ता खोज लेगा। जर्मनी में मेरा घर तबाह हो गया था। मेरा परिवार मिट गया था। मेरे सभी मित्र और पूर्व सहयोगी या तो युद्ध में मर चुके थे या फिर कॉन्सट्रेन कैंपों में थे। मैंने अपने अवचेतन मन से कहा कि मैं लॉस एंजेलिस पहुँचना चाहता हूँ और तुम्हें रास्ता खोजना है। मैंने लॉस एंजेलिस की तस्वीरें देखी थी और मुझे कुछ सड़कें और इमारतें बहुत अच्छी तरह याद थीं। मैं उन्हें बार-बार याद करने लगा।

दिन-रात मैं कल्पना करता था कि मैं बिलशायर रोड पर एक अमेरिकी लड़की के साथ टहल रहा हूँ, जिससे मैं युद्ध से पहले बर्लिन में मिला था (मेरी पत्नी)। मेरी कल्पना में हम स्टोर्स में गए, बसों में यात्रा की और रेस्तराँ में भोजन किया। प्रत्येक रात मैं खास तौर पर खुद को अपनी काल्पनिक अमेरिकी कार में लॉस एंजेलिस की सड़कों पर इधर से उधर जाते देखता था। मैंने यह सब बहुत स्पष्ट और वास्तविक बना लिया। मेरे मस्तिष्क में ये तस्वीरें उतनी ही वास्तविक या स्वाभाविक थीं, जितना कि कॉन्सट्रेन कैंप के बाहर लगा पेड़।

सुबह-सुबह प्रमुख पहरेदार लाइन में खड़े कैदियों को गिनता था। वह कहता था 'एक, दो, तीन...' आदि। एक दिन जब सत्रह नंबर पुकारा गया, जो मेरा क्रम था, तो मैं अलग खड़ा हो गया। इस बीच पहरेदार को किसी ने एकाध मिनट के लिए बुलवा लिया और वापस लौटने पर उसने गलती से अगले आदमी को 17 नंबर के रूप में गिन लिया। जब शाम को कैदी लौटे, तो उनकी संख्या पूरी निकली। किसी को पता नहीं चला कि मैं नहीं लौटा हूँ और मैं जानता था कि यह पता चलने में उन्हें काफी समय लगेगा। मैं बिना किसी के पता चले कैंप से बाहर निकल गया और 24 घंटे तक पैदल चलता रहा। अगले दिन मैंने एक वीरान कस्बे में आराम किया। मैं मछली पकड़कर और कुछ जंगली पक्षियों का शिकार करके जिंदा रहा। मैंने पोलैंड जाने वाली कोयले की ट्रेनें देखीं और रात को उनमें यात्रा की, जब तक कि आखिरकार मैं पोलैंड नहीं पहुंच गया। दोस्तों की मदद से मैंने लूसर्न, स्विट्जरलैंड का रुख किया।

एक शाम पैलेस होटल, लूसर्न में मैंने एक अमेरिकी और उसकी पत्नी से बात की। उस आदमी ने मुझसे पूछा कि क्या मैं सांता मोनिका, कैलिफोर्निया में उनके घर अतिथि बनना चाहता हूँ। मैंने स्वीकार कर लिया। लॉस एंजेलिस पहुंचने पर मैंने पाया कि उनका शोफर मुझे विलशायर रोड तथा कई अन्य सड़कों पर ले जा रहा था, जिनकी स्पष्ट कल्पना मैंने रूसी कोयला खदान में महीनों तक की थी। मैंने उन इमारतों को पहचान लिया, जिन्हें मैंने अपने मन में इतनी बार देखा था। ऐसा लग रहा था, जैसे मैं पहले भी लॉस एंजेलिस आ चुका हूँ। मैं अपनी मंजिल तक पहुँच गया था। मैं कभी भी अवचेतन मन के चमत्कारों पर हैरान होना बंद नहीं करूंगा। सचमुच, इसके पास ऐसे तरीके होते हैं, जिनके बारे में हम कुछ नहीं जानते हैं।

पुरातत्ववेत्ता द्वारा प्राचीन दृश्यों को दोबारा बनाना

आपके अवचेतन मन में मानव जाति के इतिहास में हुई प्रत्येक चीज की स्मृति होती है। प्राचीन खंडहरों और पूर्व संस्कृतियों के मनुष्यों द्वारा छोड़ी गई असंख्य वस्तुओं का अध्ययन करने वाले पुरातत्ववेत्ता अपने काम में काल्पनिक अनुभूति का बेहतरीन प्रयोग कर सकते हैं। उनका अवचेतन मन प्राचीन दृश्यों के पुनर्निर्माण में उनकी सहायता कर सकता है। मृत अतीत दोबारा सजीव बन सकता है। वैज्ञानिक इन प्राचीन इमारतों के टुकड़ों को देखता है और पूर्व सभ्यताओं के बर्तनों, मूर्तियों, औजारों तथा घरेलू सामानों का अध्ययन करता है। अपने शाश्वत मस्तिष्क के डाटा बैंक द्वारा वैज्ञानिक यह जानने में सक्षम होता है कि ये वस्तुएँ कब, कैसे और क्यों बनाई गईं।

वैज्ञानिक की पैनी एकाग्रता और अनुशासित कल्पना अवचेतन मन की निहित शक्तियों को जगा देती है। यह उसे प्राचीन स्तंभों पर छतों की कल्पना करने में समर्थ बनाती है और इमारत के चारों तरफ बगीचों, तालाबों तथा फव्वारों की कल्पना करने में भी। मृत अतीत जीवंत वर्तमान बन जाता है और हम पाते हैं कि मस्तिष्क में समय या स्थान की कोई दूरी नहीं होती है। अनुशासित, नियंत्रित और निर्देशित कल्पना से आप प्रत्येक युग के सबसे महान वैज्ञानिकों और प्रेरित चिंतकों के साथी बन सकते हैं।

अवचेतन द्वारा मार्गदर्शन

यदि आपको मुश्किल निर्णय लेना होता है और अपनी समस्या का समाधान न देख पा रहे हों, तो तत्काल इसके बारे में सृजनात्मक सोचने लगें। लेकिन आप भयभीत और चिंतित रहेंगे, तो

आप सचमुच सोच नहीं पाएँगे। सच्ची सोच भय से स्वतंत्र होती है। यहाँ पर एक आसान तकनीक दी जा रही है, जिसके द्वारा आप किसी भी विषय पर मार्गदर्शन पा सकते हैं।

1. अपने ध्यान को गतिशील कर लें। अपने विचार समस्या के समाधान पर केंद्रित कर लें।
2. इसे अपने चेतन मन से सुलझाने की कोशिश करें ।
3. मस्तिष्क को शांत कर लें और शरीर को स्थिर कर लें। शरीर को आराम से रहने को कहें; इसे आपका आदेश मानना ही पड़ेगा। इसकी कोई इच्छा, पहल या आत्म-चेतना नहीं होती है। आपका शरीर सिर्फ एक भावनात्मक डिस्क है, जो आपके विश्वासों और तस्वीरों का रिकॉर्ड रखती है।
4. सोचें कि आप आदर्श समाधान पर किस तरह खुशी जाहिर करेंगे लेकिन आपको आदर्श उत्तर इसी समय मिल जाए, तो कल्पना करें कि आपको कैसा लगेगा।
5. जागने पर आपको उत्तर नहीं मिले, तो किसी दूसरे काम में जुट जाएँ।
6. अपने मस्तिष्क को खुशी और संतुष्टि के इस मूड से शिथिल तरीके से खेलने दें; फिर सो जाएँ।

मार्गदर्शन पाने का आसान तरीका

जैसे, एक बार मेरी एक कीमती अंगूठी खो गई, जो पारिवारिक निशानी थी। मैंने प्रत्येक जगह उसकी तलाश की, लेकिन वह कहीं नहीं मिली। मैं इस नुकसान से चिंतित और दुखी था। उस रात मैंने अपने अवचेतन मन से उसी तरह बात की, जिस तरह मैं किसी और से बात करता हूँ। सोने से पहले मैंने इससे कहा कि तुम सब कुछ जानते हो। तुम जानते हो कि वह अंगूठी कहाँ है और तुम मुझे बताओगे कि वह कहाँ है।

सुबह मैं अचानक इन शब्दों की गूँज के साथ जागा, 'रॉबर्ट से पूछो।' यह मुझे बहुत अजीब लगा। मैं जिस रॉबर्ट को जानता था, वह तो मेरे पड़ोसी का नौ साल का बेटा था। उसे मेरी अंगूठी के बारे में भला क्या और क्यों पता होगा? बहरहाल, मैंने अपने अवचेतन की आंतरिक आवाज का पालन किया। मैंने रॉबर्ट को उसके आंगन में देखा और मैंने उसे अंगूठी के बारे में बताया। मैंने पूछा कि तुमने ऐसी अंगूठी देखी तो नहीं है?'

उसने उत्तर दिया- जरूर। दरअसल वह मुझे कल लुकाछिपी खेलते समय झाड़ियों में मिली थी। मुझे नहीं पता था कि यह किसकी है, इसलिए मैं इसे अंदर ले गया और अपनी डेस्क पर रख दी। मैं इसके बारे में साइनबोर्ड लिखकर लगाना चाहता था, लेकिन भूल गया। अवचेतन मन आपको हमेशा उत्तर दे देगा, बशर्ते आप इस पर भरोसा करें।

अवचेतन मन ने वसीयत की जगह बताई

जब ह्यूगो आर. नामक युवक ने लॉस एंजेलिस में मेरे भाषण सुने थे, उसने मुझे अवचेतन मन की शक्ति के बारे में बताया। उसके पिता का अचानक देहांत हो गया था और ऐसा लग रहा था कि उन्होंने कोई वसीयत नहीं छोड़ी थी। बहरहाल, उसकी बहन ने उसे बताया कि उनके पिता ने एक बार अपनी वसीयत बनाने का जिक्र किया था और उसे बताया था कि उन्होंने सबमें न्यायपूर्ण बँटवारा किया था।

ह्यूगो को लग रहा था कि लेकिन उसके पिता की वसीयत नहीं मिली तो जायदाद राज्य के नियमों के आधार पर बँटेगी, जो शायद उसके पिता की इच्छाओं के अनुरूप नहीं होगा। इसके अलावा, कानूनी फीस में ज्यादातर जायदाद चली जाएगी। उसने और उसकी बहन ने प्रत्येक जगह तलाश की, लेकिन उन्हें वसीयत कहीं नहीं मिली। हताश होकर वे सोचने लगे कि वसीयत है भी या नहीं। तभी हूयूगो को अवचेतन मन के प्रयोग के बारे में सीखी बातें याद आईं। सोने से पहले उसने अपने अवचेतन मन से कहा कि मैं अब इस आग्रह को अपने अवचेतन मन के हवाले करता हूँ। मेरा अवचेतन मन जानता है कि मेरे पिता की वसीयत कहाँ है और यह मुझे वह जगह बता रहा है। फिर उसने अपने आग्रह को सारांश में कहा कि उत्तर दो। उसने इसे बार-बार लोरी की तरह दोहराया। वह 'उत्तर दो' शब्दों के साथ सोने गया।

जब वह जागा, तो उसके मन में प्रबल इच्छा जागी कि वह डाउनटाउन लॉस एंजेलिस के एक बैंक में जाए। इससे वह हैरान हो गया। क्या उसके पिता ने कभी इस बैंक का जिक्र किया था? क्या उसने अपने पिता की डाक में इस बैंक का पत्र देखा था? वह नहीं जानता था, लेकिन वह इतना जरूर जानता था कि उसे अवचेतन द्वारा दिए इस संकेत की जाँच करनी थी। वह उस सुबह बैंक गया। अंतत: एक बैंक अफसर ने इस बात की पुष्टि की कि बैंक में उसके स्वर्गीय पिता के नाम पर एक लॉकर था। जब उस लॉकर को खोला गया, तो अंदर वसीयत मिली। सोते समय आपके विचार आपके अंदर की निहित शक्तियों को जगा देते हैं। यदि आप सोच रहे हों कि क्या आपको अपना मकान बेच देना चाहिए, कोई शेयर खरीद लेना चाहिए, किसी पार्टनरशिप को तोड़ देना चाहिए, न्यूयॉर्क जाकर बसना चाहिए या फिर लॉस एंजेलिस में ही रहना चाहिए, वर्तमान अनुबंध को खत्म कर देना चाहिए या नया अनुबंध कर लेना चाहिए। ऐसी उलझन हो, तो यह करें- शांति से अपनी कुर्सी या अपने ऑफिस की डेस्क पर बैठ जाएँ। याद रखें, यह क्रिया और प्रतिक्रिया का शाश्वत नियम है। क्रिया आपका विचार है। इस पर आपका अवचेतन मन प्रतिक्रिया करेगा। अवचेतन मन प्रतिक्रियाशील है; यह इसकी प्रकृति है। यह उत्तर देता है, पुरस्कार देता है, लौटाता है। यह अनुरूपता के नियम का पालन करता है। यह विचार के अनुरूप प्रतिक्रिया करता है। जब आप सही कर्म पर मनन करते हैं, तो आपको अपने अंदर ऐसी प्रतिक्रिया महसूस होगी, जो आपके अवचेतन मन का मार्गदर्शन या उत्तर होगी।

यदि आप मार्गदर्शन चाहते हैं और शांति से सिर्फ सही कर्म के बारे में सोचें। अर्थात आप अपने अवचेतन मन में रहने वाली असीमित बुद्धिमत्ता का उस बिंदु तक प्रयोग कर रहे हैं, जहाँ यह आपका प्रयोग शुरू कर दे। उसके बाद आपके कार्य की दिशा आपके कल्पनावादी ज्ञान द्वारा निर्देशित और नियंत्रित होती है, जो सब कुछ जानता है और सर्वशक्तिमान है। आपका निर्णय सही होगा। सही काम ही होगा, क्योंकि सही काम करने के लिए आप पर अवचेतन का दबाव है। मैं दबाव शब्द का प्रयोग करता हूँ, क्योंकि दबाव ही अवचेतन का नियम है।

मार्गदर्शन का रहस्य

आप जानते हैं कि मार्गदर्शन या सही कर्म का रहस्य मानसिक रूप से खुद को सही उत्तर के प्रति निष्ठावान बनाना है, जब तक कि आपको अपने अंदर इसकी प्रतिक्रिया न मिल जाए। प्रतिक्रिया एक भावना है, एक आंतरिक महसूस है, एक सशक्त संकेत है। इसके द्वारा आप जान जाते हैं कि आपको उत्तर मिल गया है। आपने इस शक्ति का उस बिंदु तक प्रयोग कर लिया है कि अब यह आपका प्रयोग करने लगी है। अपने अंदर की इस व्यक्तिनिष्ठ बुद्धिमत्ता के मार्गदर्शन

में काम करते समय आप असफल नहीं हो सकते या एक भी गलत कदम नहीं उठा सकते। आप पाएँगे कि आपके सभी काम खुशी से भरे होंगे और आपको रास्ते भर शांति मिलेगी।

याद रखने लायक विचार

1. किसी जटिल समस्या के समाधान की तरफ ध्यान और एकाग्रता देकर आपका अवचेतन मन सभी आवश्यक जानकारी इकट्ठा करता है और फिर इसे सुलझाकर चेतन मन को सौंप देता है।
2. याद रखें, अवचेतन मन ने सभी महान वैज्ञानिकों को अद्भुत सफलता और उपलब्धियाँ प्रदान की हैं।
3. आप किसी समस्या के उत्तर के बारे में परेशान हो रहे हों, तो इसे वस्तुनिष्ठ तरीके से सुलझाने की कोशिश करें। शोध और दूसरों से जितनी जानकारी प्राप्त कर सकते हों, प्राप्त करें। लेकिन कोई उत्तर नहीं मिलता है, तो सोने से पहले इसे अवचेतन मन के हवाले कर दें। फिर आपको हमेशा उत्तर मिलेगा। यह कभी असफल नहीं होता है।
4. उत्तर में देरी आपके कारण भी हो सकती है, कि आप यह सोचने लगें कि इसमें बहुत समय लग जाएगा या बहुत बड़ी समस्या है। याद रखें, आपके अवचेतन के लिए कोई समस्या बड़ी नहीं है। यह प्रत्येक समस्या का उत्तर जानता है।
5. आपको हमेशा रातोंरात उत्तर नहीं मिलता है। अपने अवचेतन से तब तक आग्रह करते रहें, जब तक कि सूरज न निकल आए और छायाएँ गायब न हो जाएँ।
6. विश्वास मानें कि उत्तर आपके पास अभी है। उत्तर की खुशी उसी तरह महसूस करें, जैसा आप आदर्श उत्तर मिलने पर करते। आपका अवचेतन आपकी भावना पर प्रतिक्रिया करेगा।
7. आपका अवचेतन यादों का भंडार है और आपके अवचेतन में बचपन से लेकर आज तक के सभी अनुभव दर्ज हैं।
8. विश्वास और लगन से देखी जाने वाली प्रत्येक मानसिक तस्वीर आपके अवचेतन की चमत्कारी शक्तियों के माध्यम से साकार होगी। इस पर भरोसा करें, इसकी शक्ति पर विश्वास करें और जब आप प्रार्थना करेंगे, तो चमत्कार होंगे।
9. प्राचीन लिपियों, मंदिरों, अवशेषों और अन्य प्रमाणों पर मनन करने वाले वैज्ञानिक अतीत के दृश्यों को दोबारा जीवंत बनाने में समर्थ इसलिए होते हैं, क्योंकि उनका अवचेतन मन उनकी सहायता करता है।
10. मार्गदर्शन हमेशा भावना, आंतरिक महसूस या सशक्त संकेत के रूप में आता है, जिससे आप जान जाते हैं कि आपको मालूम चल गया है। यह स्पर्श का एक आंतरिक महसूस है। विश्वास की सादगी के साथ इसका पालन करें।
11. समाधान के अपने आग्रह को सोने से ठीक पहले अपने अवचेतन मन को सौंपें। इस पर भरोसा करेंगे, तो आपको उत्तर अवश्य मिलेगा। यह सब कुछ जानता है और सब कुछ देखता है। इसकी शक्तियों पर शंका या सवाल न करें।

14 अवचेतन और नींद के चमत्कार

सोते समय आपको मार्गदर्शन दिया जाता है, जो कई बार सपने में मिलता है। उपचारक प्रवाह भी स्वतंत्र होता है, जिससे आप सुबह स्फूर्ति तथा ताजगी महसूस करते हैं।

प्रत्येक मनुष्य 24 में से आठ घंटे यानी अपनी एक तिहाई जिंदगी सोने में बिताता है। यह जीवन का अटूट नियम है। नींद एक दैवी नियम है और हमारी कई समस्याओं के उत्तर हमें गहरी नींद में मिलते हैं।

बहुत लोगों का मानना है कि आप दिन भर काम करने पर थक जाते हैं, इसलिए आप शरीर को आराम देने के लिए सोते हैं और सोते समय शरीर में मरम्मत की प्रक्रिया चलती है। यह सिर्फ गलतफहमी है। नींद में शरीर कभी आराम नहीं करता है। सोते समय भी आपका दिल, फेफड़े और सभी महत्त्वपूर्ण अंग काम करते रहते हैं। लेकिन आप सोने से पहले खाते हैं, तो खाना पच जाता है और पोषक पदार्थ सभी अंगों तक पहुँच जाते हैं। आपकी त्वचा पसीना उत्पन्न करती है। आपके नाखून और बाल बढ़ते रहते हैं। इस प्रकार आपका अवचेतन मन कभी भी आराम नहीं करता है। यह हमेशा सक्रिय और आपकी सभी महत्त्वपूर्ण शक्तियों को नियंत्रित करता है। नींद में उपचारक प्रक्रिया ज्यादा तेजी से काम करती है, क्योंकि तब आपका चेतन मन कोई व्यवधान नहीं डालता है। आपके प्रश्नों के उल्लेखनीय उत्तर आपको नींद में ही मिलते हैं।

हम क्यों सोते हैं

आप जानते ही होंगे कि नींद के बारे में गंभीर शोध करने वाले शुरुआती वैज्ञानिक शोधकर्ताओं में डॉ. जॉन बिजेलो का नाम उल्लेखनीय है। उन्होंने दिखाया कि रात को सोते समय आँख, कान, नाक और त्वचा के नीचे की तंत्रिकाओं से आपको लगातार संवेग मिलते रहते हैं। मस्तिष्क का तंत्रिका संचार तंत्र भी काफी सक्रिय रहता है। डॉ. बिजेलो के शोध का निष्कर्ष इस पुस्तक में दी गई जानकारी से काफी मिलता-जुलता है- आत्मा का अधिक उत्कृष्ट हिस्सा अमूर्तता से हमारी अधिक उच्च प्रकृति से एकाकार हो जाता है और देवताओं के ज्ञान तथा पूर्व-ज्ञान में हिस्सेदार बनता है।

अवचेतन मन की बुद्धिमत्ता

आप देखते हैं कि दिन भर आपका चेतन मन चिंताओं, संघर्ष और विवादों में उलझा रहता है। इसे समय-समय पर इंद्रियों के प्रमाण और यथार्थवादी जगत से दूर हटने तथा अवचेतन मन की आंतरिक बुद्धिमत्ता से मौन संप्रेषण करने की जरूरत होती है। मार्गदर्शन, शक्ति और अधिक ज्ञान का दावा करके आप जीवन के प्रत्येक क्षेत्र की प्रत्येक मुश्किल

से उबरने में कामयाब होंगे और अपनी दैनिक समस्याओं को सुलझाने में भी। इंद्रिय प्रमाण और रोजमर्रा के शोर-शराबे व दुविधा से निरंतर रूप से हटना, नींद का एक प्रकार है। यानी आप विश्व के लिए सोए होते हैं और अपने अवचेतन मन की बुद्धिमत्ता तथा शक्ति के लिए जाग्रत होते हैं।

नींद की कमी के प्रभाव

आपने देखा होगा कि नींद की कमी किसी को भी चिड़चिड़ा, तुनकमिजाज और निराशावादी बना देती है। इस तथ्य से भी इंकार नहीं किया जा सकता कि इंसानों को स्वस्थ रहने के लिए कम-से-कम छह घंटे नींद की जरूरत होती है। अधिकांश मनुष्यों को इससे ज्यादा की जरूरत होती है। जो मनुष्य सोचते हैं कि वे इससे कम में काम चला सकते हैं, वे स्वयं को मूर्ख बना रहे हैं।

शोधकर्ताओं ने नींद की प्रक्रियाओं और नींद की कमी में बहुत शोध किया है, निष्कर्ष निकलता है कि कुछ मामलों में नर्वस ब्रेकडाउन से पहले गंभीर अनिद्रा रोग प्रकट होता है। यदि नींद के दौरान आप आध्यात्मिक रूप से तरोताजा होना चाहते हैं, तो जीवन में खुशी और स्फूर्ति लाने के लिए पर्याप्त नींद अनिवार्य है।

नींद की जरूरत क्यों

अब सवाल उठता है कि हमें नींद की जरूरत क्यों है? नींद नहीं मिलने पर क्या होता है? 1964 में रैंडी गार्डनर नाम के 17 साल के लड़के ने गिनीज बुक ऑफ वर्ल्ड रिकॉर्ड्स में नाम दर्ज कराने के लिए जागने की कोशिश की। वह 264 घंटे यानी लगातार 11 दिन तक जागता रहा! बाद के परीक्षणों में स्पष्ट हुआ कि उसे कोई स्थायी नुकसान नहीं हुआ था। बहरहाल, जब वह खुद को जबर्दस्ती जगाए रख रहा था, तो उसके सोचने की प्रक्रिया में कमी आ गई। उसके शब्दों का उच्चारण अस्पष्ट हो गया। उसकी याददाश्त भी गड़बड़ा गई। बाद में उसे दृष्टिभ्रम भी होने लगा।

वैसे तो लंबे समय तक कम नींद लेने वाले ज्यादातर मनुष्यों को बुरे परिणाम नहीं मिलते हैं, लेकिन इसके गंभीर प्रभावों से वे भी मुश्किल में पड़ सकते हैं। नेशनल हाइवे ट्रैफिक सेफ्टी एडमिनिस्ट्रेशन के अनुसार नींद संबंधी समस्याओं के कारण प्रत्येक साल दो लाख दुर्घटनाएँ होती हैं। पाँच में से एक ड्राइवर गाड़ी चलाते समय कभी-कभार झपकी लेता है। इस वजह से दिन के बजाय रात को दुर्घटना की आशंका पाँच से दस गुना बढ़ जाती है।

वॉलंटियर्स के साथ किए गए प्रयोगों से पता चला कि थका हुआ मस्तिष्क नींद के लिए इतना व्याकुल रहता है कि वह इसे पाने के लिए कोई भी बलिदान देने को तैयार रहता है। प्रयोग के दौरान कुछ घंटों की नींद की कमी के बाद वॉलंटियर हल्की झपकी लेने लगे। ऐसा एक घंटे में तीन-चार बार हुआ। इस दौरान, 'असली' नींद की तरह उनकी पलकें बंद हो जाती थीं और उनके मस्तिष्क की तरंगें धीमी हो जाती थीं।

पहले तो ये झपकियाँ सेकेंड के हिस्से तक सीमित रहीं, लेकिन जब नींद की कमी के घंटे बढ़ते गए, तो ये झपकियाँ ज्यादा बार आईं और ज्यादा समय तक चलती रहीं। भले ही वॉलंटियर तूफान में हवाई जहाज चला रहा हो, लेकिन वह कुछ बेशकीमती सेकेंडों की झपकी का प्रतिरोध नहीं कर सकता था।

नींद द्वारा सलाह

सैन्ड्रा एफ. लॉस एंजेलिस की एक युवा महिला, अक्सर रेडियो पर मेरे भाषण सुनती है। उसने मुझे बताया कि उसे न्यूयॉर्क सिटी में एक नौकरी का प्रस्ताव मिला, जहाँ उसे वर्तमान नौकरी से दोगुनी तनख्वाह देने का प्रस्ताव रखा गया। वह फैसला नहीं कर पा रही थी कि नई नौकरी स्वीकार करे या नहीं। उसने सोने से पहले इन शब्दों में प्रार्थना की- 'मेरे अवचेतन मन का रचनात्मक ज्ञान जानता है कि मेरे लिए क्या सबसे अच्छा है। इसकी प्रवृत्ति हमेशा जीवन की ओर है और यह मुझे सही निर्णय बताता है, जिससे मुझे और सभी संबंधित मनुष्यों को लाभ पहुँचेगा। मैं उस जवान के लिए धन्यवाद देती हूँ, जो मैं जानती हूँ कि मुझे मिलेगा।' उसने सोते समय इस आसान प्रार्थना को लोरी की तरह बार-बार दोहराया। सुबह उसे प्रबल महसूस हुआ कि उसे नई नौकरी के प्रस्ताव को स्वीकार नहीं करना चाहिए। उसने इसे ठुकरा दिया। बाद की घटनाओं ने उसके अंदरूनी महसूस को सही ठहराया, क्योंकि कुछ महीनों बाद ही वह कंपनी दिवालिया हो गई। चेतन मन यथार्थवादी तथ्यों के मामले में सही हो सकता है। बहरहाल, अवचेतन मन की सहज बोध की क्षमता को कंपनी की समस्याओं का पता था, इसलिए उसने उसे सही चेतावनी दी।

तबाही से बचना

यदि आप सोते समय सही कर्म के लिए प्रार्थना करते हैं, तो अवचेतन मन की बुद्धिमत्ता आपको निर्देश देती और आपकी रक्षा कर सकती है। बहुत साल पहले मुझे सुदूर पूर्व में आर्थिक रूप से काफी आकर्षक प्रस्ताव मिला, लेकिन सबसे पहले मैंने मार्गदर्शन और सही निर्णय के लिए प्रार्थना की- मेरे अंदर की असीमित बुद्धिमत्ता सब कुछ जानती है। जब उत्तर मिलेगा, तो मैं उसे पहचान लूंगा। मैंने सोने जाने से पहले इस प्रार्थना को बार-बार लोरी की तरह दोहराया। उस रात मैंने एक सपना देखा, जिसमें एक पुराना दोस्त मेरे पास आया। उसके हाथ में एक अखबार था और वह बोला कि इन हेडलाइन्स को पढ़ो! मत जाओ। अखबार की हेडलाइन्स हिंसा, उपद्रव और युद्ध की खबरों से भरी थीं- जो कुछ समय बाद उसी इलाके में हुए, जहाँ मुझे जाना था।

आप जानते हैं कि आपका अवचेतन मन सब कुछ समझता और सारी बातें जानता है। आपका चेतन मन तत्काल उन बातों को मान लेगा। मैंने अभी जिस सपने के बारे में बताया है, उसने मुझे निश्चित रूप से भारी खतरे की स्थिति में जाने से बचा लिया। मेरे अवचेतन मन ने अपनी चेतावनी एक ऐसे मनुष्य के माध्यम से दी, जिस पर मैं भरोसा करता था और सम्मान करता था।

कुछ लोगों को यह चेतावनी सपने में माँ दे सकती है, वह लोगों को यहाँ या वहीं न जाने को कहती है और चेतावनी का कारण बताती है। कई बार आपका अवचेतन आपके जागते समय भी आपको चेतावनी देता रहता है। आपको लगता है कि आपने अपनी माँ या किसी अन्य प्रियजन की आवाज सुनी है। आप रुककर मुड़ते हैं और इसके स्रोत की तलाश करते हैं। बाद में आप पाते हैं कि लेकिन उसी रास्ते आगे गए होते, तो खिड़की से गिरने वाले सामान से आपका सिर फूट सकता था।

आपका भविष्य और अवचेतन मन

जैसा आप जानते हैं कि आपका भविष्य आपकी आदतन सोच का परिणाम है, इसलिए यह पहले से ही आपके मन में है, जब तक कि आप इसे प्रार्थना द्वारा बदल न लें। इसी तरह, देश का भविष्य भी देशवासियों की सामूहिक अवचेतना में है। उस सपने में कुछ भी अजीब नहीं है, जिसमें मैंने अखबारों की सुर्खियाँ देखी थीं, हालाँकि वे घटनाएँ उस समय तक नहीं घटी थीं, लेकिन वे घटनाएँ उन लोगों के मन में तो पहले ही घट चुकी थीं, जिन्होंने उनकी साजिश रची थी। उनकी सभी योजनाएँ पहले से ही उस महान रिकॉर्डिंग यंत्र यानी शाश्वत मन के सामूहिक अवचेतन पर अंकित थीं। आने वाले कल की घटनाएँ आपके अवचेतन मन में हैं, अगले सप्ताह और अगले महीने की भी हैं। उन्हें बहुत अतीन्द्रिय या पराभौतिक मनुष्य द्वारा ग्रहण किया जा सकता है। यदि आप प्रार्थना करने का फैसला करें, तो आपके साथ कोई तबाही या त्रासदी नहीं हो सकती। कोई भी चीज पहले से तय नहीं है। आपका मानसिक नजरिया- जिस तरह से आप सोचते, महसूस करते और विश्वास करते हैं- ही आपका भाग्य निर्धारित करता है। वैज्ञानिक प्रार्थना द्वारा आप अपने भविष्य को ढाल सकते हैं, आकार दे सकते हैं और बना सकते हैं। मनुष्य जैसा बोएगा वैसा ही उसे काटना पड़ेगा।

झपकी का जादू

बहुत समय पहले मेरे एक विद्यार्थी ने मुझे अखबार की कटिंग भेजी, जिसमें रे हैमरस्ट्रॉम नामक व्यक्ति के बारे में लिखा, जो पिट्सबर्ग स्टील मिल में काम करता था। मिल के विभाग में हाल ही में एक नई मशीन लगाई गई थी, जो बनकर निकलने वाली गर्म स्टील की छड़ों की डिलीवरी नियंत्रित करती थी। मशीन लगाने वालों की सारी कोशिशों के बावजूद मशीन ठीक से काम नहीं कर रही थी। इंजीनियरों को इस दिशा में कई दिनों मेहनत करने के बाद भी कोई फायदा नहीं हुआ।

हैमरस्ट्रॉम ने समस्या के बारे में बहुत सोचा। उसने एक नया डिजाइन तैयार करने की कोशिश की, जो काम कर सके। लेकिन वह कुछ नहीं सोच पाया। एक दोपहर वह झपकी लेने के लिए लेटा। सोते समय भी वह दोषपूर्ण स्विच की समस्या के बारे में ही सोच रहा था। झपकी के दौरान उसने एक सपना देखा, जिसमें उसे स्विच का आदर्श डिजाइन दिख गया। जागने पर उसने सपने की आकृति के अनुसार डिजाइन का स्केच बना लिया।

इस कल्पनापूर्ण झपकी ने हैमरस्ट्रॉम को 15,000 डॉलर का चेक दिलवा दिया, जो उस फर्म द्वारा किसी कर्मचारी को नए विचार के लिए दिया सबसे बड़ा पुरस्कार था।

नींद और समस्या संधान

डॉ. एच.वी. हेस्परेक्ट पेनसिल्वेनिया यूनिवर्सिटी में प्रोफेसर ऑफ एसिरियन थे। अपने संस्मरणों में लिखा कि एक शनिवार की शाम मैं निरर्थक कोशिशों के बाद थक चुका था। मैं गोमेद रत्न के दो छोटे टुकड़ों का रहस्य नहीं सुलझा पा रहा था, जिन्हें देखकर लगता था कि वे किसी बेबिलोन निवासी की उँगली की अँगूठी के होंगे। जब काफी रात के बाद मैं सोने गया तो मैंने एक अद्भुत सपना देखा- निप्पुरनामक जगह का एक लंबा, छरहरा पुजारी, जिसकी उम्र लगभग 40 साल होगी, मुझे मंदिर के कोष-कक्ष तक ले गया... एक

छोटा, नीची छत वाला कमरा, जिसमें खिड़कियाँ नहीं लगी थीं, जहाँ गोमेद और लहसुनिया के टुकड़े जमीन पर बिखरे पड़े थे। वहाँ उसने मुझसे कहा कि जिन दो टुकड़ों का स्केच तुमने पेज 22 और 26 पर प्रकाशित किया है, वे उंगली की भिन्न-भिन्न अँगूठियाँ नहीं है, वे इकट्ठी हैं। पहली दो अंगुलियाँ देवता की मूर्ति की कान की बालियाँ हैं; जो दो टुकड़े तुम्हारे पास हैं, वे उनके हिस्से हैं लेकिन तुम उन्हें इकट्ठे जोड़कर देखोगे, तो मेरी बात की पुष्टि हो जाएगी। ...मैं तत्काल जाग गया ...मैंने टुकड़ी की जाँच की ...और मुझे हैरानी हुई कि मेरा सपना सच था। समस्या आखिर सुलझ गई। इस स्पष्टीकरण से उनके अवचेतन मन का रचनात्मक ज्ञान प्रदर्शित होता है, जो उनकी सभी समस्याओं के उत्तर जानता था।

अवचेतन मन और मशहूर लेखक

'एक्रॉस द प्लेन्स' नामक अपनी एक पुस्तक में रॉबर्ट लुई स्टीवेन्सन ने सपनों के विषय में बहुत कुछ लिखा है। वे एक स्वप्नदर्शी थे। वे प्रत्येक रात सोने से पहले अपने अवचेतन को स्पष्ट निर्देश देते थे। वे अपने अवचेतन से आग्रह करते थे कि सोने से पहले वह उनके लिए कहानियाँ गढ़े। उदाहरण के लिए, जब उनके बैंक खाते में पैसे कम हो जाते थे, तो वे अपने अवचेतन को कुछ इस तरह का आदेश देते थे- मुझे एक बेहतरीन रोमांचक उपन्यास दो, जो बिकाऊ और लाभदायक हो। उनका अवचेतन बहुत अच्छी तरह से प्रतिक्रिया करता था-

स्टीवेन्सन लिखते हैं- ये छोटे बौने, मुझे टुकड़े-टुकड़े में किसी धारावाहिक की तरह कहानी बता सकते हैं और उनका लक्ष्य क्या है, यह मुझे यानी रचयिता को ही पता नहीं होता है। जाग्रत अवस्था में मैं जो काम करता हूँ, वह भी आवश्यक रूप से मेरा नहीं है, क्योंकि इसमें भी बौनों का हाथ साफ नजर आता है।

शांति से सोना और खुशी से जागना

यदि आप अनिद्रा से पीड़ित हैं, तो आप नीचे दी गई प्रार्थना को बहुत प्रभावी पाएँगे। इसे सोने से पहले धीरे-धीरे, शांति और प्यार से दोहराएँ। मेरे पैरों के अँगूठे शिथिल हैं, मेरे टखने शिथिल हैं, मेरे पेट की मांसपेशियाँ शिथिल हैं, मेरा हृदय और फेफड़े शिथिल हैं, मेरे हाथ शिथिल हैं, मेरी गर्दन शिथिल है, मेरा मस्तिष्क शिथिल है, मेरा चेहरा शिथिल है, मेरी आँखें शिथिल हैं, मेरा पूरा मन और शरीर शिथिल है।

मैं पूरी तरह से प्रत्येक को क्षमा करता हूँ और मैं सबके लिए सद्भाव, सेहत, शांति और जीवन की सभी नियामतों की सच्ची इच्छा करता हूँ। मैं शांति से हूँ, मैं संतुलित और शांत हूँ। मैं सुरक्षा और शांति में विश्राम करता हूँ। एक गहरी शांति मेरे पूरे अस्तित्व को शांत करती है, जब मैं अपने अंदर दैवी उपस्थिति का महसूस करता हूँ। मैं जानता हूँ कि जीवन और प्रेम का अहसास मेरा उपचार करता है।

मैं खुद को प्रेम की चादर में लपेटता हूँ और सबके प्रति सद्भावना से भरा सोता हूँ। रात भर शांति मेरे साथ रहती है और सुबह मैं जीवन तथा प्रेम से भरा रहूंगा। मेरे चारों तरफ प्रेम का दायरा है। मुझे किसी बुराई का भय नहीं होगा, क्योंकि आप मेरे साथ हैं। मैं शांति से सोऊँगा, खुशी से जागूँगा और उनमें मैं जिऊंगा, चलूंगा और मेरा अस्तित्व होगा।

संक्षेप में नींद के चमत्कार

1. आपका अवचेतन कभी नहीं सोता। यह हमेशा काम करता रहता है। यह आपकी सभी महत्त्वपूर्ण कार्य- प्रणालियों को नियंत्रित करता है। खुद को और बाकी सबको माफ कर दें। सोने से पहले और जागने के ठीक बाद उपचार ज्यादा तेजी से होगा।
2. लेकिन आप चिंतित हों कि आप समय पर नहीं उठ पाएँगे, तो सोने से पहले अपने अवचेतन मन को वह सटीक समय बता दें, जब आप उठना चाहते हों। यह आपको उठा देगा। इसे किसी घड़ी की जरूरत नहीं है। सभी समस्याओं के लिए ऐसा ही करें। आपके अवचेतन के लिए कोई भी काम मुश्किल नहीं है।
3. सोते समय आपको मार्गदर्शन दिया जाता है, जो कई बार सपने में मिलता है। उपचारक प्रवाह भी स्वतंत्र होता है, जिससे आप सुबह स्फूर्ति तथा ताजगी महसूस करते हैं।
4. नींद मानसिक शांति और शारीरिक सेहत के लिए अनिवार्य है। नींद की कमी से चिड़चिड़ापन, तनाव और मानसिक विकृतियां हो सकती हैं। आपको आठ घंटे नींद की जरूरत है।
5. जब आप दिन भर की चिंताओं और संघर्ष के कारण कष्ट में हों, तो अपने दिमाग को शांत कर लें और अपने अवचेतन मन में वास करने वाली बुद्धिमत्ता तथा ज्ञान के बारे में सोचें, जो आपको उत्तर देने के लिए तैयार है। इससे आपको शांति, शक्ति और आत्मविश्वास मिलेगा।
6. चिकित्सा शोधकर्ताओं ने बताया है कि अनिद्रा कई बार नर्वस ब्रेकडाउन से ठीक पहले आती है।
7. आपका थका हुआ मस्तिष्क नींद के लिए इतना बेताब रहता है कि इसे पाने के लिए यह कुछ भी बलिदान देने को तैयार रहता है। कार चलाते समय सो जाने वाले व्यक्ति इस बात की गवाही दे सकते हैं।
8. नींद के दौरान आप आध्यात्मिक रूप से तरोताजा होते हैं। जीवन में खुशी और स्फूर्ति के लिए पर्याप्त नींद अनिवार्य है।
9. नींद की कमी के शिकार कई लोगों की याददाश्त कमजोर होती है और उनमें सही समन्वय का अभाव होता है। वे चकराए हुए, दुविधाग्रस्त और एकाग्रता रहित होते हैं।
10. अपने अवचेतन पर पूरा भरोसा करें। यह जान ले कि इसकी प्रवृत्ति हमेशा जीवन की ओर है। कभी-कभार आपका अवचेतन मन रात के किसी बहुत स्पष्ट सपने में आपको उत्तर देता है। आपको सपने में उसी तरह की पूर्व चेतावनी मिल सकती है, जैसी इस पुस्तक के लेखक को मिली थी।
11. आपका भविष्य अभी आपके मन में है, जिसका आधार आपकी आदतन सोच और विश्वास है। यह दावा करें कि असीमित ज्ञान आपका नेतृत्व कर रहा है, मार्गदर्शन दे रहा है।

12. नींद सलाह लाती है। सोने से पहले दावा करें कि आपके अवचेतन मन की असीमित बुद्धिमत्ता आपको मार्गदर्शन दे रही है और निर्देशित कर रही है। फिर उस संकेत पर नजर रखें, जो शायद जागने पर आपको मिलेगा।

13. मिलेगा तथा आपका भविष्य अद्भुत होगा। इस पर विश्वास करें और इसे स्वीकार करें। सर्वश्रेष्ठ की उम्मीद करेंगे, तो निश्चित रूप से आपको सर्वश्रेष्ठ मिलेगा।

14. लेकिन आप कोई उपन्यास, नाटक या पुस्तक लिख रहे हों या किसी आविष्कार पर काम कर रहे हों, तो अपने अवचेतन मन से रात में बात करें। साहस के साथ दावा करें कि इसकी बुद्धिमत्ता, ज्ञान और शक्ति आपका मार्गदर्शन व निर्देशन कर रहे हैं तथा आदर्श नाटक, उपन्यास, पुस्तक या आदर्श समाधान को प्रकट कर रहे हैं। जब आप इस तरह से प्रार्थना करेंगे, तो चमत्कार हो जाएँगे।

जो जीवनसाथी एक-दूसरे से प्रेम करते हैं, वे शब्द, कर्म या मन में कोई प्रेम विरोधी या दयारहित काम नहीं करते हैं। प्रेम वही करता है, जो प्रेम में होता है।

15 अवचेतन मन और वैवाहिक समस्याएं

एक-दूसरे के प्रति प्रेम, शांति और सद्भाव प्रसारित करें। आपका अवचेतन मन इन कंपनों को पकड़ लेता है, जिससे आपसी विश्वास, प्रेम और सम्मान बढ़ता है।

अधिकतर लोगों की वैवाहिक समस्याएं मन की कार्यविधि और शक्तियों को सही तरह से न समझ पाने के कारण होती हैं। यदि पति-पत्नी दोनों ही मस्तिष्क के नियम का सही प्रयोग करें, तो उनके बीच का संघर्ष खत्म हो सकता है। यदि एक साथ प्रार्थना करेंगे, तो एक साथ बने रहेंगे। दैवी आदर्शों का मनन, जीवन के नियमों का अध्ययन, साझे उद्देश्य व योजना पर आपसी सहमति और व्यक्तिगत स्वतंत्रता का आनंद सामंजस्यपूर्ण वैवाहिक जीवन प्रदान करता है और दो मनुष्यों को एक कर देता है।

शादी से पहले ही तलाक को रोका जा सकता है। बुरी स्थिति से बाहर निकलने के फैसले में कोई गलत बात नहीं है, लेकिन असल बात यह कि बुरी स्थिति में पड़ना ही क्यों? क्या यह बेहतर नहीं होगा कि वैवाहिक समस्याओं के असली कारण पर ध्यान देते समय मामले की जड़ तक पहुँच जाएं?

वैवाहिक दु:ख, विवाद, अलगाव और तलाक की समस्याएँ महिला-पुरुषों की बाकी समस्याओं से अलग नहीं हैं। ये समस्याएँ उनके चेतन और अवचेतन मन की कार्यविधि तथा आपसी संबंध की नासमझी से पैदा होती हैं।

विवाह का अर्थ

वैवाहिक जीवन को वास्तविक बनाने के लिए, विवाह की शुरुआत ठोस आध्यात्मिक नींव से होनी चाहिए। दिल से होनी चाहिए, क्योंकि दिल में प्रेम भरा होता है। ईमानदारी, सच्चाई, दयालुता और अखंडता सभी प्रेम के पहलू हैं। दोनों ही जीवन साथियों को एक-दूसरे के प्रति पूरी तरह ईमानदार और सच्चा रहना चाहिए। यदि कोई अपने गौरव को बढ़ाने या किसी महिला की दौलत या सामाजिक प्रतिष्ठा में हिस्सा पाने के लिए शादी करे, तो यह सच्चा विवाह नहीं होगा। यह ईमानदारी और सच्चे प्रेम की कमी का संकेत है। इस तरह का विवाह मजाक, धोखा और नाटक है।

यदि कोई औरत कहती है कि मैं काम करते-करते थक चुकी हूँ। मैं सुरक्षा की खातिर शादी करना चाहती है, तो उसका वैवाहिक आधार ही गलत है। वह मस्तिष्क के नियमों का सही तरह से प्रयोग नहीं कर रही है। उसकी सुरक्षा चेतन और अवचेतन मन के अंतर्संबंध के ज्ञान तथा इसके प्रयोग पर निर्भर करती है। यदि कोई इस पुस्तक के अध्यायों में बताई गई तकनीकों पर अमल करे, तो उसे दौलत या सेहत की कभी कमी नहीं होगी। उसकी दौलत उसके पति, माता-पिता या किसी अन्य स्रोत के बजाय अपने आप आएगी। महिला सेहत, शांति, खुशी, प्रेरणा,

मार्गदर्शन, प्रेम, दौलत, सुरक्षा, सुख या विश्व की किसी अन्य चीज के लिए अपने पति पर निर्भर नहीं है। उसे सुरक्षा और मानसिक शांति तो अपने अंदर की शक्तियों के ज्ञान और अपने मस्तिष्क के नियमों के सतत सृजनात्मक प्रयोग से मिलती है।

आदर्श पति को कैसे आकर्षित करें

आप पहले ही पढ़ चुकी हैं और अब तक आप जान चुकी होंगी कि आपका अवचेतन मन कैसे काम करता है। आप जानती हैं कि आप इस पर जो भी छाप छोड़ेंगी, वह बाहरी जगत में साकार हो जाएगी। इसी समय अपने अवचेतन मन पर उन गुणों और लक्षणों की छाप छोड़ें, जो आप किसी पुरुष में चाहती हैं।

यहाँ एक उत्कृष्ट तकनीक दी जा रही है- रात को कुर्सी पर बैठ जाएँ, आँखें बंद कर लें, शिथिल हो जाएं, शरीर को पूरी तरह ढीला छोड़ दें। बहुत शांत, निष्क्रिय और ग्रहणशील बन जाएं। अपने अवचेतन मन से बात करें और कहें कि मैं अब एक ऐसे पुरुष को आकर्षित कर रही हूँ, जो ईमानदार, सच्चा, वफादार, निष्ठावान, शांत, खुश और समृद्ध है। जिन गुणों की मैं प्रशंसा करती हूँ, वे मेरे अवचेतन मन में इसी समय उतर रहे हैं। इन गुणों पर विचार करते समय वे मेरा हिस्सा बन जाते हैं और अवचेतन रूप से साकार हो जाते हैं।

मैं जानती हूँ कि आकर्षण का नियम अचूक होता है और मैं अपने अवचेतन विश्वास के अनुसार अपनी ओर किसी पुरुष को आकर्षित करती हूँ। मैं उसे आकर्षित करती हूँ, जिसे मैं अपने अवचेतन मन में सच्चा महसूस करती हूँ। मैं उसकी शांति और सुख को बढ़ा सकती हूँ। यह मेरे आदर्शों से प्रेम करता है और मैं उसके आदर्श से प्रेम करती हूँ। वह मुझे बदलकर नया नहीं बनाना चाहता है और न ही मैं उसे बदलकर नया बनाना चाहती हूँ। हमारे बीच आपसी प्रेम, स्वतंत्रता और सम्मान है।

अपने अवचेतन मन में विचार भरने की इस प्रक्रिया का अभ्यास करें। फिर आपकी ओर ऐसा पुरुष आकर्षित हो जाएगा, जिसमें वही गुण और लक्षण होंगे, जिनकी आपने मानसिक रूप से कल्पना की थी। आपकी अवचेतन बुद्धिमत्ता आपके लिए एक ऐसा रास्ता खोल देगी, जिसके द्वारा आप दोनों मिल सकेंगे। ऐसा आपके अवचेतन मन के अचूक और अपरिवर्तनीय प्रवाह के अनुरूप होगा। अपने अंदर सर्वश्रेष्ठ प्रेम, निष्ठा और सहयोग देने की तीव्र इच्छा रखें। प्रेम के इस उपहार के प्रति ग्रहणशील रहें, जो आपने अपने अवचेतन मन को दिया है।

आदर्श पत्नी को कैसे आकर्षित करें

अपनी आदर्श जीवनसाथी को आकर्षित करने के लिए नीचे दी गई सकारात्मक घोषणा करें-

मैं अब उपयुक्त महिला को आकर्षित कर रहा हूँ, जिसके साथ मेरा पूरा तालमेल होगा। यह आध्यात्मिक मेल है, क्योंकि यह दैवी प्रेम है। यह प्रेम किसी ऐसी महिला के व्यक्तित्व द्वारा काम कर रहा है, जिसके साथ मेरी जोड़ी आदर्श रहेगी। मैं जानता हूँ कि मैं इस महिला को प्रेम, प्रकाश, शांति और खुशी दे सकता हूँ। मैं महसूस करता हूँ और विश्वास करता हूँ कि मैं इस महिला के जीवन को पूर्ण व अद्भुत बना सकता हूँ।

मैं अब आदेश देता हूँ कि उसमें ये गुण और आदतें हैं वह आध्यात्मिक, निष्ठावान, वफादार और ईमानदार है। वह सामंजस्यपूर्ण, शांत और खुशमिजाज है। हम एक-दूसरे के प्रति प्रबलता

से आकर्षित हैं। जो प्रेम, सत्य और सुंदरता से संबंध रखता है, वही मेरे अनुभव में आ सकता है। मैं अब अपने आदर्श जीवनसाथी को स्वीकार करता हूँ।

जब आप शांति और गहरी रुचि से उन गुणों और लक्षणों के बारे में सोचेंगे, जिन्हें आप अपने चाहे गए साथी में पसंद करते हैं, तो आप अपनी मानसिकता में उसका मानसिक समतुल्य बना लेंगे। फिर आपके अवचेतन मन का अधिक गहरा प्रवाह आप दोनों को दैवी विधान के तहत एक साथ ले आएगा।

तीसरी गलती की जरूरत नहीं

शीला बी. कई सालों से काम कर रही है। उसने मुझसे कहा कि मैं तीन आदमियों से शादी कर चुकी हूँ और तीनों ही निष्क्रिय तथा दब्बू थे। वे निर्णय लेने तथा प्रत्येक चीज के लिए मुझ पर निर्भर थे! मेरी तरफ ऐसे ही मनुष्य क्यों आकर्षित होते हैं?

मैंने उससे पूछा कि क्या दूसरी शादी करने से पहले वह जानती थी कि उसके होने वाले पति में पहले पति जैसा ही चरित्र था। जाहिर है, नहीं, उसने जोर देकर कहा। अगर मैं पहले से जानती कि वह इतना दब्बू है, तो मैं उससे शादी ही नहीं करती। यही मेरे तीसरे पति के साथ हुआ।

दिक्कत उन आदमियों में नहीं थी, जिनसे शीला ने शादी की थी। दिक्कत तो उसके अपने व्यक्तित्व की बनावट में थी। वह बहुत हठीली थी और प्रत्येक स्थिति पर नियंत्रण करना चाहती थी। एक स्तर पर वह ऐसा जीवनसाथी चाहती थी, जो दब्बू और निष्क्रिय हो, ताकि वह स्वयं निर्णायक भूमिका निभा सके।

उसकी अधिक गहरी आवश्यकता ऐसे जीवनसाथी की थी, जो उसकी बराबरी का हो। उसकी अवचेतन तस्वीर ऐसे मनुष्य को आकर्षित कर रही थी, जिसे वह चाहती तो थी, लेकिन शादी के बाद उसे पता चलता था कि वह उसकी वास्तविक आवश्यकता पूरी नहीं करता था। उसे सही प्रार्थना प्रक्रिया अपनाकर इस दुष्चक्र को तोड़ना सीखना पड़ा।

नकारात्मक दुष्चक्र को कैसे तोड़ें

शीला बी. को सच्चाई पता चल गई कि जब आप विश्वास करते हैं कि आप आदर्श पार्टनर पा सकते हैं, तो आपको अपने विश्वास के अनुरूप ही मिलेगा। पुराने अवचेतन तंत्र को तोड़ने और अपनी तरफ आदर्श जीवनसाथी को आकर्षित करने के लिए शीला ने इस प्रार्थना का प्रयोग किया-

मैं अपनी मानसिकता में उस तरह का मनुष्य रख रही हूँ, जिसकी मैं गहराई से इच्छा करती हूँ। मैं जिस पुरुष को पति के रूप में आकर्षित करती हूँ, वह प्रभावी, सशक्त, प्रेमपूर्ण, सफल, ईमानदार, वफादार और निष्ठावान है। उसे मुझसे प्रेम और खुशी मिलती है। मैं उसकी बताई राह पर चलना पसंद करती हूँ। मैं जानती हूँ कि वह मुझे चाहता है और मैं उसे चाहती हूँ। मैं ईमानदार, सच्ची, प्रेमपूर्ण और दयालु हूँ। मेरे पास उसे देने के लिए अद्भुत तोहफे हैं- सद्भावना, खुशनुमा दिल और स्वस्थ शरीर। वह भी मुझे यही तोहफे देता है। यह साझा है। मैं देती और पाती हूँ।

दैवी ज्ञान जानता है कि वह पुरुष कहाँ है और मेरे अवचेतन मन की अधिक गहरी बुद्धिमत्ता अब हम दोनों को अपने तरीके से करीब ला रही है। हम एक-दूसरे को देखते ही तत्काल पहचान

लेंगे। मैं यह आग्रह अपने अवचेतन मन के हवाले कर रही हूँ, जो जानता है कि इस आग्रह को कैसे पूरा करना है। मैं आदर्श उत्तर के लिए धन्यवाद देती हूँ।

उसने इस तरीके से प्रत्येक दिन प्रार्थना की- सुबह उठते ही और रात को सोते समय। उसने इस विश्वास के साथ इन सच्चाइयों की सकारात्मक घोषणा की कि मस्तिष्क में बार-बार दोहराने से वह उस मानसिक समतुल्य तक पहुँच जाएगी, जिसे वह चाहती थी।

उसकी प्रार्थना का उत्तर

बहुत महीने बीतने के बाद भी शीला डेटिंग करती रही और सामाजिक उत्सवों में भी जाने लगी, लेकिन वह जिन व्यक्तियों से मिली, उनमें से कोई भी ऐसा नहीं लगा, जिसकी उसे तलाश थी। वह सोचने लगी कि कहीं उसकी तलाश अधूरी तो नहीं रह जाएगी। उसने पाया कि वह खुद से सवाल पूछ रही है, डावाँडोल हो रही है, शंका कर रही है और ढुलमुल हो रही है। इस मोड़ पर उसने खुद को याद दिलाया कि असीमित बुद्धिमत्ता इस काम को अपने तरीके से कर रही है। इसके बारे में चिंता करने की कोई जरूरत नहीं है। जब उसे कोर्ट से तलाक का आखिरी आदेश मिल गया, तो उसे मुक्ति और मानसिक स्वतंत्रता की गहराई महसूस हुआ।

इसके बाद जल्दी ही उसे एक मेडिकल कंपनी में प्रमुख प्रशासक का नया पद मिल गया। नौकरी के पहले दिन एक वरिष्ठ डॉक्टर उसके कमरे में परिचय करने के लिए आए। जिस दिन शीला ने इस पद के लिए इंटरव्यू दिया था, उस दिन वे एक मेडिकल कॉन्फ्रेंस में भाग लेने के लिए शहर से बाहर गए थे। जिस पल वे अंदर आए, वह जान गई कि यही वह पुरुष है, जिसके लिए वह प्रार्थना कर रही थी। जाहिर है, डॉक्टर को भी इसका अंदाजा हो गया था। एक महीने के अंदर ही डॉक्टर ने शीला के सामने शादी का प्रस्ताव रख दिया। बाद में उनका वैवाहिक जीवन सुखद रहा। यह डॉक्टर निष्क्रिय या दब्बू किस्म के नहीं थे। वे सशक्त, आत्मविश्वासी और निर्णायक थे। अपने क्षेत्र में वे बहुत सम्मानित थे और कॉलेज के दिनों में बहुत अच्छे खिलाड़ी भी रह चुके थे। वे गहरे आध्यात्मिक मनुष्य भी थे।

शीला को वह जीवनसाथी मिल गया, जिसके लिए उसने प्रार्थना की थी। ऐसा इसलिए हुआ, क्योंकि उसने इसका मानसिक रूप से तब तक दावा किया, जब तक कि वह संतृप्ति के बिंदु तक नहीं पहुँच गई। दूसरे शब्दों में, वह मानसिक और भावनात्मक रूप से अपने विचार के साथ एकाकार हो गई तथा यह उसका हिस्सा बन गया।

तलाक की समस्या और समाधान

माना जाता है कि तलाक नितांत व्यक्तिगत सवाल है। इसका कोई ऐसा आम उत्तर नहीं हो सकता, जो सब पर सही बैठता हो। लेकिन कुछ मामलों में तो शादी ही नहीं होनी चाहिए थी। दूसरे मामलों में तलाक समस्या का

समाधान नहीं है। तलाक एक के लिए सही और दूसरे के लिए गलत हो सकता है। जिसे तलाक दिया जा रहा है, वह झूठी जिंदगी जी रहे कई विवाहित मनुष्यों से ज्यादा सच्चा और बेहतर हो सकता है।

उदाहरण के लिए, एक बार मुझसे एक महिला ने परामर्श लिया, उसका पति उसे मारता-पीटता था और नशे की लतपूर्ति के लिए उसके पैसे चुरा लेता था। उस महिला को बचपन से

सिखाया गया था कि शादी पवित्र और स्थायी होती है तथा तलाक अनैतिक है। मैंने उसे बताया कि सच्चा विवाह दो दिलों का मेल होता है, लेकिन दो दिल सामंजस्य, प्रेम और ईमानदारी से एक होते हैं, तो यह आदर्श विवाह है। प्रेम करना दिल का पवित्र कर्म है।

मुझे सुनने के बाद वह जान गई कि उसे क्या करना चाहिए। वह अपने मन में जानती थी कि ऐसा कोई दैवी नियम नहीं है, जो उसे मजबूर करता हो कि वह धौंस में रहे, डाँट खाती रहे और पिटती रहे, सिर्फ इसलिए क्योंकि किसी ने एक बार कहा था कि आज से तुम दोनों पति-पत्नी हो। लेकिन आप असमंजस में हो कि क्या करना है, तो मार्गदर्शन माँगें। जान लें कि प्रत्येक सवाल का हमेशा कोई-न-कोई उत्तर होता है और यह आपको मिलेगा। आपकी आत्मा की खामोशी में आपको जो उत्तर मिले, उस पर अमल करें। यह आपसे शांति में बोलती है।

तलाक तक पहुंचना

मैंने एक युवा दंपति से बात की, जो शादी के कुछ महीने बाद ही तलाक ले रहे थे। युवक को लगातार भय सताता रहता था कि उसकी पत्नी उसे छोड़कर चली जाएगी। उसे अस्वीकृति की आशंका थी और वह मानता था कि उसकी पत्नी उसके प्रति वफादार नहीं थी। ये विचार उसे बुरी तरह सताने लगे और उस पर हावी हो गए। उसका मानसिक नजरिया अलगाव और शंका का था। महिला उसके प्रति उदासीन महसूस करने लगी, लेकिन यह उस पुरुष की भावना का ही परिणाम था। अलगाव का माहौल पति के अवचेतन मन से संचालित हो रहा था और इसने उसके पीछे के मानसिक पैटर्न के अनुरूप स्थिति या कर्म उत्पन्न कर दिया। यह क्रिया और प्रतिक्रिया या कारण और परिणाम का नियम है। विचार किया है, जिस पर अवचेतन मन प्रतिक्रिया करता है। उसकी पत्नी घर छोड़कर चली गई और उसने तलाक का आवेदन दे दिया- वही हुआ, जिसका उस पति को भय और विश्वास था।

तलाक मन में शुरू होता है

तलाक सबसे पहले मन में शुरू होता है, कानूनी कार्यवाही तो बहुत बाद में होती है। ये युवा पति-पत्नी द्वेष, भय, शंका और क्रोध से भरे थे। इस तरह का विचार पूरे अस्तित्व को कमजोर और पस्त कर देता है। उन्होंने यह जाना कि नफरत अलग करती है और प्रेम मिलाता है। उन्हें महसूस होने लगा कि वे अपने मस्तिष्क के साथ क्या कर रहे थे। उनमें से कोई भी मानसिक कर्म के नियम को नहीं जानता था। वे अपने दिमाग का दुरुपयोग कर रहे थे और परेशानी तथा दु:ख को आमंत्रित कर रहे थे।

मेरे सुझाव पर यह दंपत्ति एक साथ रहने लगे और प्रार्थना चिकित्सा के प्रयोग करने लगे। वे एक-दूसरे के प्रति प्रेम, शांति और सद्भावना जताने लगे। वे एक-दूसरे के प्रति सामंजस्य, सेहत, शांति और प्रेम प्रसारित करते थे तथा प्रत्येक रात को बारी-बारी से भजन पढ़ते थे। उनकी इस सच्ची कोशिश और अवचेतन मन को लाभकारी संवेगों से भरने की बदौलत उनका वैवाहिक जीवन प्रत्येक दिन पहले से ज्यादा सुंदर होता जा रहा है।

चिड़चिड़ी पत्नी

आपने देखा होगा कि कई बार पत्नी इसलिए चिड़चिड़ाती है, क्योंकि उस पर ध्यान नहीं दिया जाता है। उसकी प्रेम और स्नेह की नैसर्गिक इच्छा ऐसे तरीके से व्यक्त होती है, जिससे उसका

जीवनसाथी उससे और दूर भागने लगता है। अपनी पत्नी पर ध्यान दें और उसकी सराहना करें। उसके कई अच्छे गुणों या बातों की प्रशंसा करें और उसे ऊपर उठाएँ।

चिड़चिड़ेपन का एक और प्रकार जीवनसाथी को किसी खास तरीके से चलाने की इच्छा है। यह जीवनसाथी को दूर भगाने का बहुत ही प्रभावी उपाय है। पति-पत्नियों को ध्यान रखना होगा कि वे आक्रामक न बनें, न ही एक-दूसरे के छोटे-मोटे दोषों या गलतियों की तलाश में जुटे रहें। दोनों को ही अपने जीवनसाथी के सृजनात्मक और अद्भुत गुणों पर ध्यान देना चाहिए तथा उनकी प्रशंसा करनी चाहिए।

विचारमग्न पति

यदि कोई पति अपनी पत्नी की किसी बात से उसके खिलाफ सोचने लगता है, तो वह अपनी विकृत मानसिकता द्वारा मनोवैज्ञानिक रूप से व्यभिचार कर रहा है। एडल्टरी का एक अर्थ आइडोलेटरी है, अर्थात नकारात्मक और विध्वंसात्मक चीजों पर ध्यान देना। जब कोई व्यक्ति खामोशी से अपनी पत्नी के प्रति द्वेषपूर्ण होता है, तो वह बेवफाई कर रहा है। वह अपनी शादी के प्रति वफादार नहीं है, जबकि उसने जिंदगी भर प्रेम करने, चाहने और सम्मान करने का वादा किया था।

कटु और द्वेषपूर्ण कोशिश करके वह अपने गुस्से को दबा सकता है और परवाह करने वाला, दयालु या शिष्ट बन सकता है। मतभेदों को भी कुशलता से मोड़ सकता है। यहां तक कि तारीफ और मानसिक कोशिश करके वह विरोध की आदत से भी बाहर निकल सकता है। लेकिन जब वह अपने अवचेतन मन में शांति, सामंजस्य और प्रेम के विचार रखेगा, तो वह पाएगा कि उसके न सिर्फ पत्नी, बल्कि जीवन में बाकी सभी के साथ भी ज्यादा अच्छे और मधुर संबंध हैं। सद्भावनापूर्ण अवस्था अपनाने से उसे शांति तथा सद्भावना मिल जाएगी।

मुश्किलों के बारे में बात करना

पड़ोसियों और रिश्तेदारों से अपनी वैवाहिक समस्याओं या मुश्किलों के बारे में बात करना कई बार एक बहुत बड़ी गलती हो जाती है। यदि पत्नी पड़ोसन से कहती है कि जॉन अपनी माँ के साथ बहुत बुरा सलूक करता है, बहुत ज्यादा पीता है और हमेशा अपमान और अपशब्द भी कहता रहता है। आप देखेंगे, यहाँ पर पत्नी अपने पति को सबकी निगाह में अपमानित कर रही है। यदि अपने पति की कमियाँ गिनाते समय वह अपने अंदर इन अवस्थाओं को पनपने का मौका दे रही है, तो ऐसी बातें कौन सोच रहा है? आपने देखा होगा कि जैसा आप सोचते तथा महसूस करते हैं, वैसे ही आप होते हैं।

देखा जाता है कि रिश्तेदार आम तौर पर आपको गलत सलाह देते हैं। यह पक्षपातपूर्ण और पूर्वाग्रह से ग्रस्त होती है। आपको मिलने वाली सलाह, लेकिन स्वर्णिम नियम की अवहेलना करती है, जो ब्रह्मांड का नियम है, तो वह न तो अच्छी है, न ही दमदार। यह याद रखना जरूरी है कि दो मनुष्य स्वभाव के टकराव, दर्द और तनाव के पलों के बिना एक छत के नीचे नहीं रह सकते। याद रहे, अपने विवाह के दुःखद पहलू का प्रदर्शन किसी के भी सामने न करें। अपनी लड़ाइयाँ अपने तक ही सीमित रखें। इस तरह आप अपने जीवनसाथी की आलोचना या निंदा से बच सकते हैं।

जीवनसाथी बदलने की कोशिश का परिणाम

अक्सर देखा गया है कि पति-पत्नी अपने जीवनसाथी बदलने की कोशिश करते हैं। जबकि उन्हें बदलने की कोशिश उनका अपमान करना है कि वे खुद महत्त्वपूर्ण नहीं हैं। इस प्रकार की कोशिशें हमेशा मूर्खतापूर्ण होती हैं और वैवाहिक जीवन को तबाह भी कर देती हैं। क्योंकि किसी को बदलने की कोशिश उसके गर्व और आत्मसम्मान को नष्ट कर देती है। यह विरोध और द्वेष की भावना जगाती है, जो वैवाहिक संबंध के लिए घातक साबित हो सकता है।

यहाँ पर आपसी तालमेल की सबसे ज्यादा जरूरत होती है। क्योंकि हममें से कोई भी आदर्श नहीं है और यह सबके बारे में सच है। आप अपने दिमाग के अंदर अच्छी तरह झांककर देखो और अपने चरित्र तथा व्यवहार का अध्ययन करोगे, तो आपको कई कमियाँ मिल जाएँगी और उन्हें दूर करने में आप जिंदगी भर व्यस्त रह सकते हैं। लेकिन आप सोचते हैं कि मैं उसे अपने मनचाहे साँचे में ढालूँगा, तो आप समस्या को आमंत्रित कर रहे हैं और तलाक का रास्ता पकड़ रहे हैं। आप दु:ख की तलाश कर रहे हैं। आपको कठोर तरीके से सीखना होगा कि बदलना है, तो खुद को बदलें।

बुद्धिमत्ता से मार्गदर्शन

पहला पायदान- कभी भी छोटी-मोटी निराशाओं से होने वाली चिढ़ को अगले दिन तक न ढोएं। रात को सोने से पहले एक-दूसरे को प्रत्येक कड़वी बात के लिए माफ कर दें। आप सुबह जिस पल जागें, यह दावा करें कि असीमित बुद्धिमत्ता आपको सभी तरीकों से मार्गदर्शन दे रही है। शांति, सामंजस्य और प्रेम के विचार अपने जीवनसाथी, परिवार के सभी सदस्यों और पूरे विश्व की तरफ प्रेषित करें।

दूसरा पायदान- नाश्ते के समय भगवान को याद करें। स्वादिष्ट भोजन, समृद्धि और सभी नियामतों के लिए शुक्रिया अदा करें। यह सुनिश्चित करें कि टेबल पर समस्या, चिंता या बहस की बातचीत न हो। यही डिनर पर भी लागू करें। अपने जीवनसाथी से कहें कि मैं आपके सभी कामों की सराहना करता हूँ और दिन भर आपकी ओर प्रेम तथा सद्भाव फैलाता हूँ।

तीसरा पायदान- पति-पत्नी को प्रत्येक रात बारी-बारी से प्रार्थना करनी चाहिए। अपने जीवनसाथी को अनदेखा न करें। अपना प्रेम और सराहना जताएं। निंदा, आलोचना और चिढ़ के बजाय सराहना और सद्भाव के विचार रखें। शांत घर और सुखद वैवाहिक जीवन बनाने का तरीका प्रेम, सुंदरता, सद्भाव, आपसी सम्मान, ईश्वर में विश्वास और सभी अच्छी चीजों की नींव रखना है। जब आप इन सच्चाइयों का अभ्यास करेंगे, तो आपका वैवाहिक जीवन बेहतर बन जाएगा।

याद रखने लायक विचार

1. एक साथ प्रार्थना करेंगे, तो एक साथ बने रहेंगे। वैज्ञानिक प्रार्थना सभी समस्याएं सुलझा देती है। मानसिक रूप से अपनी पत्नी की वैसी तस्वीर बनाएँ, जैसी उसे होना चाहिए: खुश, सुखी, स्वस्थ और सुंदर। अपने पति को उस तरह देखें, जैसा उसे होना चाहिए- सशक्त, शक्तिशाली, प्रेमपूर्ण, सद्भावनापूर्ण और दयालु। मानसिक तस्वीर देखते रहेंगे, तो

आप अनुभव करेंगे कि आपका वैवाहिक जीवन स्वर्ग बन चुका है, जो सद्भाव और शांति से भरा है।

2. तलाक को रोकने का सबसे अच्छा समय विवाह से पहले है। लेकिन आप सीख लेते हैं कि सही तरीके से प्रार्थना कैसे करना है, तो आप अपनी ओर सही जीवनसाथी को आकर्षित करेंगे।

3. मानसिक और आध्यात्मिक नियमों का अज्ञान ही सारे वैवाहिक दुखों का कारण है। साथ-साथ वैज्ञानिक प्रार्थना करने पर आप एक साथ बने रहते हैं।

4. विवाह पुरुष और स्त्री का मेल है, जो प्रेम की डोर से आपस में बँधते हैं। उनके दिल एक होकर धड़कते हैं और वे आगे, ऊपर तथा ईश्वर की तरफ बढ़ते हैं।

5. आप उन गुणों और विशेषताओं पर विचार करके सही जीवनसाथी को आकर्षित करते हैं, जिनकी प्रशंसा आप किसी पुरुष या महिला में करते हैं। फिर आपका अवचेतन मन आपको दैवी विधान में एक कर देगा।

6. विवाह खुशी की गारंटी नहीं है। मनुष्य ईश्वर के शाश्वत सत्यों और जीवन के आध्यात्मिक मूल्यों के जरिये खुशी पाते हैं। फिर पुरुष और महिला एक-दूसरे की खुशी और सुख में योगदान दे सकते हैं।

7. आप जीवनसाथी में जो चाहते हैं, उसके मानसिक समतुल्य को अपनी मानसिकता में बना लें। लेकिन आप जीवन में सच्चे, ईमानदार और प्रेमपूर्ण जीवनसाथी को आकर्षित करना चाहते हैं, तो आपको खुद ईमानदार, सच्चा और प्रेमपूर्ण बनना होगा।

8. आपको शादी में गलतियाँ दोहराने की जरूरत नहीं है। जब आप सचमुच विश्वास करते हैं कि आपको आदर्श जीवनसाथी मिल सकता है, तो आपको अपने विश्वास के अनुरूप ही मिलेगा। विश्वास करना किसी चीज को सच मानना है। अपने आदर्श साथी को मानसिक रूप से इसी समय स्वीकार करें।

9. यदि आप अपने जीवनसाथी के प्रति दुर्भावना, दुश्मनी, गुबार और चित्र रखते हैं, तो आप मानसिक रूप से तलाकशुदा हैं। आप मानसिक रूप से अपने मस्तिष्क में उसकी गलतियों पर ध्यान केंद्रित कर रहे हैं।

10. अपने जीवनसाथी के प्रति भय के विचार रखना बंद कर दें। प्रेम, शांति, सद्भाव और तादात्मय के विचार रखें । आपका वैवाहिक जीवन दिनोंदिन अधिक सुंदर और अद्भुत होता जाएगा।

11. अपनी वैवाहिक कसमों पर चलें कि मैं जीवन भर उसे प्रेम और सम्मान देने का वादा करता हूँ।

12. चिड़चिड़ा जीवनसाथी आम तौर पर ध्यान और सम्मान चाहता है। वह प्रेम और स्नेह का भूखा होता है। उसके कई अच्छे गुणों की तारीफ करें और उसे ऊपर उठाएँ। उसे दिखाएँ कि आप उससे प्रेम करते हैं और उसकी सराहना करते हैं।

13. एक-दूसरे के प्रति प्रेम, शांति और सद्भाव प्रसारित करें। आपका अवचेतन मन इन कंपनों को पकड़ लेता है, जिससे आपसी विश्वास, प्रेम और सम्मान बढ़ता है।

14. वैवाहिक समस्याओं में हमेशा विशेषज्ञ की सलाह लें। आप दाँत निकलवाने के लिए कारपेंटर के पास नहीं जाते हैं। इसी तरह आपको अपनी वैवाहिक समस्याओं के बारे में रिश्तेदारों या दोस्तों से बातचीत नहीं करनी चाहिए। लेकिन आपको सलाह की जरूरत हो, तो किसी प्रशिक्षित सलाहकार के पास जाएँ।
15. जो जीवनसाथी एक-दूसरे से प्रेम करते हैं, वे शब्द, कर्म या मन में कोई प्रेम विरोधी या दयारहित काम नहीं करते हैं। प्रेम वही करता है, जो प्रेम में होता है।
16. कभी भी अपने पति या पत्नी को बदलकर दोबारा गढ़ने की कोशिश न करे। ये प्रयास हमेशा मूर्खतापूर्ण होते हैं और सामने वाले के गर्व तथा आत्मसम्मान को खत्म कर देते हैं। यही नहीं, इससे द्वेष की भावना भी उत्पन्न होती है, जो वैवाहिक संबंध के लिए घातक साबित हो सकती है। अपना दूसरा संस्करण बनाने की कोशिश से बचें।

आपको खुशी का चुनाव करना होगा। खुशी एक आदत है। यह एक अच्छी आदत है, जिस पर अक्सर विचार करना चाहिए।

16

अवचेतन मन और खुशी

आपके अंदर जबर्दस्त शक्ति है। जब आप इस शक्ति में परम विश्वास करने लगेंगे तो आप सुखी हो जाएँगे। तब आप अपने सपनों को साकार कर पाएँगे।

अमेरिकी मनोवैज्ञानिक विलियम जेम्स ने कहा था कि 19वीं सदी की सबसे महान खोज भौतिक शास्त्र में नहीं, बल्कि सबसे बड़ी खोज विश्वास से प्रेरित अवचेतन की शक्ति थी। प्रत्येक मनुष्य में शक्ति का असीमित भंडार होता है, जो किसी भी समस्या को परास्त कर सकता है। सच्ची खुशी आपके जीवन में उस दिन आएगी, जब आप महसूस करेंगे कि आप किसी भी कमजोरी से उबर सकते हैं- जब आपको यकीन हो जाएगा कि आपका अवचेतन आपकी समस्याओं को सुलझा सकता है, आपके शरीर का उपचार कर सकता है और आपको आपके सपनों से भी ज्यादा समृद्धि दिला सकता है।

जब आपकी अपने जीवनसाथी से सगाई हुई थी, तो आप बहुत खुश हुए होंगे। शायद आपको तब भी बहुत खुशी महसूस हुई होगी, जब आप कॉलेज से ग्रेजुएट हुए हों, जब आपकी शादी हुई हो, जब आपका बच्चा पैदा हुआ हो या जब आपने कोई बड़ी विजय या पुरस्कार प्राप्त किया हो। आप दूसरे अनुभवों की सूची भी बना सकते हैं, लेकिन चाहे ये अनुभव कितने ही अद्भुत क्यों न हों, ये सच्ची स्थायी खुशी नहीं देते हैं। ये सारे अनुभव अस्थायी हैं।

इन बातों का 'द बुक ऑफ प्रोवर्ब्स' उत्तर देती है कि जो भी ईश्वर में भरोसा करता है वह सुखी है। यदि आप ईश्वर पर भरोसा करते हैं, तो वे सभी क्षेत्रों में आपका नेतृत्व, नियंत्रण और निर्देशन करेंगे, आप संतुलित, शांत और आरामदेह महसूस करेंगे। यदि आप सबके प्रति प्रेम, शांति और सद्भावना प्रसारित करते हैं, तो आप अपने जीवन में खुशी की इमारत बना रहे होते हैं।

खुशी का चुनाव

अब आप समझ गये होंगे कि खुशी एक मानसिक अवस्था है। बाइबल में कहा गया है कि एक दिन आप चुनें कि आप किसकी सेवा करेंगे। आपके पास खुशी का चुनाव करने की स्वतंत्रता है। यह बहुत आसान दिखता है, लेकिन मनुष्य खुशी की राह पर लड़खड़ा जाता है। क्योंकि वह खुशी की सादगी भरी कुंजी को नहीं देख पाता है, बल्कि जीवन की महान चीजें आसान, प्रगतिशील और रचनात्मक हैं और वे जीवन में कल्याण और खुशी प्रदान करती हैं।

सेंट पॉल ने कहा था कि आप किस तरह सोचकर प्रबल शक्ति और खुशी का जीवन पा सकते हैं-

भाइयों, जो सच और ईमानदार हैं, जो भी चीजें न्यायपूर्ण हैं, जो भी चीजें शुद्ध हैं, जो भी चीजें प्यारी हैं, जो भी चीजें अच्छी प्रतिष्ठा की हैं; लेकिन कोई गुण है, और लेकिन कोई प्रशंसा है, तो इनके बारे में सोचें।

खुशी का चुनाव कैसे करें

आप हर समय खुशी का चुनाव कर सकते हैं। यह काम आप सुबह अपनी आँखें खोलते ही कर सकते हैं कि दैवी विधान आज और प्रत्येक दिन मेरे जीवन का संचालन करता है। सारी चीजें आज मेरे भले के लिए काम करती हैं। यह मेरे लिए एक नया और अद्भुत दिन है। इस दिन जैसा कोई दूसरा दिन कभी नहीं होगा। मुझे दिन भर दैवी मार्गदर्शन मिलता है और मैं अपने प्रत्येक काम में समृद्ध बनूँगा। दैवी प्रेम मुझे घेरे हैं, मेरे चारों तरफ है और मैं शांति से हूँ।

जब भी मेरा मन अच्छाई और सृजनात्मकता से भटकना शुरू होगा, तो मैं उस चीज के बारे में तत्काल सोचने लगूंगा, जो सुंदर और अच्छी है। मैं एक ऐसी आध्यात्मिक और मानसिक चुंबक हूँ, जो अपनी ओर सभी चीजों को आकर्षित करता है, जो मुझे नियामतें देती हैं और समृद्ध करती हैं। आज मैं अपने सभी कामों में अद्भुत सफलता पाऊंगा। निश्चित रूप से आज मैं दिन भर खुश रहूंगा।।

प्रत्येक दिन इसी तरह शुरू करें, फिर आप खुशी का चुनाव करेंगे और खुश तथा प्रफुल्लित रहेंगे।

खुश रहने की आदत

बहुत वर्षों पहले मैंने आयरलैंड के पश्चिमी किनारे पर कॉनेमारा में एक किसान के घर लगभग एक हफ्ता गुजारा था। मेजबान हमेशा गुनगुनाता और सीटी बजाता रहता था। इस खुशी का मैंने राज पूछ लिया। उसने कहा कि यह मेरी आदत है, जब मैं सोते-जागते अपने परिवार, फसल, जानवरों के लिए दुआएं मांगता हूँ और ईश्वर को धन्यवाद देता हूँ। इस किसान की यह 40 साल से भी ज्यादा पुरानी आदत थी। याद रखें कि निरंतर रूप से दोहराएं जाने वाले विचार अवचेतन मन में पहुँच जाते हैं और आदत बन जाते हैं। उसने समझ लिया था कि खुशी एक आदत है।

खुश रहने की इच्छा

यदि आप खुश रहना चाहते हैं, तो आपको एक महत्त्वपूर्ण बात याद रखनी चाहिए कि आपके मन में खुश होने की सच्ची इच्छा होनी चाहिए। कुछ लोग लंबे समय से तनावग्रस्त, दु:खी और निराश होते हैं और किसी अद्भुत, अच्छी, सुखद खबर से वे इतने खुश होते हैं जैसे कोई महिला प्रतिक्रिया करती है, एक बार मुझसे किसी ने कहा था कि इतना खुश होना ठीक नहीं है! मुझे लगता है कि वे अपनी पुरानी मानसिक संरचना के इतने आदी हो चुके हैं कि उन्हें खुशी सहज महसूस नहीं होती है। वे अपनी जानी-पहचानी तनावग्रस्त, दु:खी अवस्था में लौटने के लिए हर समय तैयार रहते हैं।

एक बार मैं इंग्लैंड की एक बूढ़ी महिला से मिला, जिसे कई सालों से आर्थराइटिस था। वह अपने घुटने थपथपाकर कहती थी कि मेरा आर्थराइटिस आज बुरी अवस्था में है। आज मैं बाहर नहीं जा सकती। मेरा आर्थराइटिस मुझे दु:खी कर रहा है। इस कारण उसके बेटी-बेटे और पड़ोसी उसका बहुत ध्यान रखने लगे। अर्थात वह अपने आर्थराइटिस को पसंद करती थी। वह अपने 'दु:ख' को पसंद करती थी। अपने अवचेतन मन के स्तर पर वह खुश नहीं होना चाहती थी।

मैंने उसे उपचार का एक तरीका सुझाया। मैंने उसे बाइबल की कुछ पंक्तियाँ लिखकर दीं और कहा कि यदि आप इन सच्चाइयों पर ध्यान केंद्रित करेंगी, तो आपका मानसिक नजरिया बदल जाएगा। यही विश्वास आपको स्वस्थ कर देंगे। उसने इसमें दिलचस्पी नहीं ली। कई लोगों की तरह वह भी अजीब मानसिक चिंता का शिकार थी, जिसे वह छोड़ना नहीं चाहती थी। उसे दुखी और परेशान रहना पसंद था या कम-से-कम उसे दु:ख से मिलने वाले लाभ ज्यादा पसंद।

दु:ख क्यों चुनना

बहुत से मनुष्य दु:ख को चुनते इस तरह के विचार रखते हैं-

1. वह कर सकता है, लेकिन मैं नहीं कर सकता।
2. मैं सफल नहीं हो पाऊँगा।
3. आज का दिन बुरा है। प्रत्येक चीज गड़बड़ होने वाली है।
4. प्रत्येक व्यक्ति मेरे खिलाफ है।
5. मैं हमेशा देर से पहुँचता हूँ।
6. मुझे कभी सुनहरे मौके नहीं मिलते हैं।
7. धंधा बुरा है और यह पहले से ज्यादा बुरा होने वाला है।

यदि इस प्रकार का आपका मानसिक नजरिया रहेगा तो आप अपनी ओर इन सभी दु:खद घटनाओं को आकर्षित करेंगे और बहुत दुखी रहेंगे। इसीलिए आपको यह महसूस करना चाहिए कि आप जिस विश्व में रहते हैं, वह इस बात से तय होता है कि आपके दिमाग में क्या चलता है। रोमन दार्शनिक मार्क्स ऑरेलियस ने कहा था 'मनुष्य का जीवन उसके विचारों से बनता है।' 19वीं सदी के अग्रणी अमेरिकी दार्शनिक इमर्सन ने कहा था, 'मनुष्य वैसा ही होता है, जैसा वह सोचता है। जो विचार आप आदतन अपने मस्तिष्क में रखते हैं, वे शारीरिक व भौतिक रूप में प्रकट हो जाते हैं। आप हर समय यह सुनिश्चित करते रहें कि नकारात्मक, पराजयवादी, बुरे या निराशाजनक विचार आपके नजदीक भी न आ सकें। आप मस्तिष्क को याद दिलाते रहें कि आप अपनी मानसिकता के बाहर भी अनुभव नहीं कर सकते हैं।

खुशी का पैमाना

महान लोगों का मानना है कि दौलत आपको सुखी नहीं बना सकती। लेकिन यह सुख में बाधक भी नहीं होती है। आज बहुत से लोग चीजें खरीदकर सुख पाने की कोशिश करते हैं- बेहतरीन टेलीविजन, नवीनतम कार, महँगे डिजाइनर कपड़े, फार्म हाउस। लेकिन सुख इस तरह से खरीदा या पाया नहीं जा सकता, लेकिन सुख का साम्राज्य तो आपके विचार और भावना में निहित होता है। बहुत से लोग सोचते हैं कि सुख उत्पन्न करने के लिए किसी खास घटना की जरूरत होती है। जैसे यदि मैं मेयर बन जाऊँ, कॉरपोरेशन का सीईओ बन जाऊँ या अखबार के सोसायटी पेज पर मेरी फोटो छप जाए, तो मैं सुखी हो जाऊँगा। सच तो यह है कि खुशी एक मानसिक और आध्यात्मिक अवस्था है। प्रमोशन या बाहरी सम्मान खुशी नहीं दे सकते। आपकी शक्ति, खुशी और सुख तो इस बात में निहित है कि आप अवचेतन मन में निवास करने वाले

दैवी विधान तथा सही कर्म के नियम का पता लगा लें और इन सिद्धांतों को अपने जीवन के सभी क्षेत्रों में लागू करें।

मानसिक शांति की फसल

कुछ साल पहले जब मैं सैन फ्रांसिस्को में भाषण दे रहा था, तो एक दुखी और निराश व्यक्ति मेरे पास आया। वह एक कंपनी का जनरल मैनेजर था और बिजनेस डावांडोल था। मैंने देखा कि उसके मन में कंपनी के प्रेसिडेंट और वाइस-प्रेसिडेंट के प्रति द्वेष भरा था। उसे लग रहा था कि उसके विचारों का विरोध करके वे कंपनी का मुनाफा कम कर रहे थे। बाजार में हिस्सेदारी कम और कंपनी के शेयर की कीमत भी गिर रही थी, जिससे उसे काफी चिंता हुई, क्योंकि उसका ज्यादातर भुगतान स्टॉक ऑप्शन्स के रूप में था।

ऐसे कठिन समय में उसने अपनी बिजनेस समस्या का इस तरह समाधान किया। वह प्रत्येक दिन सुबह-सुबह सकारात्मक घोषणा करता था कि हमारी कंपनी में काम करने वाले सभी कर्मचारी ईमानदार, सच्चे, सहयोगी, वफादार और सबके प्रति सदभावना से भरे हैं। वे इस कंपनी के विकास कल्याण और समृद्धि की जंजीर में मानसिक तथा आध्यात्मिक कड़ियाँ हैं। मैं अपने दो सहयोगियों और कंपनी के बाकी सभी कर्मचारियों के लिए अपने विचारों, शब्दों और कार्यों में प्रेम, शांति तथा सद्भावना प्रसारित करता हूँ। हमारी कंपनी के प्रेसिडेंट और वाइस-प्रेसिडेंट को सभी कामों में ईश्वर का मार्गदर्शन मिल रहा है। मेरे अवचेतन मन की असीमित बुद्धिमत्ता मेरे द्वारा सारे निर्णय लेती है। हमारे सभी बिजनेस सौदों और पारस्परिक संबंधों में सद्भाव निहित है।

मैं ऑफिस में जाने से पहले शांति, प्रेम और सदभावना के संदेश भेजता हूँ। कंपनी में काम करने वाले सभी मनुष्यों के दिलोदिमाग में शांति और सद्भाव कायम रहे, जिनमें मैं भी शामिल हूँ। मैं अब विश्वास, विश्वास और भरोसे के साथ एक नए दिन की शुरुआत करने जा रहा हूँ। इस बिजनेस एक्जीक्यूटिव ने ये विचार सच मानते हुए सुबह तीन बार धीरे-धीरे भावना के साथ दोहराए। दिन में जब भी उसके मन में भय या गुस्से के विचार आते थे, वह खुद से कहता था कि शांति, सद्भाव और संतुलन हमेशा मेरे मस्तिष्क पर शासन करते हैं।

जब वह इस तरीके से अपने मस्तिष्क को अनुशासित करता रहा, तो हानिकारक विचार आना बंद हो गए और उसके मन में शांति आ गई। उसने शांति की फसल काटी। बाद में उसने मुझे लिखा कि मस्तिष्क को व्यवस्थित करने के लगभग दो सप्ताह बाद प्रेसिडेंट और वाइस प्रेसिडेंट ने उसे अपने ऑफिस में बुलाकर उसके काम तथा नए सृजनात्मक विचारों की प्रशंसा की। उन्होंने यह टिप्पणी भी की कि वे कितने सौभाग्यशाली हैं, जो उन्हें ऐसा जनरल मैनेजर मिला है। उसे यह जानकर बहुत खुशी हुई कि मनुष्य खुद में खुशी पा सकता है।

घोड़े की कहानी

बहुत साल पहले मेरे दोस्त ने मुझे एक घोड़े की कहानी सुनाई। घोड़ा सड़क किनारे के ठूँठ को साँप जानकर डर रहा था। उस ठूँठ के पास आते ही घोड़ा बिदक जाता था। किसान ने ठूँठ को खोद, उसे जला दिया और उस जगह को समतल कर दिया। लेकिन इससे मदद नहीं मिली। बरसों बाद तक घोड़ा ठूंठ वाली जगह के पास पहुँचकर बिदकता रहा। आप समझ रहे होंगे कि घोड़ा ठूंठ की याद से बिदक रहा था।

इसी प्रकार आपकी खुशी में आपके विचार-जीवन और मानसिक छवि के सिवा कोई बाधा नहीं है। क्या भय या चिंता ने आपको पीछे रोक रखा है? भय आपके मन का एक विचार है। आप इसी समय इसे खोद सकते हैं और इसकी जगह सभी समस्याओं पर विजय, सफलता और उपलब्धि में विश्वास रख सकते हैं। मेरे एक जानकार का धंधा चौपट हो गया। उसने मुझसे कहा, 'मैंने गलतियाँ की थीं, लेकिन मैंने उनसे काफी कुछ सीख लिया है। मैं दोबारा बिजनेस शुरू कर रहा हूँ और मुझे इसमें जबर्दस्त सफलता मिलेगी।' उसने अपने मन के उस ठूँठ का सामना किया। उसने शिकायत नहीं की, वह रोया नहीं। इसके बजाय उसने असफलता के ठूँठ को उखाड़ फेंका। अपनी आंतरिक शक्तियों पर भरोसा करके उसने भय के सभी विचारों और पुरानी निराशाओं को दूर कर दिया। खुद पर विश्वास करें; आप सफल व सुखी बन जाएँगे।

सर्वश्रेष्ठ स्वरूप को सामने लाना

याद रहे कि सबसे सुखी मनुष्य वह है, जो लगातार अपने अंदर के सर्वश्रेष्ठ स्वरूप को सामने लाता है और उसका अभ्यास करता है। सुख और सदगुण एक-दूसरे के पूरक हैं। अच्छे मनुष्य न सिर्फ सबसे सुखी होते हैं, बल्कि आम तौर पर सफलता से जीने की कला में भी सबसे माहिर होते हैं। ईश्वर आपके अंदर सबसे ऊँचा और सबसे अच्छा है। ईश्वर के प्रेम, प्रकाश, सत्य और सुंदरता को अधिक व्यक्त करेंगे, तो आप विश्व के सबसे सुखी मनुष्यों में से एक बन जाएँगे।

ग्रीक स्टोइक दार्शनिक एपिक्टेटस ने कहा था- मानसिक शांति और सुख का बस एक ही रास्ता है; इसलिए इसे अपने साथ हमेशा रखें, तब भी जब आप सुबह जागें और पूरे दिन तथा जब आप सोने जाएँ, बाहरी चीजों से प्रभावित न हों, बल्कि इन सभी को ईश्वर को समर्पित कर दें।

सुख के पायदान

1. आपके अंदर जबर्दस्त शक्ति है। जब आप इस शक्ति में परम विश्वास करने लगेंगे तो आप सुखी हो जाएँगे। तब आप अपने सपनों को साकार कर पाएँगे।
2. विलियम जेम्स ने कहा था कि 19वीं सदी की सबसे बड़ी खोज विश्वास से प्रेरित अवचेतन मन की शक्ति है।
3. आप अपने अवचेतन मन की अद्भुत शक्ति द्वारा किसी भी पराजय पर विजय पा सकते हैं और किसी भी मनोकामना को पूरा कर सकते हैं। यही इस वाक्य का मतलब है कि जो मनुष्य ईश्वर (अवचेतन मन के आध्यात्मिक नियमों) में भरोसा करता है वह सुखी होता है।
4. जो भी चीजें सच हैं, जो भी चीजें ईमानदार हैं, जो भी चीजें न्यायपूर्ण हैं, जो भी चीजें शुद्ध हैं, जो भी चीजें प्यारी हैं, जो भी चीजें अच्छी प्रतिष्ठा की हैं । तो इनके बारे में सोचें।
5. आपको खुशी का चुनाव करना होगा। खुशी एक आदत है। यह एक अच्छी आदत है, जिस पर अक्सर विचार करना चाहिए।
6. जब आप सुबह अपनी आँखें खोलें, तो खुद से कहें कि मैं आज खुशी का चुनाव करता हूँ। मैं आज सफलता का चुनाव करता हूँ। मैं आज सही काम करने का चुनाव करता हूँ।

मैं आज सभी के लिए प्रेम और सद्भावना का चुनाव करता हूँ। मैं आज शांति का चुनाव करता हूँ। इस सकारात्मक घोषणा में जीवंतता, प्रेम और दिलचस्पी भरेंगे, तो आपको खुशी मिल जाएगी।

7. आप विश्व के सारे पैसे से भी खुशी नहीं खरीद सकते। कुछ करोड़पति खुश हैं, कुछ दुखी हैं। जिन मनुष्यों के पास बहुत कम दौलत है, उनमें से कुछ सुखी हैं, तो कुछ दुखी हैं। कुछ विवाहित मनुष्य खुश हैं और कुछ दुखी हैं। कुछ अविवाहित मनुष्य खुश हैं और कुछ दुखी हैं। खुशी का साम्राज्य आपके विचार और भावना में है।

8. आपके मन में खुश रहने की सच्ची इच्छा होनी चाहिए। बिना इच्छा के कुछ प्राप्त नहीं होता है। इच्छा, कल्पना और विश्वास के पंखों के साथ की गई कामना है। अपनी इच्छा के साकार होने की कल्पना करें, इसकी वास्तविकता महसूस करें और यह साकार हो जाएगी। खुशी प्रार्थना के उत्तर में मिलती है।

9. लगातार भय, चिंता, गुस्से, नफरत और असफलता के विचारों को सोचकर आप निराश और दुखी बन जाएँगे। याद रखें, आपकी जिंदगी वैसी ही है, जैसा आपके विचार इसे बनाते हैं।

10. प्रत्येक दिन कई बार अपनी सभी नियामतों के लिए शुक्रिया अदा करें।

11. इसके अलावा, अपने परिवार के सदस्यों, सहयोगियों और सारे विश्व की शांति, खुशी तथा समृद्धि के लिए प्रार्थना करें।

12. खुशी शांत मस्तिष्क की फसल है। अपने विचारों का लंगर शांति, संतुलन, सुरक्षा और दैवी मार्गदर्शन पर बांधो। आपका मस्तिष्क खुशी उत्पन्न कर देगा।

13. सबसे सुखी व्यक्ति वह है, जो अपने अंदर के सबसे ऊँचे और अच्छे स्वरूप को बाहर लाता है। ईश्वर सबसे ऊँचा तथा सबसे अच्छा है और आपके अंदर ईश्वर का साम्राज्य है।

14. आपकी खुशी में कोई बाधा नहीं है। बाहरी चीजें कारण नहीं हैं। वे कारण नहीं, परिणाम हैं। अपने अंदर के एकमात्र रचनात्मक सिद्धांत से प्रेरणा लें। आपका विचार कारण है और नया कारण एक नया परिणाम उत्पन्न करता है। खुशी का चुनाव करें।

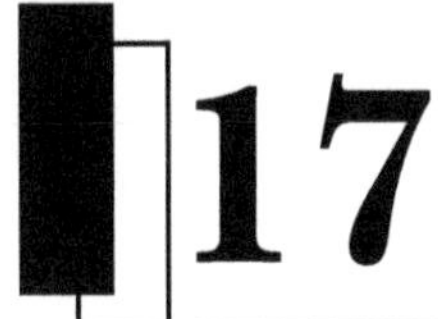

17 अवचेतन मन और मानवीय संबंध

दूसरों की सफलता, प्रमोशन और खुशकिस्मती पर खुश हों। ऐसा करके आप अच्छी किस्मत को अपनी ओर आकर्षित करते हैं।

हमने अब तक इस पुस्तक से यह अवधारणा सीखी है कि आपका अवचेतन मन एक रिकॉर्डिंग मशीन की तरह होता है, जो इस पर पड़ी प्रत्येक छाप को दोबारा उत्पन्न कर देता है। यही कारण है कि स्वर्णिम नियम दूसरों के साथ सद्भावनापूर्ण संबंध बनाने और बनाए रखने में इतना महत्त्वपूर्ण है।

आप दूसरों से अपने लिए जैसा चाहते हों, उनके साथ वैसा ही करें।

अर्थात इसके बाहरी और आंतरिक दो अर्थ होते हैं। आंतरिक अर्थ आपके चेतन और अवचेतन मन से संबंधित है। जैसा कि बाइबल के संदेश में भी कहा गया है-

- जैसा आप चाहते हो कि मनुष्य आपके बारे में महसूस करें, वैसा ही आप उनके बारे में महसूस करें।
- जैसा आप चाहते हो कि मनुष्य आपके बारे में सोचें, वैसा ही आप उनके बारे में सोचें।
- जैसा आप चाहते हो कि मनुष्य आपके प्रति काम करें, वैसा ही आप उनके प्रति काम करें।

यदि आप ऑफिस में किसी के प्रति नम्र और शालीन हों, लेकिन उसकी पीठ पीछे उसके बारे में आलोचनात्मक और द्वेषपूर्ण विचार रखते हों, तो ऐसे नकारात्मक विचार आपके लिए बहुत विनाशकारी हैं। इस प्रकार आप अपने अन्दर नकारात्मक ऊर्जा उत्पन्न कर रहे हैं, जिससे आपकी स्फूर्ति, उत्साह, शक्ति, मार्गदर्शन और सद्भावना कम हो जाती है। ये नकारात्मक विचार और भाव आपके अवचेतन में उतर कर आपके जीवन में कई तरह की मुश्किलें और रोग उत्पन्न कर देते हैं।

सुखद संबंधों की कुंजी

मूल्यांकन न करें, ताकि आपका मूल्यांकन न किया जाए। क्योंकि जैसा मूल्यांकन आप करते हैं, वैसा ही आपका मूल्यांकन होगा; और जिस पैमाने पर आप मूल्यांकन करते हैं, उसी पैमाने पर आपका भी मूल्यांकन होगा।

यदि आप दूसरों के साथ सद्भावनापूर्ण संबंधों की कुंजी प्राप्त करना चाहते हैं, तो आपको इन पंक्तियों के अध्ययन में छिपी सच्चाई पर अमल करना होगा। मूल्यांकन का अर्थ सोचना और किसी मानसिक फैसले या निष्कर्ष पर पहुँचना भी है। दूसरे लोगों के बारे में आपके जो विचार है वह आपका है, क्योंकि आप ही उसे सोच रहे हैं। आपका विचार रचनात्मक हैं। सामने वाले के बारे में जो आप महसूस करते हैं, उसे ही आप अपने अनुभव में उतारते हैं। अर्थात जो

सुझाव आप किसी दूसरे को देते हैं, वह आप खुद को भी देते हैं, क्योंकि आपका मस्तिष्क ही रचनात्मक साधन है।

अर्थात आप जैसा मूल्यांकन करेंगे, वैसा ही आपका मूल्यांकन होगा। दूसरों पर पैमाने और मानदंड लागू करके आप अपने अवचेतन में उन मानदंडों और पैमानों को उतार रहे हैं, जिन्हें यह आप पर लागू करेगा। यदि आप यह समझ लेते हैं कि आपका अवचेतन मन किस तरह काम करता है, तो फिर आप दूसरों के प्रति सोचने, महसूस करने, काम करने में हमेशा सावधान रहेंगे, क्योंकि ऐसा करके आप अपने प्रति सही कर्म, भाव और विचार की स्थिति बना रहे हैं। जिस पैमाने से आप मूल्यांकन करेंगे, उसी से आपका मूल्यांकन होगा। आप दूसरों के साथ जो भलाई करते हैं, वह उसी पैमाने से आपकी ओर लौटेगी, और आप जो बुराई करते हैं, वह भी आपके मस्तिष्क के नियम के अनुरूप आपकी ओर लौटेगी। यदि कोई किसी को धोखा देता है, तो वह खुद को

धोखा दे रहा है। उसका अपराधबोध अंतत: किसी-न-किसी तरह उसकी ओर आकर्षित करेगा। उसका अवचेतन उसके मानसिक काम का रिकार्ड रखता है और मानसिक इरादे या प्रेरणा के अनुरूप प्रतिक्रिया करता है।

जैसा कि आप जानते हैं कि अवचेतन मन निष्पक्ष और अपरिवर्तनीय है। यह न तो मनुष्यों में भेद करता है, न ही किसी तरह के धार्मिक पंथ या संस्था में। यह न तो दयालु है, न ही प्रतिशोधात्मक। आप दूसरों के बारे में जिस तरीके से सोचते, महसूस करते और काम करते हैं, वही अंतत: आपकी ओर लौटता है।

घटनाओं और खबरों पर प्रतिक्रिया

यदि आप लोगों की स्थितियों और परिस्थितियों पर अपनी प्रतिक्रियाओं को देखें और बाद के अध्ययन के लिए उन्हें किसी नोटबुक में लिख लें। आप दिन की घटनाओं और खबरों पर कैसी प्रतिक्रिया करते हैं, इससे कोई फर्क नहीं पड़ता है कि बाकी सभी मनुष्य गलत हैं और सिर्फ आप ही सही हैं। यदि खबर आपको विचलित करे तो यह आपकी कमी और आपके नकारात्मक भावों को उजागर करती है। एक महिला ने अपने पति के बारे में मुझे बताया और मदद मांगी कि अखबार में कुछ कॉलमिस्टों के लेख पढ़ने पर वह भन्ना जाता था। महिला ने कहा कि गुस्से और उत्तेजना के दबाव की यह सतत प्रतिक्रिया उसके हाई ब्लड प्रेशर के लिए बहुत बुरी थी। डॉक्टर ने उससे कह दिया था कि उसे भावनात्मक परिवर्तन करके अपने तनाव को कम करने का कोई तरीका खोजना चाहिए।

मैंने उस व्यक्ति को बुलाकर अच्छी तरह समझाया कि उसका मस्तिष्क किस तरह काम करता है। उसे समझ में आ गया कि अखबार में छपे लेख पर गुस्सा होना भावनात्मक अपरिपक्वता का सूचक था, लेकिन वह नहीं जानता था कि उसका गुस्सा उसके दिमाग और शरीर को नुकसान पहुँचा रहा था। उसे समझ में आने लगा था कि लेखक को अपनी बात कहने की स्वतंत्रता देनी चाहिए, भले ही वह उससे राजनीतिक, धार्मिक या किसी अन्य तरीके से असहमत हो। वह अखबार को पत्र लिखकर उसके द्वारा प्रकाशित टिप्पणियों से असहमति व्यक्त कर दे। अब वह नाराज हुए बिना असहमत हो सकता है। उसे यह सरल सच्चाई पता चल गई कि दूसरों के कुछ कहने या करने का उस पर कोई प्रभाव नहीं पड़ता है। इसके बजाय, दूसरों के कहने या

करने पर उसकी अपनी प्रतिक्रिया महत्त्वपूर्ण होती है। इस स्पष्टीकरण से उस आदमी के इलाज में मदद मिली। थोड़े अभ्यास के बाद उसने अपने सुबह के आवेश पर काबू कर लिया। उसकी पत्नी ने बाद में मुझे बताया कि आखिरकार उसने लेखकों की बातों पर हँसना सीख लिया। उसने अपनी प्रबल प्रतिक्रिया पर हँसना भी सीख लिया। अब अखबार के लेखों में उसे विचलित करने, चिढ़ाने या परेशान करने की शक्ति नहीं रही। अब उसके बढ़े हुए भावनात्मक संतुलन और शांति के कारण उसका ब्लडप्रेशर काबू में है।

आपकी पसंद और नापसंद

सिंथिया आर. नामक महिला मुझसे मिलने आई, जो एक बड़ी कंपनी में एक्जीक्यूटिव सेक्रेटरी थी। उसके मन में अपने ऑफिस की कुछ महिलाओं के प्रति बहुत कड़वाहट थी। उसको लगता था कि ऑफिस की महिलायें उसके बारे में गपशप और अफवाहें फैलाती थीं। उसने स्वीकार किया कि महिलाओं के साथ संबंधों में उसे बहुत-सी दिक्कतें आती हैं। उसने कहा कि मुझे औरतों से नफरत है, लेकिन पुरुष पसंद हैं। मुझे पता चला कि सिंथिया अपने अधीनस्थ कर्मचारियों से बहुत दंभी, अक्खड़ और चिड़चिड़ी आवाज में बात करती थी। उसमें घमंड झलकता था और मैं समझ गया कि लोग उससे क्यों चिढ़ते थे। उसने इस बात को कभी महसूस भी नहीं किया था। उसे लगता था कि उसके साथ काम करने वाली औरतों को उसकी समस्याएँ बढ़ाने में मजा आता था।

लेकिन आपके ऑफिस या फैक्ट्री के सभी लोगों से आपको चिढ़ होती है, तो क्या यह संभव नहीं है कि यह चिढ़ और परेशानी आपके ही किसी अवचेतन पैटर्न या मानसिक विचार से उत्पन्न हो रही हो? हम सभी जानते हैं कि आप कुत्ते से नफरत करते हो या डरते हो, तो वह खूँखार प्रतिक्रिया करेगा। दरअसल जानवर आपके अवचेतन कंपनों को भाँप लेते हैं और प्रतिक्रिया करते हैं। क्या यह कहना उचित नहीं होगा कि इस मामले में मनुष्य भी कुत्तों, बिल्लियों और अन्य प्राणियों जितने संवेदनशील होते हैं? औरतों से नफरत करने वाली इस महिला को मैंने प्रार्थना की एक प्रक्रिया सुझाई। मैंने उसे बताया कि जब वह खुद को आध्यात्मिक मूल्यों से भर लेगी और जीवन की सच्चाइयों की सकारात्मक घोषणा करने लगेगी, तो औरतों के प्रति उसकी नफरत पूरी तरह गायब हो जाएगी। इसके साथ ही उसकी आवाज से घमंड का पुट भी चला जाएगा, जिसके जरिये उसकी नफरत औरतों तक पहुँचती थी। वह यह जानकर हैरान थी कि हमारी भावनाएँ बोलने, काम करने, लिखने और जीवन के बाकी पहलुओं में दिख जाती हैं।

हमारी बातचीत के बाद सिंथिया ने अपने द्वेषपूर्ण और गुस्सैल व्यवहार को खत्म कर दिया। उसने प्रार्थना की आदत डाल ली। वह प्रत्येक दिन सुनियोजित तरीके से लगातार अपने ऑफिस में इसका अभ्यास करती थी ।

प्रार्थना का सफलतापूर्वक प्रयोग

मैं प्रेम, शांति और आराम से सोचती हूँ, बोलती हूँ और काम करती हूँ। मैं अब उन सभी के प्रति प्रेम, शांति, सहिष्णुता और दयालुता प्रसारित करती हूँ, जो मेरी आलोचना करते हैं और मेरे बारे में गपशप करते हैं। मैंने अपने विचारों का लंगर सबके प्रति सद्भावना, शांति और सद्भाव पर डाल दिया है।

जब भी मैं नकारात्मक प्रतिक्रिया करने वाली होती हूँ, तो खुद से दृढ़ता से कहती हूँ कि मैं अपने अंदर के सद्भाव, सेहत और शांति के सिद्धांत के दृष्टिकोण से सोचती हूँ, बोलती हूँ और काम करती हूँ। रचनात्मक ज्ञान सभी चीजों में मेरा नेतृत्व, नियंत्रण और मार्गदर्शन करता है। प्रार्थना के इस अभ्यास ने उसकी जिंदगी बदल दी। उसने पाया कि उसके ऑफिस में आलोचना और चिढ़ का माहौल धीरे-धीरे गायब हो गया। साथ काम करने वाली महिलाएँ जीवन की यात्रा में उसकी साथी और सहेलियाँ बन गईं। उसने यह सच्चाई जान ली कि हमारे पास दोष देने और बदलने के लिए हमारे सिवाय कोई नहीं होता।

आंतरिक भाषा से प्रमोशन या प्रशंसा

बहुत दिन पहले जिम एस. नामक सेल्समैन मुझसे मिलने आया। वह अपने सेल्स मैनेजर के कारण परेशान और बहुत बुरी तरह विचलित था। बहुत सालों से उसे कभी प्रमोशन या प्रशंसा नहीं मिली थी। उसने मुझे अपनी बिक्री के स्रोत दिखाए। मैं आसानी से देख सकता था कि वे उस इलाके के अन्य सेल्समैनों की कड़ी से अच्छे थे। उसका स्पष्टीकरण यह था कि सेल्स मैनेजर उसे पसंद नहीं करता था। उसका दावा था कि उसके साथ भेदभाव किया जाता था। सम्मेलनों में मैनेजर उसके सुझावों की खिल्ली उड़ाता था और कई बार तो अपमानजनक व्यवहार भी करता था।

जिम की स्थिति पर विस्तार से बात करने के बाद मैंने उसे सुझाव दिया कि इसका कारण काफी हद तक उसके अंदर था। मैनेजर के प्रति उसके विचार और विश्वास के कारण ही वह अधिकारी इस तरह प्रतिक्रिया कर रहा था। हम दूसरों के लिए जिस पैमाने का प्रयोग करेंगे, हम पर भी उसी पैमाने का प्रयोग किया जाएगा। सेल्स मैनेजर के प्रति जिम का मानसिक पैमाना या

अवधारणा यह थी कि वह ओछा, पूर्वाग्रह से ग्रस्त और विरोधी था। जिम के मन में उसके प्रति कटुता और शत्रुता भरी थी। ऑफिस जाते समय वह रास्ते भर मन-ही-मन जो विचार सोचता था, उनमें सेल्स मैनेजर की आलोचना, मानसिक बहस, आरोप और निंदा भरी रहती थी।

जिम मानसिक रूप से जो देता था, अनिवार्य रूप से उसे भी वही वापस मिलता था। बातचीत के खत्म होने पर जिम को महसूस हो गया कि उसकी अंदरूनी भाषा बहुत विनाशकारी थी। उसके खामोश विचारों और भावों की शक्ति तथा गहनता, जिनसे वह सेल्स मैनेजर की मानसिक निंदा और बुराई करता था, उसके अवचेतन मन तक पहुँच गई थी। इसी कारण उसे अपने बीच से नकारात्मक प्रतिक्रिया मिलती थी। इसके अलावा अन्य व्यक्तिगत, शारीरिक और भावनात्मक विकृतियाँ भी उत्पन्न होती थीं।

प्रार्थना को बार-बार दोहराने लगा

मैं ही ब्रह्मांड में एकमात्र चिंतक हूँ। मैं ही इस बात के लिए जिम्मेदार हूँ कि मैं अपने बॉस के बारे में क्या सोचता हूँ। मेरे सेल्स मैनेजर उस तरीके के लिए जिम्मेदार नहीं हैं, जिससे मैं उनके बारे में सोचता हूँ। मैं किसी भी मनुष्य, स्थान या चीज को मुझे चिढ़ाने या विचलित करने की शक्ति नहीं देता हूँ। मैं अपने बॉस के लिए सेहत, सफलता, मानसिक शांति और खुशी की कामना करता हूँ। मैं सच्चे दिल से उनका भला चाहता हूँ और मैं जानता हूँ कि सभी मामलों में उन्हें दैवी मार्गदर्शन मिलेगा। उसने यह प्रार्थना

धीरे से, शांति से और भावना से दोहराई। वह जानता था कि उसका मस्तिष्क एक बगीचे की तरह है। वह उस बगीचे में जो भी बोता है, उसे उसी तरह के फल मिलेंगे।

मैंने उसे सोने से पहले मानसिक तस्वीरें बनाना भी सिखाया। उसने कल्पना की कि बॉस उसके अच्छे काम पर उसे बधाई दे रहे थे, उत्साह से उसकी प्रशंसा कर रहे थे और यह टिप्पणी कर रहे थे कि ग्राहक उसकी कितनी तारीफ करते हैं। उसने इस कल्पना में वास्तविकता के रंग भरे। उसने बॉस के हाथ की पकड़ महसूस की, उनकी आवाज का विशेष अंदाज सुना और उनकी मुस्कराहट देखी। उसने सर्वश्रेष्ठ नाटकीयकरण करके एक सच्ची मानसिक फिल्म बना ली। प्रत्येक रात को वह इस मानसिक फिल्म को देखता था और जानता था कि उसका अवचेतन मन ही वह ग्रहणशील माध्यम है, जिस पर उसकी चेतना कल्पना प्रभाव छोड़ेगी।

इस प्रक्रिया से, जिसे हम मानसिक और आध्यात्मिक परासरण (Osmosis) मान सकते हैं, उसके अवचेतन मन पर धीरे-धीरे असर हुआ। इसकी अभिव्यक्ति अपने आप सामने आई। जिम के सेल्स मैनेजर ने उसे सैन फ्रांसिस्को फोन करके बधाई दी और डिवीजन सेल्स मैनेजर पद पर प्रमोशन कर दिया। इससे उसकी जिम्मेदारियाँ और तनख्वाह भी काफी बढ़ गई। जब जिम ने अपनी अवधारणा और आकलन को बदल लिया, तो उसके अवचेतन मन ने यह सुनिश्चित किया कि उसका बॉस उसी के अनुरूप प्रतिक्रिया करे।

भावनात्मक परिपक्वता

कोई आपको तब तक नहीं चिढ़ा सकता, जब तक कि आप उसे विचलित करने की अनुमति न दें। दूसरा मनुष्य आपको एक ही तरीके से विचलित कर सकता है और वह है आपके अपने विचार द्वारा। लेकिन आप गुस्सा होते हैं, तो आपको चार अवस्थाओं से गुजरना होता है। आप सोचने लगते हैं कि क्या कहा गया। आप गुस्सा होने और गुस्से का भाव पैदा करने का फैसला करते हैं, फिर आप काम करने का फैसला करते हैं।

विचार, भावना, प्रतिक्रिया और क्रिया आपके अपने मस्तिष्क में होती है। भावनात्मक रूप से परिपक्व बनने का क्या मतलब है? इसका मतलब है कि आप स्वाभाविक, लेकिन बचकानी प्रवृत्ति से परे हो जाएं। इसका मतलब है कि आप दूसरों की आलोचना और द्वेष पर नकारात्मक प्रतिक्रिया न करें। कोई भी अपनी आलोचना या अपमान को पसंद नहीं करता है। हममें यह सुनने की क्षमता होती है कि हम घटना पर कैसी प्रतिक्रिया करें। परिपक्व चुनाव नकारात्मक प्रतिक्रिया करने से बचना है। नकारात्मक प्रतिक्रिया करने का मतलब घटिया आलोचना के स्तर तक उतरना और सामने वाले के नकारात्मक माहौल में पहुँचना है। जीवन में अपने लक्ष्य याद रखें। किसी भी मनुष्य, स्थान या वस्तु को यह अनुमति न दें कि वह आपको शांति और सेहत के आंतरिक महसूस से दूर कर दे।

मानवीय संबंधों में प्रेम

मनोविज्ञान के इतिहास में महत्त्वपूर्ण भूमिका निभाने वाले सिगमंड फ्रॉयड ने कहा था कि यदि व्यक्तित्व के पास प्रेम न हो, तो यह बीमार हो जाता है और मर जाता है। प्रेम में दूसरे मनुष्य में मौजूद दैवी अंश के लिए समझ, सद्भावना और सम्मान शामिल है। आप जितना ज्यादा प्रेम और सद्भावना प्रवाहित करेंगे, उतना ही ज्यादा आपके पास लौटकर आएगा।

यदि आप किसी के अहं को चकनाचूर कर देते हैं और उसके स्वाभिमान को ठेस पहुँचाते हैं, तो आप उसकी सद्भावना नहीं पा सकते। यह जान लें, प्रत्येक मनुष्य चाहता है कि उससे प्रेम किया जाए और उसकी प्रशंसा की जाए। प्रत्येक मनुष्य को विश्व में महत्त्वपूर्ण समझे जाने की जरूरत है। महसूस करें कि सामने वाला मनुष्य अपने सच्चे महत्त्व के बारे में सजग है। आपकी ही तरह वह भी महसूस करता है कि सभी मनुष्यों में मौजूद जीवन-सिद्धांत की अभिव्यक्ति के कारण उसकी गरिमा है। जब आप इसे सचेतन रूप से करते हैं, तो आप सामने वाले को सशक्त करते हैं और वह आपके प्रेम तथा सद्भावना को लौटाता है।

दर्शकों के साथ व्यवहार

मैरी सी. ने हमेशा अभिनेत्री बनने का सपना देखा था। इसी सपने को पूरा करने के लिए उसने कॉलेज में थिएटर का प्रशिक्षण लिया और फिर उसे एक महत्त्वपूर्ण क्षेत्रीय थिएटर कंपनी में काम मिल गया। वह देश के एक अपरिचित हिस्से में पहुँच गई। पहली बार उसने जब नाटक में अभिनय किया, तो दर्शकों ने उसकी खिल्ली उड़ाई। निराशा और गुस्से में उसने फैसला किया कि उस इलाके के मनुष्य मूर्ख, अज्ञानी और पिछड़े हुए थे। वह उन सबसे नफरत करने लगी। कई दु:खद अनुभवों के बाद उसे कंपनी से निकाल दिया गया। वह उस पुराने इलाके में लौट आई, जहाँ वह पली-बढ़ी थी। उसने थिएटर छोड़कर वेटर का काम शुरू कर दिया।

एक दिन उसने लेक्चर सुना था कि अपने साथ अच्छे से कैसे रहें। इस भाषण ने उसकी जिंदगी बदल दी। वह जान गई कि उसने क्षेत्रीय कंपनी के अपने शुरुआती अनुभव में अति प्रतिक्रिया की थी। उसने खुद के सामने स्वीकार किया कि उसका पहला नाटक अच्छा नहीं था और नई होने के कारण शायद वह अपना सबसे अच्छा प्रदर्शन नहीं कर पाई थी। दोष दर्शकों का नहीं था, बल्कि उस तरीके का था, जिससे उसने उनकी प्रतिक्रिया को स्वीकार किया, क्योंकि उसने उनकी नकारात्मक ऊर्जा को उनकी ओर वापस भेज दिया था। मैरी ने मंच पर लौटने और अभिनेत्री बनने का अपना सपना साकार करने का फैसला किया। वह सच्चे मन से दर्शकों और अपने लिए प्रार्थना करती रही। उसने प्रत्येक रात मंच पर जाने से पहले प्रेम और सद्भावना उड़ेली। उसने यह दावा करने की आदत डाली कि ईश्वर की शांति सभी मौजूद लोगों के हृदय में प्रवाहित हो रही है और वे प्रेरित हो चुके हैं। प्रत्येक मंचन में वह दर्शकों की ओर प्रेम के विचार प्रवाहित करती थी। आज थियेटर में वह एक महत्त्वपूर्ण मुकाम पर पहुँच चुकी है। वह अपनी सद्भावना और आत्मसम्मान दूसरों की ओर संप्रेषित करती है और वे भी ऐसा ही उत्तर देते हैं।

मुश्किल में सँभलना

विश्व में कुछ मनुष्य जटिल होते हैं। वे ऐंठे हुए और मानसिक रूप से विकृत होते हैं। कई मानसिक अपराधी हैं, जो विवादशील, असहयोगी, झगड़ालू, दोषदर्शी और जीवन पर बदनुमा दाग बन चुके हैं। वे मनोवैज्ञानिक रूप से बीमार हैं। उनके मस्तिष्क विकृत और बेडौल हो गए हैं, शायद अतीत में मिले अनुभवों के कारण। यदि ऐसे किसी मनुष्य से आपका पाला पड़े, तो आप क्या करें? प्रलोभन यह है कि आप उनकी नकारात्मक ऊर्जा को नापसंदगी के रूप में उन्हीं की ओर लौटा दें। लेकिन ऐसा करने के लिए आपको पहले उनकी नकारात्मकता को अपने अंदर उतारना होगा और सारे बुरे प्रभावों को ग्रहण करना होगा। इसके बजाय 'बुराई के बदले भलाई' देने की कोशिश करें। इससे एक ढाल बनती है, जो उनके मुश्किल और अप्रिय

नजरियों से आप पर प्रभाव नहीं पड़ने देती है। आपकी करुणा और समझ के भाव उन्हें बदलने की प्रक्रिया को भी गतिमान कर देंगे।

दुःख में भावनात्मक जुड़ाव

आप देखते होंगे कि अधिकतर लोगों नफरत, कुंठा और विकृति से भरे होते हैं और उनकी असीमित बुद्धिमता में तालमेल नहीं होता है। इस प्रकार के व्यक्ति शांत, खुश और सुखी लोगों से द्वेष करते हैं। आम तौर पर वह उन्हीं की आलोचना करता है, निंदा करता है और बुराई करता है, जो उसके प्रति बहुत अच्छे और दयालु होते हैं। उसका विचार है कि जब मैं इतना दुखी हूँ, तो वे इतने खुश क्यों हैं? वह उन्हें नीचे घसीटकर अपने स्तर तक लाना चाहता है। पुरानी कहावत अब भी सच है, 'दुखी मनुष्य साथ पसंद करते हैं।' जब आप यह समझ लेते हैं, तो आप अविचलित, शांत और उदासीन रह सकते हैं।

टी. नाम के एक आदमी ने लंदन में मेरे भाषण सुने थे। उसने इस बारे में मुझे अपना अनुभव बताया। वह एक स्वैच्छिक संगठन में सक्रिय हो गया था, जो आस-पास के इलाके को सुंदर बनाने को लेकर चिंतित था। अधिकांश स्वयंसेवक बगीचे लगाने, खराब इलाकों को साफ करने और खंडहर इमारतों को सुधारने के काम में सचमुच रुचि लेते थे। बहरहाल, एक व्यक्ति दूसरों के प्रत्येक प्रस्ताव का विरोध करता था। यही नहीं, वह लगातार दूसरों के उद्देश्यों पर हमला करता रहता था। वह समूह की बैठकों को इतना अप्रिय बना देता था कि इसके सदस्यों की संख्या घटने लगी।

कुछ अन्य सदस्य ब्रूस के पास आए। उन्होंने सुझाव दिया कि वे मिलकर उस चिड़चिड़े व्यक्ति को संगठन से बाहर निकाल दें। वह उनके साथ इस योजना में शामिल होने ही वाला था कि तभी उसे महसूस हुआ कि ऐसा करना तो उस मनुष्य के अंदर के खराब नजरिए को बढ़ाना होगा। इसके बजाय वह कल्पना करने लगा कि वह व्यक्ति समूह का खुशनुमा, सहयोगी सदस्य बन रहा है। प्रत्येक मीटिंग से पहले ब्रूस एक कोने में जाकर दोहराता था, मैं अपने अंदर सद्भाव और शांति के सिद्धांत के साथ सच्चे सामंजस्य में सोचता, बोलता कि क्या काम करता हूँ। हमारे संगठन के सदस्य दैवी विधान में दयालुता और उद्देश्य के साथ काम करते हैं। कोई मतभेद, कोई अप्रियता नहीं है। रचनात्मक ज्ञान हम सभी के कार्यों में नेतृत्व, नियंत्रण और मार्गदर्शन दे रहा है।

जिस आदमी ने इतनी सारी मुश्किलें पैदा की थीं, उसने कुछ सप्ताह बाद एक प्रस्ताव रखा। उसने इसे इतने अच्छे और सहयोगी ढंग से रखा कि उसे पूरे संगठन की सहमति मिल गई। इसमें वे लोग भी शामिल थे, जो पहले उसे बाहर निकालना चाहते थे।

परानुभूति का अभ्यास

बहुत साल पहले एलिस ओ. नामक एक युवती मुझसे मिलने आई। लंबे समय से ऑफिस की एक युवती से उसे नफरत थी। क्योंकि दूसरी युवती उससे ज्यादा सुंदर, खुश और समृद्ध थी। एलिस को सबसे बड़ा झटका तब लगा, जब उस दूसरी युवती की सगाई कंपनी के ही सीईओ से हो गई, जिसे एलिस काफी समय से चाहती थी।

एलिस जिस युवती को नापसंद करती थी, वह शादी के एक दिन बाद अपनी बेटी के साथ ऑफिस आई, जो उसकी पिछली शादी से थी। एलिस को पता नहीं था कि उस युवती की लड़की

भी थी या वह पहले से शादी-शुदा थी। जन्मजात समस्या के कारण उस युवती की लड़की के पैरों में स्टील की प्लेट थी। एलिस ने सुना, वह लड़की अपनी माँ से कह रही थी कि मम्मी, क्या यहीं मेरे नए डैडी भी काम करते हैं? मैं इस जगह से प्यार करती हूँ, क्योंकि यह उन लोगों से भरी है, जिनसे मैं प्यार करती हूँ।

मेरा दिल अचानक उस छोटी लड़की पर आ गया, एलिस ने मुझे बताया। मैं जानती थी कि वह कितनी खुशी महसूस कर रही होगी। मुझे एक झलक दिखी कि यह युवती इतनी विपरीत परिस्थितियों के बावजूद कितनी खुश थी, जिनके बारे में मैं जानती भी नहीं थी। अचानक मैंने उसके प्रति प्रेम महसूस किया। मैं उसके ऑफिस में गई और उसे बधाई देते हुए उसकी खुशी की कामना की। और मैंने यह दिल से किया।

उस पल में एलिस ने वह अनुभव किया, जिसे मनोवैज्ञानिक परानुभूति (impathy) कहते हैं। यह सहानुभूति नहीं है, जिसमें हम दूसरों की भावनाओं को समझते हैं। यह उससे भी बढ़कर है। इसका मतलब है काल्पनिक रूप से खुद को दूसरे मनुष्य के मानसिक नजरियों और अवस्थाओं में रखना। जब एलिस ने अपने मानसिक मूड या दिल को उस दूसरी युवती की जगह रखा, तो ऐसा लगा, जैसे वह दूसरी औरत की तरह सोचने लगी। वह दूसरी औरत की तरह महसूस कर रही थी और उस बच्ची की तरह भी, क्योंकि उसने खुद को बच्ची की जगह भी रख लिया था।

जब भी आपके मन में किसी को चोट पहुँचाने या उसके बारे में बुरा सोचने की इच्छा हो, तो खुद को मानसिक रूप से मोजेस के मस्तिष्क में रखें और टेन कमांडमेंट्स के दृष्टिकोण से सोचें। लेकिन आप ईर्ष्यालु, जलनखोर या गुस्सैल हों, तो खुद को ईसा मसीह के मस्तिष्क में रखें और उस दृष्टिकोण से सोचें। तब आप इन शब्दों की सच्चाई महसूस करेंगे- एक-दूसरे से प्रेम करो।

तुष्टिकरण

किसी को भी अनुमति न दें कि वे आपका फायदा उठाएं या अपने व्यवहार के तमाशे, रोने के नाटक या भावनात्मक ब्लैकमेल के अन्य रूपों से अपनी बात मनवाएं। ये आपको गुलाम बनाने और आपसे अपनी बात मनवाने की कोशिश करते हैं। दृढ़ और दयालु रहें, लेकिन झुकने से इंकार कर दें। तुष्टिकरण कभी नहीं जीतता है। उनके अपराध, स्वार्थ और अधिकारवादिता में योगदान देने से इंकार कर दें। याद रखें, सिर्फ सही काम करें। आप यहाँ अपने आदर्श पूरे करने और शाश्वत सच्चाइयों तथा जीवन के आध्यात्मिक मूल्यों के प्रति ईमानदार रहने के लिए आए हैं।

विश्व में किसी को भी अपने जीवन के लक्ष्य या उद्देश्य से भटकाने की शक्ति न दें। आपको आपकी छिपी हुई प्रतिभाओं को विश्व के सामने व्यक्त करना है, मानवता की सेवा करना है और ईश्वर की बुद्धिमानी, सत्य और सुंदरता को विश्व के सभी मनुष्यों के सामने प्रकट करना है। अपने आदर्श के प्रति ईमानदार रहें। निश्चित रूप से और पूरी तरह से जान लें कि जो भी आपकी शांति, खुशी और संतुष्टि में योगदान देता है, वह दुनिया के सभी मनुष्यों के लिए वरदान होगा। अंश की खुशी संपूर्ण की खुशी है, क्योंकि संपूर्ण अंश में है और अंश संपूर्ण में है। पॉल कहते हैं, सबसे प्रेम करें। सेहत, खुशी और मानसिक शांति का नियम ही प्रेम को संतुष्टिदायक बनाता है।

लाभकारी बातें

1. नफरत या द्वेष का विचार मानसिक जहर है। किसी दूसरे का बुरा न सोचें, क्योंकि ऐसा करना खुद का बुरा सोचना है। आप ही अपने ब्रह्मांड में इकलौते चिंतक हैं और आपके विचार रचनात्मक हैं।
2. आपका अवचेतन मन एक रिकॉर्डिंग मशीन है, जिससे आपकी आदतन सोच उत्पन्न होती है। किसी दूसरे का भला सोचकर आप दरअसल खुद का भला सोच रहे हैं।
3. आपका मस्तिष्क रचनात्मक माध्यम है, इसलिए आप दूसरे के बारे में जो सोचते और महसूस करते हैं, उसे अपने खुद के अनुभव में ला रहे हैं। यही स्वर्णिम नियम का मनोवैज्ञानिक अर्थ है। जैसा आप चाहते हैं कि दूसरे आपके बारे में सोचें, उसी तरह से आप उनके बारे में सोचें।
4. आप उस तरीके के लिए जिम्मेदार हैं, जिससे आप दूसरे के बारे में सोचते हैं। याद रखें, दूसरा मनुष्य आपके सोचने के तरीके के लिए जिम्मेदार नहीं है।
5. किसी दूसरे को धोखा देना या छल करना अपने लिए कमी, नुकसान और सीमा उत्पन्न करना है। आपका अवचेतन मन आपकी आंतरिक प्रेरणाओं, विचारों और भावनाओं का रिकॉर्ड रखता है। जब ये नकारात्मक होते हैं, तो आपको असंख्य तरीकों से नुकसान, सीमा और कष्ट होते हैं। दूसरों के साथ आप जो करते हैं, वही आप खुद के साथ कर रहे हैं।
6. भावनात्मक रूप से परिपक्व बनें और दूसरे मनुष्यों को मतभिन्नता रखने की अनुमति दें। उन्हें आपके साथ असहमत होने का पूरा अधिकार है और आपको भी उनके साथ असहमत होने की पूरी स्वतंत्रता है। आप बिना मतभेद के भी असहमत हो सकते हैं।
7. आप जो भलाई करते हैं, दयालुता दिखाते हैं, प्रेम करते हैं, वह कई गुना होकर कई तरीकों से आपके पास लौटती है।
8. जानवरों की तरह ही मनुष्य भी भय के कंपन भाँप लेते हैं। आपके छिपे हुए विचार दरअसल आपकी आवाज, चेहरे के भाव और देहभाषा द्वारा प्रकट होते हैं। यह सकारात्मक और नकारात्मक दोनों तरह के विचारों के लिए सही है।
9. दूसरों के लिए वही कामना करें, जो आप खुद के लिए करते हैं। यह सद्भावनापूर्ण मानवीय संबंधों की कुंजी है।
10. आपके मौन विचार और भावनाओं की आंतरिक भाषा दूसरों की प्रतिक्रियाओं में अनुभव की जाती है।
11. दूसरा मनुष्य आपको तब तक चिढ़ा नहीं सकता, जब तक कि आप उसे ऐसा करने की अनुमति न दें। आपका विचार रचनात्मक है_ आप दूसरे मनुष्य को वरदान दे सकते हैं। लेकिन कोई आपको अपमानजनक नाम से बुलाता है, तो आपको यह उत्तर देने की स्वतंत्रता है- ईश्वर की शांति आपकी आत्मा में भर जाए।
12. अपने बॉस के प्रति अपनी अवधारणा और राय बदल दें। महसूस करें और जानें कि वह स्वर्णिम नियम और प्रेम के नियम का अभ्यास कर रहा है। वह उसी के अनुरूप प्रतिक्रिया करेगा।

13. प्रेम दूसरों के साथ तालमेल बैठाने का उत्तर है। प्रेम समझ, सद्भावना और मनुष्य में निहित दैवी अंश के प्रति सम्मान है।

14. दूसरों की सफलता, प्रमोशन और खुशकिस्मती पर खुश हों। ऐसा करके आप अच्छी किस्मत को अपनी ओर आकर्षित करते हैं।

15. उन मनुष्यों के प्रति करुणा और समझ रखें, जिनकी नकारात्मक कंडीशनिंग ने उन्हें मुश्किल और अप्रिय बना दिया है। दैवी चिंगारी उनके अंदर भी है, क्योंकि यह सबके अंदर है। सबको समझना सबको माफ करना है।

16. आपको इस विश्व में प्रत्येक व्यक्ति को सिर्फ प्रेम देना है। प्रेम का मतलब प्रत्येक के लिए वही कामना करना है, जो आप खुद के लिए करते हैं-सेहत, खुशी और जीवन की सारी नियामतें।

17. कभी भी किसी के भावनात्मक चोंचलों और नाटक के सामने न झुकें। तुष्टिकरण कभी नहीं जीतता है। पैरपोंछ न बनें। सही बात पर अटल रहें। अपने आदर्श पर टिके रहें और यह न भूलें कि जो मानसिक नजरिया आपको शांति, खुशी और सुख देता है, वही शुभ, सही और सच है। जो आपको वरदान देता है, वह सबको वरदान देता है।

अच्छाई और बुराई मनुष्य के मस्तिष्क के विचार और उद्देश्य पर निर्भर करती हैं।

18

क्षमा और अवचेतन मन

क्षमा करना किसी चीज के लिए कुछ देना है। प्रेम, शांति, खुशी, बुद्धि और जीवन की सारी नियामतें तब तक दूसरों को दें, जब तक कि आपके दिमाग में कोई दंश न बचे। यह क्षमा का एसिड टेस्ट है।

भगवान किसी के जीवन के साथ भेदभाव नहीं करता है। ईश्वर जीवन है और यह जीवन-सिद्धांत इस पल भी आपके अंदर प्रवाहित हो रहा है, ईश्वर आपके द्वारा सद्भाव, शांति, सुंदरता, खुशी और प्रचुरता में व्यक्त होना पसंद करता है। इसे ईश्वर की इच्छा या जीवन की प्रवृत्ति कहा जाता है।

यदि आप इस आंतरिक जीवन-प्रवाह के खिलाफ अपने मस्तिष्क में अवरोध बना लेते हैं, तो यह भावनात्मक बाधा आपके अवचेतन मन को बहुत दुविधा में डाल देगी और प्रत्येक तरह की नकारात्मक स्थितियाँ उत्पन्न कर देगी। ये स्थितियाँ तो हमारी ही नकारात्मक और विध्वंसात्मक सोच का नतीजा हैं। इसलिए अपनी मुश्किल या बीमारी के लिए ईश्वर पर दोष मढ़ना एक गंभीर गलती है।

कई मनुष्य मानव जाति के पाप, बीमारी और कष्ट के लिए ईश्वर की आलोचना करके या ईश्वर पर आरोप लगाकर जीवन-प्रवाह के विरुद्ध आदतन मानसिक अवरोध बना लेते हैं। कुछ मनुष्य अपने दु:ख-दर्द, प्रियजनों की मृत्यु, व्यक्तिगत दु:खों और दुर्घटनाओं के लिए ईश्वर पर दोष मढ़ते हैं। वे ईश्वर को अपने दु:ख के लिए जिम्मेदार मानते हैं। जब तक मनुष्य ईश्वर के बारे में इस तरह की नकारात्मक अवधारणाएं रखेंगे, तब तक उनका अवचेतन मन इन नकारात्मक चीजों को साकार करता रहेगा। वे यह नहीं समझ पाते हैं कि वे ही खुद को सजा दे रहे हैं। उन्हें सच देखना होगा, आत्मनिर्भर बनना होगा और किसी भी बाहरी मनुष्य या शक्ति के प्रति निंदा, द्वेष और क्रोध को त्यागना होगा। वरना वे सेहतमंद, खुश या रचनात्मक गतिविधि में अग्रणी नहीं बन सकते। जब अपने दिलोदिमाग में प्रेमपूर्ण ईश्वर की कल्पना करने लगते हैं, जब वे विश्वास करने लगते हैं कि ईश्वर प्रेमपूर्ण पिता है, जो उनकी देखभाल करता है, उनका मार्गदर्शन करता है, उन्हें शक्ति देता है, तो ईश्वर या जीवन-सिद्धांत के बारे में यह विश्वास तथा अवधारणा उनके अवचेतन मन में उतर जाएगी और वे असंख्य तरीकों से धन्य हो जाएँगे।

जीवन-सिद्धांत में क्षमा

महान लोगों का कहना है कि जीवन-सिद्धांत में क्षमा का असीमित खजाना है। जब आप अपनी उँगली काट लेते हैं, तो यह आपको क्षमा कर देता है। व्यक्ति की अवचेतन बुद्धिमत्ता तत्काल इसकी मरम्मत के लिए सक्रिय हो जाती है। नई कोशिकाएँ घाव के ऊपर पुल बना देती हैं। यदि आपको कोई गंभीर रोग भी हो जाता है, तब भी वह जीवन आपको क्षमा कर देता

है और आक्रामक विषाणुओं को मिटाने में लग जाता है। हाथ जलने पर भी यह जलन को कम करता है तथा आपको नई त्वचा, ऊतक और कोशिकाएं देता है।

जीवन किसी के खिलाफ कोई बैर नहीं रखता है। यह हमेशा सबको क्षमा कर देता है। जीवन आपको सेहत, स्फूर्ति, सद्भाव और शांति देता रहता है, बशर्ते आप प्रकृति के साथ सामंजस्य में सोचकर सहयोग करें। नकारात्मक, आहत करने वाली यादें, कटुता और दुर्भावना आपके अंदर के जीवन-सिद्धांत के स्वतंत्र प्रवाह को रोक देती हैं।

अपराधबोध से मुक्ति

हैरियट जी. नामक एक महिला प्रतिदिन ऑफिस में देर रात तक काम करती थी। वह अक्सर आधी रात के बाद तक घर नहीं लौट पाती थी। वह सोचती थी कि उसके वरिष्ठ और सहकर्मी उसकी मेहनत की तारीफ करेंगे, लेकिन ऐसा कुछ नहीं हुआ था। चूँकि वह अकेली ही इतनी देर तक ऑफिस में रुकती थी, इसलिए किसी भी कर्मचारी को उसकी निष्ठा का पता नहीं था। उसका पारिवारिक जीवन गंभीर मुश्किल में पड़ गया। उसके पति और दो बेटे उसे पहचानना ही भूल गए। जब उसके छोटे बेटे की लिटिल लीग टीम ने स्थानीय मैच जीत लिया, लेकिन वह मैच देख भी नहीं पाई और यह पूछना भी भूल गई कि कौन जीता। हैरियट के डॉक्टर ने उसे चेतावनी दे दी कि उसका हाई ब्लड प्रेशर खतरनाक रूप से बढ़ रहा है।

मेरे पूछने पर उसने कहा कि उसे नौकरी बनाए रखने के लिए इतनी मेहनत करती थी। लेकिन जब मैंने पूछा कि क्या उसके सहकर्मी भी उसके जितना ही समय देते हैं, तो उसने कहा कि उसकी कंपनी के बाकी लोग सामान्य घंटे काम करते हैं। मैंने उससे पूछा कि वह इतनी मेहनत क्यों कर रही थी। मैंने उससे कहा कि तुम्हारे मन में कोई चीज तुम्हें खाए जा रही है, यदि ऐसा नहीं होता, तो तुम इस तरह से काम नहीं करतीं। तुम खुद को किसी चीज के लिए सजा दे रही हो।

कुछ देर बाद वह बोली कि उसकी काम की आदतें सामान्य थीं; बाकी लोग आलसी थे। बहरहाल, आखिरकार उसने स्वीकार किया कि उसके मन में एक गहरा अपराधबोध था। 15 साल पहले उसके पिता की मौत के बाद वह उनकी जायदाद की एक्जीक्यूटर थी। उसने जान-बूझकर अपने छोटे भाई का बहुत सारा पैसा रोक लिया था।

मैंने पूछा कि तुमने क्या लालच के कारण ऐसा किया?

वह बोली 'बिलकुल नहीं। मेरा भाई नशे की समस्या से बुरी तरह ग्रस्त था। मैं जानती थी कि यदि मैंने उसे पैसा दिया, तो क्या होगा। मैंने खुद से कहा कि मैं इसे उसके लिए बचाकर रख लूंगी और उसके ठीक हो जाने पर उसे दे दूँगी।

'लेकिन ऐसा कभी नहीं हो पाया। उसने खुद को मार डाला। शायद उसने ऐसा जान-बूझकर नहीं किया था, लेकिन बात वही थी। तब वह सिर्फ 26 साल का था। मैं सोचती रहती हूँ... लेकिन मैंने वह पैसा उसे दे दिया होता, तो क्या होता? शायद वह इससे किसी सुधारगृह में जाकर अपना इलाज करवा अभी जिंदा रह सकता था, लेकिन मेरी गलती से उसकी मौत हुई है।'

मैंने उससे पूछा कि तुम्हें यह दोबारा करना पड़े, तो तुम क्या करोगी? उसने कहा, 'मैं नहीं जानती,' उसने अपना सिर हिलाते हुए कहा। 'मैं इतना जरूर जानती हूँ कि मैं अपने भाई की समस्या पर उसे डाँटने-फटकारने के बजाय उसकी मदद करने की ज्यादा कोशिश करूँगी।'

मैंने कहा- लेकिन क्या तुम महसूस करती हो कि तुमने उचित काम किया? उसने मुझसे कहा- हाँ, लेकिन अब मुझे विश्वास हो गया है कि मैं गलत थी। वह पैसा मेरा नहीं था।

मैंने कहा- तो अब तुम वह काम नहीं करोगी?

नहीं, मैं नहीं करूँगी, उसने उत्तर दिया। उसका चेहरा सख्त हो गया। कहने लगी कि उससे कोई फर्क नहीं पड़ता। मुझे उस काम के लिए कभी माफ नहीं किया जा सकता। मैंने अपने इकलौते भाई का पैसा चुराया है और वह मर गया है। यह सही है कि ईश्वर मुझे सजा दे रहा है। मैं इसी काबिल हूँ।

मैंने उसे समझाया कि ईश्वर उसे सजा नहीं दे रहा है। वह खुद को सजा दे रही है। क्योंकि आप जीवन के नियमों का दुरुपयोग करते हैं, तो आपको उसी के अनुसार कष्ट उठाना पड़ेगा। आप बिजली के खुले तार पर हाथ रखेंगे, तो आपको झटका लगेगा। प्रकृति की शक्तियाँ बुरी नहीं हैं। यह तो आपके प्रयोग से तय होता है कि उनका प्रभाव अच्छा पड़ता है या बुरा। बिजली बुरी नहीं है। यह तो इस बात पर निर्भर करता है कि आप इसका प्रयोग अपने घर को रोशन करने के लिए करते हैं या किसी को प्राणघातक झटका देने के लिए। इकलौता पाप नियम का अज्ञान है और इकलौती सजा इस नियम के दुरुपयोग की स्वत: प्रतिक्रिया है।

यदि आप रसायनशास्त्र के सिद्धांतों का दुरुपयोग करेंगे तो अपने घर में विस्फोट करके उसे तबाह कर भी सकते हैं। आप अपना हाथ किसी पटिए पर मार दीजिये, तुरंत हाथ से खून निकलेगा और इसमें गलती पटिए की नहीं है। गलती तो आपकी है कि आपने इसका दुरुपयोग किया।

अंतत: मैंने हैरियट को यह अहसास दिला दिया कि ईश्वर किसी को सजा नहीं देता है। उसका सारा कष्ट उसकी नकारात्मक और विध्वंसात्मक सोच पर अवचेतन मन की प्रतिक्रिया के कारण था। उसे क्षमा की जरूरत थी, लेकिन माफ करने का सच्चा अर्थ खुद को क्षमा करना है। क्षमा अपने विचारों को सामंजस्य के दैवी नियम के तारतम्य में लाना है। आत्म-निंदा को नरक कहा जाता है; क्षमा को स्वर्ग कहा जाता है। अपराधबोध और आत्म-निंदा का बोझ उसके दिमाग से उतर गया और वह पूरी तरह ठीक हो गई। अगली बार जब उसने जाँच करवाई, तो उसका ब्लड प्रेशर सामान्य निकला। स्पष्टीकरण ही इलाज था।

खुद को माफ करना सीखें

बहुत वर्षों पहले आर्थर ओ. ने यूरोप में एक आदमी की हत्या कर दी थी। मुझसे मिलते समय वह बहुत मानसिक कष्ट और यातना से गुजर रहा था। क्योंकि उसे विश्वास था कि ईश्वर उसके भयंकर काम की सजा देगा। उसने उस आदमी की हत्या की थी, जिसका उसकी पत्नी के साथ प्रेम-संबंध चल रहा था। जब वह शिकार से लौटा, तो उसने दोनों को रंगे हाथों पकड़ लिया और क्रोध में उस आदमी को गोली मार दी। कानून से उसे कुछ महीनों की सजा मिली। जेल से छूटने पर आर्थर ने पत्नी को तलाक दे दिया और अमेरिका में बस गया। कुछ साल बाद वह एक अमेरिकी महिला से मिला और उससे शादी कर ली। अब उसके तीन प्यारे बच्चे हैं।

उसने सफल कैरियर बना लिया है, जहाँ वह कई लोगों की मदद करने की स्थिति में है। उसके सहयोगी उसे पसंद करते हैं और उसका सम्मान करते हैं। बहरहाल, इनमें से किसी भी चीज से उसे शांति नहीं मिल रही थी। अब भी वह अपने उस काम के लिए खुद को दोष देता था।

आर्थर की कहानी सुनने के बाद मैंने उससे कहा था कि वैज्ञानिकों के अनुसार हमारे शरीर की सभी कोशिकाएं प्रत्येक 11 महीने बाद बदल जाती हैं। इसलिए, शारीरिक और मनोवैज्ञानिक रूप से अब वह वही मनुष्य नहीं था, जिसने हत्या की थी। उसे तो बदले हुए कई साल हो चुके थे। यही नहीं, उसने खुद को मानसिक और आध्यात्मिक रूप से भी बदल लिया था। अब वह मानवता के प्रति प्रेम और सद्भाव से भरा था। जिस मनुष्य ने बरसों पहले वह अपराध किया था, वह तो मानसिक रूप से बहुत पहले मर चुका है। खुद को क्षमा न करके आर्थर एक निरपराध मनुष्य को सजा दे रहा था। इस बात का उस पर गहरा प्रभाव पड़ा और उसके दिमाग से बहुत भारी बोझ हट गया हो। उसे बाइबल की इस सच्चाई के आंतरिक महत्त्व का पहली बार अहसास हुआ- अब आओ, हम तर्क करते हैं, ईश्वर ने कहा- हालाँकि तुम्हारे पाप खून से रंगे होंगे, लेकिन वे बर्फ जैसे सफेद हो जाएँगे; हालाँकि वे खून की तरह लाल होंगे, लेकिन वे ऊन जैसे बन जाएँगे।-ईसाइया 1:18

आलोचना से कोई नुकसान नहीं होता

रैमोना के. नाम की एक स्कूल टीचर मुझसे मिलने आई। उसने बताया कि अभी कुछ दिन पहले ही मुझे एक भाषण देना पड़ा था। भाषण के बाद उसकी एक साथी स्कूल टीचर ने उसे एक आलोचना भरी चिट्ठी लिख भेजी। उसमें लिखा था कि रैमोना बहुत जल्दबाजी में बोली थी, कुछ शब्द खा गई थी और उसकी आवाज सुनाई नहीं दे रही थी, उसका वाक्य-गठन कमजोर था तथा उसकी बात सारगर्भित नहीं थी। इससे रैमोना आहत और नाराज हो गई। वह अपनी आलोचक से द्वेष करने लगी और स्कूल में उससे दूर-दूर रहने लगी।

जब मैंने रैमोना से सवाल किया, तो उसने अंततः स्वीकार किया कि आलोचना दरअसल सही थी। उसे वयस्क श्रोताओं के सामने बोलने का कोई अनुभव नहीं था। वह भाषण देने से पहले घबरा रही थी और बाद में खुश थी कि उसने यह काम कर दिखाया था। लेकिन वह अपनी साथी टीचर की आलोचना से काफी आहत हुई थी। यह तो ऐसा था, जैसे किसी नन्हे बच्चे को इस बात पर डाँटा जा रहा हो कि वह ज्यादा तेज नहीं दौड़ा, जबकि उसके लिए सिर्फ चलना ही अद्भुत काम था।

रैमोना ने पाया कि उसकी प्रतिक्रिया बचकानी थी। वह सहमत हुई कि आलोचना भरी चिट्ठी सचमुच एक वरदान थी और उसे इन सुधारों की सचमुच जरूरत थी। उसने भाषण कला को निखारने के लिए पास के एक कॉलेज में पब्लिक स्पीकिंग कोर्स करने का फैसला किया। इस बीच उसने चिट्ठी लिखने वाली टीचर को उसकी दिलचस्पी और जानकारी के लिए धन्यवाद दिया।

करुण कैसे बनें

क्या होता यदि रैमोना को मिली चिट्ठी पूरी तरह गलत होती? यदि उसके पास यह सोचने का कारण होता कि उसके भाषण की यह आलोचना बिलकुल गलत है? उस मामले में रैमोना को यह महसूस होता कि उसके भाषण के शब्दों या अंदाज में ऐसा कुछ था, जिससे उस चिट्ठी

लिखने वाली के पूर्वाग्रहों, अंधविश्वासों या संकीर्ण विश्वासों को झटका लगा होगा। समस्या उसके साथ नहीं, बल्कि लेखिका के साथ होती।

इसे समझना करुणा की दिशा में उठाया गया पहला और अनिवार्य कदम होता है। दूसरा तार्किक कदम सामने वाले की शांति, सद्भाव और समझ के लिए प्रार्थना करना है। जब आप जानते हैं कि आप अपने विचारों, प्रतिक्रियाओं और भावनाओं के मालिक हैं, तो आप आहत नहीं हो सकते। भावनाएँ विचारों का अनुसरण करती हैं और आपमें उन सभी विचारों को अस्वीकृत करने की शक्ति है, जो आपको विचलित या परेशान कर सकते हैं।

बुद्धिमत्ता के अनुकूल बनें

एक बार मैं पास वाले चर्च में शादी कराने गया। दूल्हा काफी समय बीतने के बाद भी नहीं आया। दुल्हन ने दो घंटे बाद कुछ आँसू बहाए। फिर उसने मुझसे कहा कि मैंने दैवी मार्गदर्शन के लिए प्रार्थना की थी। युवक का न आना शायद मेरी प्रार्थना का उत्तर है, क्योंकि ईश्वर कभी गलत मार्गदर्शन नहीं देता है।

उसकी प्रतिक्रिया सभी अच्छी चीजों में अपना विश्वास व्यक्त करना था। उसके दिल में कोई कटुता नहीं थी, लेकिन मैं इस विवाह के लिए बेताब थी। मुझे लगता है कि यह विवाह सही कर्म नहीं होता, क्योंकि मेरी प्रार्थना सही कर्म के लिए थी- सिर्फ मेरे लिए नहीं, बल्कि हम दोनों के लिए। यह युवती एक ऐसे अनुभव से आसानी से बाहर निकल आई, जिस पर कोई और महिला या पुरुष भावनात्मक हंगामा मचा देता। अपनी अवचेतन गहराइयों में मौजूद असीमित बुद्धिमत्ता के अनुकूल बनें। इसके उत्तर पर बिना किसी शंका के उसी तरह भरोसा करें, जिस तरह आपको बचपन में माता-पिता पर था। यही संतुलन और मानसिक तथा भावनात्मक सेहत की राह है।

विवाह गलत या सेक्स या मैं

कुछ समय पहले कैरोल नामक एक युवती मेरा भाषण सुनने आई थी। उसकी सादी काली पोशाक और काले मोजे कुछ अजीब थे। बिना लिपस्टिक या कोई मेकअप के उसका चेहरा पीला और रूखा था। उसका अंदाज भी सकुचाया हुआ लेकिन थोड़ा सतर्क था, जैसे उसे लग रहा हो कि उसके आस-पास के लोग अचानक गलत व्यवहार करने लगेंगे। कैरोल ने मुझे अपने लालन-पालन के बारे में बताया कि उसे उसकी माँ ने पाला था, माँ ने विश्वास दिला दिया था कि नाचना, ताश खेलना, तैरना या पुरुषों के साथ घूमना-फिरना पाप है। सभी मर्द बुरे होते हैं और सेक्स पाप है, जिसे शैतान प्रेरित करता है। यदि वह इन आदेशों का उल्लंघन करेगी तो वह नरक की आग में जलती रहेगी।

कैरोल को अपने ऑफिस के युवकों के साथ घूमते समय अपराधबोध होता था। उसे लगता था कि ईश्वर उसे सजा देंगे। उसे एक युवक थोड़ा पसंद था, जिसने उसके सामने विवाह का प्रस्ताव रखा, लेकिन उसने ठुकरा दिया। उसने कहा कि विवाह करना गलत है; सेक्स बुरा है और मैं बुरी हूँ। यह वह नहीं, उसकी माँ की कंडीशनिंग बोल रही थी।

आप समझ गये होंगे कि इस युवती को अपराधबोध हुआ। उसे कैसे नहीं होता? उसके लिए माँ के विश्वासों के साथ जीना असंभव था। इस विचार से बचना असंभव था, क्योंकि उन विश्वासों में कुछ गड़बड़ थी। जो जीवन-सिद्धांत हम सभी में प्रवाहित होता है, वह अपनी पहचान

और अभिव्यक्ति के लिए जूझ रहा था। मैंने कैरोल को सुझाव दिया कि वह खुद को क्षमा करना सीखे। क्षमा करने का मतलब है किसी चीज के लिए कुछ छोड़ना। जीवन की सच्चाइयों और अपने नए आकलन को पाने के लिए उसे सारे झूठे विश्वास छोड़ने होंगे। ढाई महीने तक कैरोल मेरे पास सप्ताह में एक बार आती रही। मैंने उसे चेतन और अवचेतन मन की कार्यविधि के बारे में वह सब सिखाया, जो मैंने इस पुस्तक में बताया है। जब वह धीरे-धीरे यह समझ गई कि अंधविश्वासी, कट्टर और कुंठित माँ ने उसे गलत विचार दिए हैं, सम्मोहित किया है और कंडीशन किया है, तो वह अद्भुत जीवन जीने लगी।

अब कैरोल अधिक आकर्षक कपड़े पहनने लगी। अपने में आमूलचूल परिवर्तन करने के लिए वह एक फैशनेबल स्टोर के कॉस्मेटिक्स सेक्शन में गई। उसने नाचना, कार चलाना, तैरना, ताश खेलना और युवकों के साथ बातचीत करना सीखा। वह अपने परिवार से पूरी तरह अलग हो गई और जीवन को प्रेम करने तथा महत्त्व देने लगी।

अपनी आंतरिक प्रकृति को जानने के बाद कैरोल आदर्श जीवनसाथी के लिए प्रार्थना करने लगी। वह यह दावा करने लगी कि असीमित बुद्धिमत्ता उसकी ओर ऐसे मनुष्य को आकर्षित करेगी, जो पूरी तरह उसके साथ सामंजस्य में होगा। एक शाम जब वह मेरे ऑफिस से निकल रही थी, तो एक व्यक्ति मुझसे मिलने का इंतजार कर रहा था। मैंने उन दोनों का परिचय करा दिया। छह महीने बाद उन दोनों ने शादी कर ली। अब वे शादी-शुदा हैं और एक-दूसरे के साथ बहुत खुश हैं।

क्षमा द्वारा उपचार

यदि तुम्हारे मन में किसी के खिलाफ कुछ है, तो तुम खड़े होकर प्रार्थना करो, क्षमा करो। अब आप जान गये होंगे कि दूसरों को क्षमा करना मानसिक शांति और अच्छी सेहत के लिए अनिवार्य है। यदि आप अच्छी सेहत और खुशी चाहते हैं, तो आपको प्रत्येक उस मनुष्य को क्षमा करना चाहिए, जिसने आपको चोट पहुँचाई है। अपने विचारों को दैवी नियमों और व्यवस्था के सामंजस्य में लाकर खुद को क्षमा करें। आप खुद को तब तक पूरी तरह क्षमा नहीं कर सकते, जब तक कि दूसरों को क्षमा न कर दें। खुद को क्षमा न करना सिर्फ आध्यात्मिक अहंकार या अज्ञान है।

आज की मनोदैहिक चिकित्सा द्वारा दर्शाया गया है कि द्वेष, दूसरों की आलोचना, पश्चात्ताप और शत्रुता कई रोगों के कारण हैं, जिनमें आर्थराइटिस से लेकर हृदय रोग तक शामिल हैं। नकारात्मक भावनाओं से उत्पन्न तनाव सीधे शरीर के प्रतिरोधक तंत्र को प्रभावित करता है, जिससे आप संक्रमण और रोग का शिकार हो जाते हैं। विशेषज्ञ बताते हैं कि दुर्व्यवहार के शिकार, धोखा खा चुके या आहत मनुष्य अक्सर प्रतिक्रिया करते हुए द्वेष और नफरत पाल लेते हैं। यह प्रतिक्रिया उनके अवचेतन मन में गहरा घाव उत्पन्न कर देती है, जो लगातार टीस मारता रहता है। सिर्फ एक ही इलाज है। उन्हें अपनी चोट को काटकर हटाना होगा और इसका एकमात्र अचूक तरीका है- क्षमा।

क्षमा की कला और प्रेम

ऐसा माना जाता है कि क्षमा की कला में अनिवार्य तत्त्व क्षमा करने की इच्छा हमेशा होती है। यदि आप सच्चे दिल से किसी को क्षमा करते हैं, तो आपने आधी बाधा पार कर ली है। आप

जानते हैं कि किसी को क्षमा करने का अर्थ है कि आप क्षमा करने वाले को पसंद करते हैं या उसके साथ संबंध बढ़ाना चाहते हैं। वैसे तो आप किसी को पसंद करने के लिए बाध्य नहीं हैं। यह उस प्रकार है जैसे सरकार सद्भाव, प्रेम, शांति या सहिष्णुता के बारे में कानून बनाने की कोशिश करे। आप किसी व्यक्ति को सिर्फ इसलिए पसंद नहीं कर सकते कि कोई आपको ऐसा करने का आदेश देता है। हम मनुष्यों को पसंद किए बिना भी उनसे प्रेम कर सकते हैं। बाइबल कहती है, एक-दूसरे से प्रेम करो। यह पहली नजर में असंभव लग सकता है, लेकिन यह काम कोई भी कर सकता है, बशर्ते वह इसे सचमुच करना चाहे। प्रेम का मतलब यह है कि सामने वाले के लिए सेहत, खुशी, शांति, सुख और जीवन की सभी नियामतों के लिए एक ही शर्त है और वह है ईमानदारी। आप क्षमा करते समय उदार और स्वार्थी होते हैं, क्योंकि आप दूसरों के लिए जो कामना करते हैं, वास्तव में वह अपने लिए कर रहे हैं। आप अच्छी तरह से जानते हैं कि जैसा आप सोचते और महसूस करते हैं, वैसे ही आप बन जाते हैं। क्या इससे सरल कोई चीज हो सकती है?

क्षमा की तकनीक

अब आपको समझना होगा कि क्षमा करने की एक सरल और प्रभावी विधि होती है। यदि किसी ने इसका अभ्यास अच्छी तरह से किया तो जीवन में चमत्कार हो सकता है। अपने दिमाग को शांत कर लें, शिथिल हो जाएँ और स्वतंत्र रहें। ईश्वर के बारे में, अपने प्रति उसके प्रेम के बारे में सोचें और फिर सकारात्मक घोषणा करें- मैं पूरी तरह से आहत करने वाले को क्षमा करता हूँ। मैं उसे मानसिक और आध्यात्मिक रूप से स्वतंत्र करता हूँ। मैं उसे इस मुद्दे से संबंधित प्रत्येक चीज के लिए पूरी तरह से माफ करता हूँ। मैं स्वतंत्र हूँ और यह स्वतंत्र है। यह अद्भुत भावना है। मेरे लिए यह क्षमादान का महत्त्वपूर्ण दिन है। मैं प्रत्येक उस मनुष्य को स्वतंत्र करता हूँ, जिसने मुझे कभी आहत किया है और मैं प्रत्येक के लिए सेहत, खुशी, शांति तथा जीवन की सभी नियामतों की कामना करता हूँ। मैं यह काम मुक्तता, खुशी और प्रेम से करता हूँ। जब भी मेरे मन में अपने को आहत करने वालों के बारे में विचार आता है, तो मैं कहता हूँ, मैंने तुम्हें स्वतंत्र कर दिया है और जीवन की सभी नियामतें तुम्हें मिलें। मैं आजाद हूँ और वे भी आजाद हैं। यह अद्भुत है!

सच्ची क्षमा का महान रहस्य यह है कि जब आप एक बार मनुष्य को क्षमा कर दें, तो प्रार्थना को दोहराना अनावश्यक है। जब भी वह मनुष्य आपके मन में आए या वह खास चोट आपके दिमाग में उभरे, तो उसके प्रति अच्छे विचार व्यक्त करें और कहें कि तुम्हें शांति मिले। जितनी बार विचार मन में आए, उतनी ही बार यह काम करें। आप पाएँगे कि कुछ दिनों के बाद उस लोग या अनुभव का विचार कम बार आएगा और फिर गुमनामी में खो जाएगा।

क्षमा का टेस्ट

आप देखते ही होंगे कि सुनार जाँच करने के लिए एसिड टेस्ट का प्रयोग करता है कि सोना असली है या नकली। क्षमा के लिए भी एक एसिड टेस्ट है जिसका प्रयोग हमें जानना चाहिए। यदि मैं आपको किसी के बारे में कोई बहुत अच्छी खबर सुनाने जा रहा हूँ, जिसने आपको चूना लगाया है, धोखा दिया है या छल किया है, लेकिन आप उस मनुष्य के बारे में अच्छी खबर सुनकर कुढ़ जाते हैं, तो यह जान लें कि नफरत की जड़ें अब भी आपके अवचेतन मन में हैं

और नुकसान पहुँचा रही हैं। आप ऐसा मान सकते है कि पिछले साल आपका बहुत दुखने वाला दाँत निकाला गया था और आप मुझे इसके बारे में इस समय बताते हैं, लेकिन मैं पूछता हूँ कि क्या इस समय दर्द हो रहा है, तो आप मुझे हैरानी से देखकर कहते हैं कि जाहिर है नहीं। मुझे दर्द याद है, लेकिन अब मुझे यह महसूस नहीं होता है।

यही पूरी कहानी है। लेकिन आपने सचमुच किसी को क्षमा कर दिया है, तो आपको घटना तो याद होगी, लेकिन आपको अब उसकी चोट या डंक महसूस नहीं होगा। यह क्षमा का एसिड टेस्ट है। आपको इसे मनोवैज्ञानिक और आध्यात्मिक तरीके से करना होगा। वरना आप खुद को धोखा दे रहे हैं; आप क्षमा की सच्ची कला का अभ्यास नहीं कर रहे हैं।

सबको समझना सबको क्षमा करना है

एक बार आप अपने मस्तिष्क के रचनात्मक नियम को समझ लेते हैं, तो आप दूसरे मनुष्यों और परिस्थितियों को दोष देना बंद कर देते हैं कि वे आपके जीवन को बना या बिगाड़ रही हैं। आपके विचार और भावनाएं ही आपकी किस्मत बनाते हैं। बाहरी चीजें कारण नहीं हैं और न ही वे आपके जीवन तथा अनुभवों के कारण या निर्माता हैं। यह सोचना गलत है कि दूसरे आपकी खुशी में बाधा डाल सकते हैं, आप बेरहम किस्मत की फुटबॉल हैं, आपको जीने के लिए दूसरों का विरोध करना पड़ेगा और उनसे लड़ना पड़ेगा- ये सभी विचार अपनी विध्वंसात्मक प्रकृति को प्रकट कर देते हैं, जब आप यह समझ लेते हैं कि विचार ही वस्तु है। बाइबल सिद्धांत है कि- जैसा मनुष्य अपने दिल में सोचता है, वैसा ही वह होता है।-प्रोवबर्स 23:7

क्षमा में सहायक बिंदु?

1. ईश्वर या जीवन बीमारी, रोग, दुर्घटना या कष्ट नहीं भेजता है। हम ये चीजें अपनी नकारात्मक विध्वंसात्मक सोच से खुद अपने ऊपर लादते हैं और इस बारे में यही नियम काम करता है, जैसा बोओगे वैसा काटोगे।

2. ईश्वर या जीवन मनुष्यों में भेद नहीं करता है। जीवन किसी के साथ भेदभाव नहीं करता है। जब आप सद्भाव, सेहत, खुशी और शांति के सिद्धांतों का पालन करने लगते हैं, तो जीवन या ईश्वर आपके पक्ष में काम करने लगता है।

3. जीवन या ईश्वर आपके खिलाफ कोई बैर नहीं रखता है। जीवन कभी आपकी निंदा नहीं करता है। लेकिन आपके हाथ में घाव हो जाता है, तो जीवन उसे ठीक कर देता है। लेकिन आप अपनी उँगली जला लेते हैं, तो जीवन आपको क्षमा करता है, घाव को भरता है, फफोलों को मिटाता है और उस हिस्से को पूर्ण बना देता है।

4. ईश्वर के बारे में आपकी अवधारणा आपके जीवन की सबसे महत्त्वपूर्ण चीज है, लेकिन आप सचमुच प्रेमपूर्ण ईश्वर में विश्वास करते हैं, तो आपका अवचेतन मन प्रतिक्रिया करके आपको असंख्य नियामतें प्रदान करेगा। प्रेमपूर्ण ईश्वर में विश्वास करें।

5. ईश्वर या जीवन आपको सजा नहीं देता है या निंदा नहीं करता है। प्रकृति की शक्तियाँ बुरी नहीं हैं। उनका प्रभाव तो इस बात पर निर्भर करता है कि आप अपने अंदर की शक्ति का कैसा प्रयोग करते हैं। आप बिजली का प्रयोग किसी को मारने या घर को रोशन करने के लिए कर सकते हैं। ईश्वर या जीवन आपको सजा नहीं देता है या मूल्यांकन नहीं करता है।

आप खुद अपने झूठे विश्वासों, नकारात्मक चिंतन और आत्म-निंदा के अवचेतन प्रभावों द्वारा अपने साथ ऐसा करते हैं।

6. अच्छाई और बुराई मनुष्य के मस्तिष्क के विचार और उद्देश्य पर निर्भर करती हैं।

7. ईश्वर या जीवन कभी सजा नहीं देता है। मनुष्य ईश्वर, जीवन और ब्रह्मांड की गलत अवधारणाओं के कारण खुद को सजा देते हैं। उनके विचार रचनात्मक होते हैं, इसलिए वे अपने दु:ख की रचना खुद कर लेते हैं।

8. आप आलोचना से आहत नहीं होते हैं, क्योंकि आप जानते हैं कि आप अपने विचारों, प्रतिक्रियाओं और भावनाओं के स्वामी हैं। इससे आपको सामने वाले के लिए प्रार्थना करने और उसे दुआएं देने का अवसर मिलता है, जिसके द्वारा आप स्वयं को दुआ देते हैं।

9. कोई आपकी आलोचना करे और आपके अंदर वे कमियाँ हो, तो खुश होकर उसे धन्यवाद दें और उसकी टिप्पणियों की प्रशंसा करें। इससे आपको उस खास दोष को सुधारने का अवसर मिलता है।

10. जब आप मार्गदर्शन और सही कर्म के लिए प्रार्थना करें, तो जो उत्तर मिले उसे मान लें। महसूस करें कि यह अच्छा है, बहुत अच्छा है। फिर आत्म-करुणा, आलोचना या नफरत का कोई कारण नहीं है।

11. द्वेष, नफरत, दुर्भावना और शत्रुता बहुत से रोगों का कारण होते हैं। प्रेम, जीवन, खुशी और सद्भावना सबके प्रति उड़ेलकर अपने को आहत करने वालों तथा खुद को क्षमा करें। ऐसा तब तक करते रहें, जब तक कि आप उनसे अपने मन में न मिल लें और यह न जान लें कि आप उनके साथ शांति से हैं।

12. कोई भी चीज अच्छी या बुरी नहीं है, मनुष्य की सोच उसे ऐसा बना देती है। भोजन, सेक्स, दौलत या सच्ची अभिव्यक्ति की इच्छा में कोई बुराई नहीं है। यह इस पर निर्भर करता है कि आप इन इच्छाओं, आकांक्षाओं और हसरतों का प्रयोग कैसे करते हैं। आपकी भोजन की इच्छा किसी की जान लिए बिना भी पूरी हो सकती है।

13. किसी ने आपको चोट पहुँचाई है, आपके बारे में झूठ बोला है, निंदा की है और आपकी बहुत बुराई की है, तो क्या उस मनुष्य के बारे में आपका विचार नकारात्मक है? लेकिन ऐसा है, तो आप उसे अभी तक क्षमा नहीं कर पाए हैं। नफरत की जड़ें अब भी आपके अवचेतन मन में हैं और आपको नुकसान पहुँचा रही हैं। उन जड़ों को उखाड़ने का एकमात्र तरीका प्रेम है। उस मनुष्य के लिए जीवन की सभी नियामतों की कामना करें। यही 70 गुना सात बार क्षमा करने का मतलब है।

14. प्रेम, शांति, खुशी, बुद्धि और जीवन की सारी नियामतें तब तक दूसरों को दें, जब तक कि आपके दिमाग में कोई दंश न बचे। यह क्षमा का एसिड टेस्ट है।

19

अवचेतन मन का समाधान

आदत आपके अवचेतन मन का कार्य है। आपके अवचेतन मन की अद्भुत शक्ति का इससे बड़ा प्रमाण नहीं है कि आपके जीवन पर आदत की कितनी शक्ति और नियंत्रण है। आप आदतों के गुलाम होते हैं।

ऐसा कई बार होता है कि आपके सामने कोई मुश्किल स्थिति आ जाए और आपको रास्ता स्पष्ट न दिख रहा हो, हम पहले ही बता चुके हैं कि समाधान समस्या के अंदर ही होता है। प्रत्येक सवाल में इसका उत्तर निहित होता है। आपके अवचेतन मन की असीमित बुद्धिमत्ता सब कुछ जानती है और सब कुछ देखती है। इसके पास उत्तर है, लेकिन आपको सुनना होगा। आपको पूर्ण विश्वास के साथ अवचेतन मन के सुझाए मार्ग का अनुसरण करना होगा। इस प्रकार के नए मानसिक नजरिए को प्राप्त करके आपके अपने अंदर का रचनात्मक ज्ञान सुखद समाधान खोजता है, अन्दर ही आपको वह उत्तर मिल जाएगा, जिसे आप खोज रहे हैं। इस तरह का मानसिक नजरिया आपके सभी कामों में व्यवस्था, शांति और अर्थ लाएगा।

आदत, अवचेतन मन का कार्य

मनुष्य आदतों के हिसाब से जीने वाला प्राणी है। महान लोगों का मत है कि आदत हमारे अवचेतन मन का एक कार्य है। हमने तैरना, साइकिल चलाना, नाचना और कार चलाना, चेतन रूप से इन कामों को बार-बार करके सीखा था, ताकि ये कार्य हमारे अवचेतन मन में स्थापित हो सकें। अवचेतन मन की आदत ने इन कामों को अपने जिम्मे ले लिया। इसे कई बार 'दूसरी प्रकृति' भी कहा जाता है, यानी हमारी 'पहली' प्रकृति के चिंतन और क्रिया पर अवचेतन मन की प्रतिक्रिया। यदि हम अपनी खुद की आदतें बनाते हैं अर्थात हम अच्छी या बुरी आदतें चुनने के लिए स्वतंत्र हैं। यदि आप कोई नकारात्मक विचार या कार्य कुछ समय तक दोहराएंगे तो आप खुद को एक आदत के दबाव में रखने लगेंगे। आपके अवचेतन मन का नियम दबाव है।

बुरी आदत कैसे छोड़ें

एक बार बॉब जे. बहुत ही निराशहालत में मुझसे मिलने आया था। उसने बताया कि शराब मेरी नौकरी, पत्नी और परिवार को पी गई। मेरी पत्नी मुझसे फोन पर भी बात नहीं करती है। वह मुझे अपनी बेटी से मिलने भी नहीं देती है। मैं नहीं जानता कि क्या करूँ।

मैंने पूछा कि क्या आपने शराब छोड़ने की कोशिश की है? उसने कहा कि बहुत बार और मैंने छोड़ी भी है। लेकिन मन बेकाबू हो जाता है।

उसके साथ ऐसा बार-बार हुआ, क्योंकि लगातार पीना उसकी आदत बन चुकी थी और वह जानता था कि उसे इस आदत को बदलकर एक नई आदत डालनी थी। उसने अपनी इच्छाओं को दबाने की कोशिश की, लेकिन हालात सुधरने के बजाय बिगड़ते चले गये। उसकी लगातार

असफलताओं ने उसे विश्वास दिला दिया कि वह असफल है और उसके पास अपनी इच्छा को नियंत्रित करने की शक्ति नहीं है। शक्तिहीनता के इस विचार ने उसके अवचेतन मन पर जबर्दस्त सुझाव के रूप में काम किया। इस कारण उसकी कमजोरी बढ़ गई और उसका जीवन असफलताओं का सिलसिला बन गया। मैंने उसे चेतन और अवचेतन मन के कार्यों में तालमेल बैठाना सिखाया। इन दोनों के सहयोग से अवचेतन मन में बोई गई इच्छा या विचार साकार हो जाता है। उसका तार्किक मन सहमत था, लेकिन उसकी आदत के पुराने मार्ग ने उसे मुश्किल में डाल दिया है, तो वह चेतन रूप से स्वतंत्रता, संयम और मानसिक शांति का नया मार्ग बना सकता है।

उसकी विनाशक आदत अब स्वचलित जैसी बन गई थी, लेकिन उसने इसे सचेतन विकल्प चुनकर खुद बनाया था। उसने अपनी स्थिति नकारात्मक बना ली थी, तो वह इस स्थिति को सकारात्मक भी बना सकता है। उसने यह सोचना छोड़ दिया कि वह इस आदत को नहीं छोड़ सकता। उसे पता था कि उसके अपने विचार के अलावा उसके उपचार में कोई बाधा नहीं है। इसलिए बहुत ज्यादा मानसिक कोशिश या मानसिक दबाव की कोई जरूरत नहीं है।

आदत का नया पैटर्न

बॉब ने अपनी समस्या का समाधान करने के लिए अपने शरीर को शिथिल करने का अभ्यास किया और मनन की निष्क्रिय अवस्था तक पहुँच गया। उसने मस्तिष्क में इच्छित परिणाम की तस्वीर भरी, क्योंकि वह जानता था कि उसका अवचेतन मन सबसे आसान तरीके से इसे साकार कर सकता है। उसने कल्पना की कि उसकी बेटी गले लगते हुए स्वागत कर रही है और कह रही है, ओह डैडी कितना अच्छा हुआ कि आप दोबारा घर लौट आए।

इस प्रकार वह सुनियोजित तरीके से बैठकर मनन करता रहा। ध्यान भटकने पर उसने तत्काल अपनी बेटी की मानसिक तस्वीर याद करने की आदत डाल ली, उसकी मुस्कान के साथ और उसके घर का दृश्य, जो बेटी की चहकती आवाज से जीवंत था। इस तरीके से उसके दिमाग की दोबारा कंडीशनिंग हो गई, जो एक क्रमिक प्रक्रिया थी। वह जानता था कि देर-सबेर वह अपने अवचेतन मन में आदत का नया पैटर्न बना लेगा।

मैंने उसे पहले ही बता दिया था कि तुम अपने चेतन मन को कैमरे की तरह मान सकते हो, जबकि उसका अवचेतन मन वह संवेदनशील प्लेट है, जिस पर वह तस्वीर की छाप छोड़ता है। इस सुझाव से उसका एक लक्ष्य यह बन गया कि वह अपने मन की तस्वीर की दृढ़ छाप छोड़े और उसे डेवलप करे। फिल्म को अँधेरे में डेवलप किया जाता है; इसी तरह मानसिक तस्वीरों को अवचेतन मन के डार्क रूम में डेवलप किया जाता है।

दृश्य पर केंद्रित

अब बॉब को अच्छी तरह से समझ में आ गया था कि उसका चेतन मन कैमरे की तरह है, इसलिए उसने कोई कोशिश नहीं की, न ही कोई मानसिक संघर्ष किया। उसने शांति से अपने विचारों को संतुलित किया और अपना ध्यान अपने सामने के दृश्य पर केंद्रित किया, जब तक कि वह तस्वीर के साथ एकाकार नहीं हो गया। वह मानसिक माहौल में डूब गया और मानसिक फिल्म को बार-बार देखने लगा। उपचार होने के बारे में कोई शंका ही नहीं थी। जब भी पीने की तलब लगती थी, तो वह अपनी कल्पना को शराब के विचार से दूर मोड़कर अपने परिवार के

साथ घर पर रहने की भावना की ओर मोड़ देता था। उसे विश्वास भरी उम्मीद थी कि वह अपने मस्तिष्क में जो फिल्म डेवलप कर रहा था, वह अवश्य घटेगी। आज वह संयमपूर्ण जीवन जी रहा है, अपने परिवार के साथ दोबारा रहने लगा है, कैरियर में सफल और खुश है।

यदि बदकिस्मती पीछे पड़े

रूथ बी. एक कंपनी की संस्थापक थीं, जो प्रोफेशनल्स के लिए बिलिंग और रिकॉर्ड-कीपिंग का काम करती थीं। उसकी कंपनी पहले तो बहुत सफल थी, फिर कुछ हो गया और स्थिति बदल गई।

उसने मुझसे कहा कि मुझे समझ में नहीं आता है। कभी-कभी ऐसा लगता है, जैसे जो दरवाजे मेरे लिए खुल रहे थे, वे सभी अब कसकर बंद हो चुके हैं। मैं बार-बार संभावित ग्राहकों से साइन कराने के करीब पहुँच जाती हूँ। फिर आखिरी मिनट पर वे पीछे हट जाते हैं। क्या हो रहा है?

मैंने उससे पूछा कि यह समस्या कब से आ रही है?

लगभग तीन महीने से, अप्रैल के बीच से यह समस्या आ रही है।

मैंने पूछा कि आपको तारीख के बारे में इतना विश्वास कैसे है? क्या उस समय कोई खास चीज हुई थी?''

उसने कहा कि आप मेरा विश्वास मानें! मैं एक दंतचिकित्सक को ग्राहक बनाने की कोशिश कर रही थी। मैं उसका नाम नहीं लूंगी, लेकिन आपने यदि अपने बच्चे के दाँतों में तार लगवाए हों, तो आप शायद उसे जानते होंगे। मैंने उसे बताया कि यदि मेरी कंपनी उसका सारा कागजी काम सँभाल लेगी, तो उसका कितना समय, श्रम और पैसा बचेगा। उसे इस बात में समझदारी दिखी और उसने मौखिक सहमति दे दी। लेकिन जब मैंने उसे डाक से अनुबंध भेजा, तो पहले तो उसने आनाकानी की, फिर पीछे हट गया। मैं आगबबूला थी!

मैंने पूछा... और उसके बाद...?

रूथ ने कहा कि उसके बाद यह बार-बार होने लगा, बदकिस्मती मेरे पीछे पड़ी है। कोई दूसरा कारण ही नहीं है।

मैंने समझाया कि दंतचिकित्सक के प्रति उसकी चिढ़ और द्वेष ने उसे यह अवचेतन विश्वास दिला दिया था कि उसके अन्य संभावित ग्राहक भी बाद में पीछे हट जाएँगे। इस विश्वास ने कुंठा, शत्रुता और बाधाओं का पैटर्न बना दिया। उसने अपने मन में आखिरी मिनट में अनुबंध रद्द होने की आशंका बना ली। एक बार जब उसके अवचेतन मन पर यह छाप छूट गई, तो यह उन परिस्थितियों को उत्पन्न करने लगी, जिनका उसे भय था। प्रत्येक असफलता इस विश्वास को दृढ़ बनाती थी कि वह असफल होने के लिए बाध्य है। उसने एक दुष्चक्र बना लिया था।

रूथ को समझ में आने लगा था कि समस्या उसके अपने मस्तिष्क में थी और इलाज तभी हो सकता है, जब वह अपने मानसिक नजरिए को बदल ले। वह इस तरीके से मनन करने लगी- मुझे अहसास है कि मैं अपने अवचेतन मन की असीमित बुद्धिमत्ता के साथ एकाकार हूँ, जो किसी बाधा, मुश्किल या विलंब को नहीं जानती है। मैं सर्वश्रेष्ठ की सुखद उम्मीद में जीती हूँ। मेरा अधिक गहरा मन मेरे विचारों पर प्रतिक्रिया करता है। मैं जानती हूँ कि मेरे अवचेतन की असीमित शक्ति का काम रोका नहीं जा सकता। असीमित बुद्धिमत्ता जो भी शुरू करती है, उसे हमेशा सफलतापूर्वक पूरा करती है।

रचनात्मक ज्ञान मेरे माध्यम से काम करके मेरी सारी योजनाओं और उद्देश्यों को पूरा करता है। मैं जो भी शुरू करती हूँ, उसे सफलता से पूरा करती हूँ। जीवन में मेरा लक्ष्य अद्भुत सेवा देना है और मैं जिनके भी संपर्क में आती हूँ, वे मेरी सेवाओं से धन्य हो जाते हैं। मेरे सभी काम दैवी विधान में पूर्ण परिणति तक पहुँचते हैं।

इस प्रकार की प्रार्थना वह ग्राहकों से मिलने जाने से पहले दोहराने लगी और सोने से पहले भी यह प्रार्थना दोहराई। कुछ ही समय में उसने अवचेतन मन में एक नई आदत का पैटर्न बना लिया। जल्दी ही वह एक बार फिर से संभावित ग्राहकों को कंपनी के सौदों पर साइन कराने में सफल होने लगी। अब वह बदकिस्मती का शिकार होने के सभी विचार भूल चुकी थी।

बुद्धिमानी की चाहत

एक बार एक युवक ने सुकरात से पूछा कि उसे बुद्धि कैसे मिल सकती है। सुकरात ने उसे अपने पास बुलाया और अपने साथ लड़के को नदी तक ले गए और उसका सिर पानी में डूबा दिया। उन्होंने उसे तब तक डुबोए रखा, जब तक कि लड़का हवा के लिए बुरी तरह छटपटाने नहीं लगा। फिर उन्होंने उसे छोड़ दिया। जब लड़के की हालत ठीक हो गई, तो सुकरात ने उससे कहा कि जब तुम्हारा सिर पानी में डूबा था, तो तुम्हें किस चीज की सबसे ज्यादा चाहत थी? लड़के ने उत्तर दिया। 'हवा की।'

सुकरात ने उसे समझाया कि जब तुम बुद्धिमानी को उतना चाहने लगोगे, जितना कि पानी में डूबते समय हवा को चाहते थे, तो यह तुम्हें मिल जाएगी।

ध्यान दे-

1. आप एक निश्चित निर्णय पर पहुँचेंगे कि कोई रास्ता है।
2. आप विश्वास से फैसला करेंगे कि यही वह रास्ता है, जिस पर आप चलना चाहते हैं।
3. आपके मन में जीवन की किसी निश्चित बाधा को पार करने की गहन, प्रबल, सच्ची इच्छा होगी तो विजय सुनिश्चित है।

यदि आप सचमुच मानसिक और आंतरिक शांति प्राप्त करना चाहते हैं, तो आपको यह मिल जाएगी। इससे कोई फर्क नहीं पड़ता है कि आपके साथ कितना भेदभावपूर्ण व्यवहार हुआ है। जब आप अपनी मानसिक और आध्यात्मिक शक्तियों के बारे में जाग्रत हो जाते हैं, तो आपको इससे कोई फर्क नहीं पड़ता है। क्योंकि आप जानते हैं कि आप क्या चाहते हैं। आप निश्चित रूप से नफरत, गुस्से, शत्रुता तथा दुर्भावना के चारों (विचारों) को अपनी शांति, सद्भाव, सेहत और खुशी नहीं लूटने देंगे। अपने विचारों को जीवन के लक्ष्य के साथ एकाकार करने की आदत सीखने पर आप परिस्थितियों, खबरों और घटनाओं पर विचलित होना छोड़ देंगे। आपका लक्ष्य शांति, सेहत, प्रेरणा, सद्भाव और समृद्धि हो जायेगा। अब आप जान गये होंगे कि शांति की नदी आपके अंदर इसी समय प्रवाहित हो रही है। आपका विचार अमूर्त और अदृश्य शक्ति है तथा आप इसका चुनाव खुद को दुआ देने, प्रेरित करने और शांति पाने के लिए करते हैं।

उसका उपचार क्यों नहीं हो पाया

एलन एस. एक प्रमुख पाठ्यपुस्तक वितरक का फील्ड रिप्रजेन्टेटिव था। उसके चार बच्चे थे, लेकिन बिजनेस यात्राओं के दौरान एक अन्य महिला के साथ उसका अवैध संबंध हो गया। वह बहुत

निराश और चिड़चिड़ा हो गया था और बिना गोलियों के नींद नहीं आती थी। उसे हाई ब्लड प्रेशर और बहुत से अंदरूनी तकलीफ थी, जिन्हें उसका डॉक्टर न तो पकड़ पा रहा था, न ही इलाज कर पा रहा था। स्थिति और भी बिगड़ गई, जब वह बहुत शराब पीने लगा।

हमें जल्दी ही पता चल गया कि इस सबका कारण अपराध का उसका गहरा अवचेतन बोध था। वह जिस धार्मिक विश्वास में पला-बढ़ा था, वह उसके अवचेतन मन की गहराई में विद्यमान था। उसका धार्मिक विश्वास विवाह की कसमों की पवित्रता पर बहुत जोर देता था, लेकिन वह लगातार उनकी खुली अवहेलना कर रहा था। वह अपराधबोध के घाव को भरने की निरर्थक कोशिश में ज्यादा पीने लगा था। जिस तरह कोई रोगी अपने भयंकर दर्द के लिए मॉर्फीन और कोडीन लेता है, उसी तरह वह अपने मानसिक तनाव या घाव के लिए शराब पीने लगा। यह आग में घी डालने वाली पुरानी कहानी है।

स्पष्टीकरण और इलाज

उसने मेरा स्पष्टीकरण बहुत अच्छी तरह से सुना और जाना कि उसका मस्तिष्क कैसे काम करता है। उसने अपनी समस्या का सामना ही नहीं किया, बल्कि अंतत: अवैध संबंध छोड़ने का फैसला कर लिया। उसको यह समझ में आ गया था कि उसका पीना पलायन की अचेतन कोशिश थी। छिपा हुआ कारण उसके अवचेतन मन में निहित था और उसका सफाया किया जाना था। इसके बाद ही उपचार हो सकता था।

वह दिन में कई बार प्रार्थना से अपने अवचेतन मन पर छाप छोड़ने लगा- मेरा मस्तिष्क शांति, संतुलन और सदभाव से भरा हुआ है। ईश्वर मेरे अंदर मुस्कराता हुआ शांति से विश्राम कर रहा है। मैं अतीत, वर्तमान या भविष्य की किसी चीज से नहीं डरता हूँ। मेरे अवचेतन मन की असीम बुद्धिमत्ता सभी तरीकों से मेरा नेतृत्व, निर्देशन और मार्गदर्शन कर रही है। मैं अब प्रत्येक स्थिति का सामना विश्वास, संतुलन, शांति और विश्वास से करता हूँ। मैं अब इस आदत से पूरी तरह स्वतंत्र हूँ। मेरा मस्तिष्क आंतरिक शांति, स्वतंत्रता और खुशी से भरा है। मैं खुद को क्षमा करता हूँ; फिर मुझे भी क्षमा किया जाता है। शांति. संयम और विश्वास मेरे मस्तिष्क पर शासन करते हैं।

जब उसने यह प्रार्थना दोहराई, तो वह पूरी तरह से जानता था कि वह क्या कर रहा था और क्यों कर रहा था। मैंने उसे समझाया कि जब वह इन वाक्यों को जोर से, धीरे-धीरे, प्रेमपूर्वक और अर्थपूर्ण ढंग से दोहराएगा, तो वे धीरे-धीरे उसके अवचेतन मन में उतर जाएँगे। बीजों की तरह वे भी बड़े होकर फल देंगे। उसके कान आवाज सुनते थे और शब्दों के उपचारक कंपन उसके अवचेतन मन तक पहुँचकर उन सभी नकारात्मक मानसिक पैटर्न को मिटा देते थे, जिन्होंने उसकी समस्याओं को पैदा किया था। प्रकाश अंधकार को दूर कर देता है। सृजनात्मक विचार नकारात्मक विचार को नष्ट कर देता है। वह महीने भर में बदल गया।

जीवन का सामना

यदि आप शराबी या मादक पदार्थ के आदी हो गये हैं, तो आपको सहज स्वीकार करना चाहिए। कभी भी अपने को बचाने की कोशिश न करें। क्योंकि बहुत से लोग शराबी इसलिए बन जाते हैं, क्योंकि उन्होंने इसे कभी भी स्वीकार नहीं किया।

आपकी बीमारी आपके अन्दर का आंतरिक भय है। क्योंकि आप जीवन का सामना करने से इंकार कर रहे हैं, इसलिए आप शराब के माध्यम से अपनी जिम्मेदारियों से पलायन करने की

कोशिश कर रहे हैं। शराबी के रूप में आपकी कोई स्वतंत्र इच्छा नहीं है, हालाँकि आप सोच सकते हैं कि हो सकता है आप अपनी इच्छाशक्ति के बारे में डींगें हाँकते हो।

यदि आप आदतन शराबी हैं और साहस के साथ यह घोषणा करते हैं, अब मैं इसे कभी नहीं छुऊँगा, तो आपमें इस घोषणा को सही साबित करने की शक्ति नहीं है। कारण यह है कि आप यह नहीं जानते हैं कि शक्ति को कहाँ खोजना है। यदि आप खुद की बनाई मनोवैज्ञानिक जेल में रह रहे हैं, तो आप अपने विश्वासों, मशविरों, प्रशिक्षण और माहौल के प्रभावों की बेड़ियों में जकड़े हुए हैं। अधिकांश मनुष्यों की तरह आप भी आदत के गुलाम हैं। आप जिस तरह से प्रतिक्रिया करते हैं, उसके लिए कंडीशंड हैं।

स्वतत्रंता के विचार बनाना

यदि आपने एक बार अपनी मानसिकता में स्वतंत्रता और मानसिक शांति के विचार भर लिए तो ये आपकी अवचेतन गहराइयों तक पहुँच जायेंगे। जैसा कि आप जानते हैं कि आपका अवचेतन मन सर्वशक्तिमान है, इसलिए यह आपको शराब पीने की इच्छा से स्वतंत्र कर देगा। उस मोड़ पर आपको एक नई समझ मिलेगी कि आपका दिमाग कैसे काम करता है। आपको अपने अंदर असीमित संसाधन मिलेंगे, जिनके द्वारा आप अपनी बात को सच साबित कर सकते हैं।

विनाशक आदत से छुटकारा

यदि आपमें एक बार किसी विनाशक आदत से छुटकारा पाने की प्रबल इच्छा जाग जाती है, तो आपका 51 प्रतिशत इलाज पहले ही हो जाता है। जब आपकी बुरी आदत को छोड़ने की इच्छा इसे जारी रखने की आवश्यकता से अधिक बड़ी हो जाती है, तो आपको यह जानकर हैरानी होगी कि पूर्ण स्वतंत्रता सिर्फ एक कदम दूर है। एक बार जिस भी विचार ने आपके दिमाग में लंगर डाल दिया तो आपका मस्तिष्क उसका विस्तार जरूर करेगा। मस्तिष्क को स्वतंत्रता की अवधारणा और मानसिक शांति पर केंद्रित करें। इसे ध्यान की नई दिशा पर केंद्रित करें। इससे आप ऐसी भावनाएँ उत्पन्न करते हैं, जो स्वतंत्रता और शांति की अवधारणा को धीरे-धीरे ग्रहण कर लेती हैं। आप जिस भी विचार को इस तरीके से भावनात्मक बनाते हैं, उसे आपका अवचेतन मन स्वीकार कर लेता है और साकार कर देता है।

प्रतिस्थापन का नियम

अब आप जान गये होंगे कि आपके कष्ट से कोई अच्छी चीज उत्पन्न हो सकती है। इसीलिए कष्ट उठाते रहना मूर्खता के अलावा कुछ नहीं है। यदि आप शराबी ही बने रहेंगे तो इससे आपको मानसिक और शारीरिक कष्ट होता रहेगा। यदि आपकी अवचेतन की शक्ति आपका साथ दे रही है, तो आप भावी स्वतंत्रता की सुखद कल्पना शुरू कर सकते हैं, जो आपके अंदर भरी हुई है।

आप जानते हैं कि प्रतिस्थापन का नियम ही आपको शराब की बोतल तक ले गया। इसे अब खुद को स्वतंत्रता और मानसिक शांति तक ले जाने दें। आपको थोड़ा कष्ट होगा, लेकिन यह सृजनात्मक उद्देश्य के लिए होगा। आप इसे उसी तरह सहन करेंगे, जिस तरह माँ प्रसव पीड़ा को करती है और आप मस्तिष्क में एक बच्चे को जन्म देंगे। आपका अवचेतन संयम को जन्म देगा।

शराबखोरी के कारण

शराबखोरी का असली कारण नकारात्मक और विनाशक सोच है; जैसा इंसान सोचता है वैसा ही वह होता है। शराबी में हीन भावना, अक्षमता, कुंठा और पराजय का गहरा अहसास होता है। अक्सर इनके साथ गहरी आंतरिक शत्रुता भी होती है। मनुष्य के पास अनंत बहाने होते हैं, जिनसे वह अपने शराबीपन का बचाव कर सकता है, लेकिन असली कारण मनुष्य का वैचारिक जीवन होता है।

महत्त्वपूर्ण पायदान

पहला पायदान : स्थिर हो जाएँ, मस्तिष्क को शांत कर लें। उनींदी, निष्क्रिय अवस्था में पहुँच जाएं। इस शिथिल, शांत, ग्रहणशील अवस्था में आप दूसरे कदम की तैयारी कर रहे हैं।

दूसरा पायदान : एक संक्षिप्त वाक्य लें, जिसे आसानी से याददाश्त पर उकेरा जा सके और लोरी की तरह बार-बार दोहराया जा सके। इस वाक्य का प्रयोग करें, अब मुझमें संयम और मानसिक शांति है और मैं धन्यवाद देता हूँ। मस्तिष्क को भटकने से रोकने के लिए इसे जोर से दोहराएँ और मन में बोलते समय इसके उच्चारण में होंठों और जीभ को चलाएँ। इससे अवचेतन मन तक पहुँचने में मदद मिलती है। इसे पाँच मिनट या इससे ज्यादा समय तक करते रहें। आप एक गहरी भावनात्मक प्रतिक्रिया पाएँगे।

तीसरा पायदान : सोने से ठीक पहले वह करें, जो महान जर्मन कवि जोहानन वॉन गेटे करते थे। कल्पना करें कि कोई मित्र या प्रियजन आपके साथ है। आपकी आँखें बंद हैं, आप शिथिल और शांत हैं। यह प्रियजन या मित्र कल्पना में आपसे कह रहा है, 'बधाइयाँ।'

आप उसकी मुस्कराहट देखते हैं; आप उसकी आवाज सुनते हैं। आप मानसिक रूप से उसका हाथ छूते हैं। सब कुछ वास्तविक और चित्रात्मक है। बधाइयाँ शब्द पूर्ण स्वतंत्रता का द्योतक है। इसे बार-बार सुनें, जब तक कि आपको संतोषजनक अवचेतन प्रतिक्रिया न मिल जाए।

ध्यान दें

1. आपके पास चुनने की स्वतंत्रता है। आप अच्छी या बुरी आदत को चुन सकते हैं। प्रार्थना एक अच्छी आदत है।
2. आदत आपके अवचेतन मन का कार्य है। आपके अवचेतन मन की अद्भुत शक्ति का इससे बड़ा प्रमाण नहीं है कि आपके जीवन पर आदत की कितनी शक्ति और नियंत्रण है। आप आदतों के गुलाम होते हैं।
3. समाधान समस्या में निहित है। प्रत्येक सवाल में इसका उत्तर छिपा है। आपका ज्ञान आपकी पुकार पर प्रतिक्रिया करता है, जब आप इसे विश्वास और विश्वास से आवाज देते हैं।
4. आप किसी विचार या काम को दोहराकर अपने अवचेतन मन में आदतों के पैटर्न बनाते हैं, जब तक कि यह आपके अवचेतन मन में खाँचे नहीं बना लेता और स्वचलित नहीं बन जाता।

5. आपकी सफलता और उपलब्धि में एकमात्र बाधा आपका अपना विचार या मानसिक छवि है।

6. जो भी मानसिक तस्वीर आप अपने अवचेतन मन में विश्वास के साथ देखते हैं, यह उसे साकार कर देता है।

7. आपका चेतन मन कैमरा है और आपका अवचेतन मन वह संवेदनशील प्लेट है, जिस पर आप तस्वीर की छाप छोड़ते हैं।

8. जब आपका ध्यान भटके, तो अच्छाई या लक्ष्य के विचार से इसे वापस लौटा लें। इसकी आदत डाल लें। इसे मस्तिष्क को अनुशासित करना कहते हैं।

9. मनुष्य के पीछे जो एकमात्र बदकिस्मती पड़ी रहती है, वह भय का विचार है, जिसे बार-बार दिमाग में दोहराया जाता है। इस ज्ञान के साथ बदकिस्मती से पीछा छुड़ाएं कि आप जो भी काम शुरू करते हैं, उसे आप देवी विधान में सुखद परिणाम तक पहुँचाएंगे। सुखद अंत की तस्वीर बनाएं और इसे विश्वास के साथ बनाए रखें।

10. दूसरों की बातें आपको तब तक चोट नहीं पहुँचा सकतीं, जब तक कि आपकी खुद की वैचारिक और मानसिक सहमति न हो। खुद को अपने लक्ष्य के साथ एकाकार करें, जो शांति, सद्भाव और खुशी है। आप ही अपने ब्रह्मांड में इकलौते चिंतक हैं।

11. नई आदत डालने के लिए आपको विश्वास होना चाहिए कि यह वांछित है। जब बुरी आदत को छोड़ने की आपकी इच्छा इसे जारी रखने की इच्छा से ज्यादा बड़ी हो, तो समझ लीजिए, आपका 51 प्रतिशत उपचार तो हो चुका है।

12. बहुत शराब पीना पलायन की अवचेतन इच्छा है। शराब पीने का कारण नकारात्मक और विध्वंसात्मक चिंतन है। उपचार है स्वतंत्रता, संयम, पूर्णता के बारे में सोचना तथा उपलब्धि के रोमांच को महसूस करना।

13. आपके अवचेतन मन का नियम, जिसने आपको बंधन में रखा और आपके कार्य की स्वतंत्रता को सीमित किया, आपको स्वतंत्रता और खुशी देगा। यह इस बात पर निर्भर करता है कि आप इसका कैसा प्रयोग करते हैं।

14. कई मनुष्य शराबी इसलिए बने रहते हैं, क्योंकि वे अपनी समस्या को स्वीकार करने से इंकार कर देते हैं।

15. जब भय आपके मन का दरवाजा खटखटाए, तो ईश्वर में विश्वास और सभी अच्छी चीजों को दरवाजा खोलने दें।

16. आपकी कल्पना आपको शराब की बोतल तक ले गई थी । अब स्वतंत्र होने की कल्पना करके इसे स्वतंत्रता की ओर ले जाने दें।

17. एल्कोहलिज्म का असली कारण नकारात्मक और विनाशक सोच है। जैसा मनुष्य अपने अवचेतन मन में सोचता है वैसा ही वह होता है।

आप असामान्य भय को जीत सकते हैं, जब आप जान जाते हैं कि आपके अवचेतन मन की शक्ति परिस्थितियों को बदल सकती है।

20 अवचेतन मन से भय पर विजय

आप सिर्फ दो भय के साथ पैदा हुए हैं, गिरने का भय और शोर का भय। बाकी सभी भय बाद में प्राप्त किए गए हैं। उनसे मुक्ति पाएं।

वर्षों पुरानी बात है, मेरे एक विद्यार्थी को एक वार्षिक समारोह में भाषण देने के लिए बुलाया गया था। वह 1000 लोगों के सामने भाषण देने में भय महसूस कर रहा था, क्योंकि आने वाले लोगों में बहुत सारे विशेषज्ञ थे, लेकिन उसने अपने इस भय पर इस प्रकार विजय पाई- कई रातों तक वह लगभग पाँच मिनट तक कुर्सी पर शांति से बैठा। उसने स्वयं से धीरे, शांति और सकारात्मक तरीके से कहा कि मैं अपने भय पर विजय पाने वाला हूँ। मैं इस पर अभी विजय पा रहा हूँ। मैं संतुलन और विश्वास से बोलता हूँ। मैं शांत और आरामदेह महसूस कर रहा हूँ।

आपने देखा कि किस तरीके से उसने मस्तिष्क के एक निश्चित नियम से कार्य करवाया। समय आने पर उसने अपने भय पर विजय पाई और बहुत शानदार भाषण भी दिया। आप जानते हैं कि अवचेतन मन सुझाव के प्रति बहुत ग्रहणशील होता है। यह सुझाव द्वारा नियंत्रित होता है। जब आप अपने मस्तिष्क को स्थिर कर लेते हैं और शिथिल हो जाते हैं, तो आपके चेतन मन के विचार आपके अवचेतन में उतर जाते हैं। यह प्रक्रिया परासरण जैसी ही है, जिसमें छिद्र वाली झिल्लियों द्वारा विभाजित द्रव आपस में मिल जाते हैं। जब ये सकारात्मक बीज या विचार अवचेतन क्षेत्र में उतरते हैं, तो वे अपनी तरह के फल देते हैं तथा आप संतुलित, शांत और सद्भावनापूर्ण बन जाते हैं।

भय सबसे बड़ा शतु

यह कहा गया है कि भय मनुष्यों का सबसे बड़ा शतु है। भय ही असफलता, बीमारी और कमजोर मानवीय संबंधों का कारण होता है। लाखों-करोड़ों मनुष्य अतीत, भविष्य, बुढ़ापे, पागलपन और मौत से डरते हैं, लेकिन भय आपके दिमाग का एक विचार है। इसका मतलब है कि आप अपने ही विचारों से डरे हुए हैं।

आपने देखा होगा कि छोटे बच्चे भी भय के मारे दहशत में आ जाते हैं, जब उनको कहा जाता है कि बिस्तर के नीचे एक राक्षस है, जो रात को उसे पकड़ लेगा, लेकिन जब माँ-बाप लाइट जलाकर दिखाते हैं कि कोई राक्षस नहीं है, तो उसका भय दूर हो जाता है। बच्चे के दिमाग का भय उतना ही असली था, जितना कि असली राक्षस होने पर होता। उसके मन के झूठे विचार का उपचार हो गया। जिस चीज का उसे भय था, वह मौजूद ही नहीं था। इसी तरह से आपके अधिकांश भय वास्तविक नहीं होते हैं। वे महज दुष्ट छायाओं का समूह होते हैं और छायाएँ असली नहीं होती हैं।

जिससे आप डरते हैं वही काम करें

महान दार्शनिक और कवि राल्फ वाल्डो इमर्सन ने एक बार कहा था कि जिस काम से आप डरते हों, उसे कर दें और भय की मौत तय है।

एक समय ऐसा भी था, जब मैं श्रोताओं के सामने खड़े होने और भाषण देने के विचार से बुरी तरह घबराता था, लेकिन मैंने इस भयंकर भय के सामने हार मान ली होती तो आप इस समय यह पुस्तक नहीं पढ़ रहे होते। मैंने अवचेतन मन की कार्यविधि के बारे में जो भी सीखा है, उसे दूसरों तक कभी नहीं पहुँचा पाता। मैंने इमर्सन की सलाह पर अमल किया और जल्द ही भय पर विजय पा ली। मैं अंदर से काँपने लगता था, लेकिन फिर भी मैंने श्रोताओं के सामने बोलने का साहस किया। धीरे-धीरे मेरा भय कम होने लगा और आखिरकार मैं इतना आरामदेह हो गया कि मैं इसमें आनंद लेने लगा। इसके बाद तो यह स्थिति आ गई कि मैं भाषण देने के लिए उत्सुक होने लगा। मैंने वह काम किया, जिसे करने से मैं डरता था।

यदि आप अवचेतन मन द्वारा सकारात्मक रूप से घोषणा करते हैं कि आप अपने भय पर विजय पाने वाले हैं और अपने चेतन मन में एक निश्चित निर्णय पर पहुँचते हैं, तो आप अवचेतन की शक्ति को स्वतंत्र कर देते हैं, जो आपके विचार की प्रकृति की प्रतिक्रिया में प्रवाहित होती है।

भय को दूर कैसे करें

आपने देखा होगा कि मैंने जेनेट आर. का कई बार उदाहरण दिया था। इस युवा ऑपेरा सिंगर का कैरियर मंच के भय के कारण खतरे में पड़ गया था। जब उसे एक ऑपेरा प्रोडक्शन में प्रमुख भूमिका के ऑडिशन के लिए बुलाया गया, तो उसे अच्छी तरह से पता था कि उसके सफल होने का आखिरी मौका हो सकता है, लेकिन उसका मंच का भय पहले जितना ही प्रबल था। वह जानती थी कि वह इससे नहीं उबर पाई, तो एक बार फिर असफल हो जाएगी।

अपने भय से उबरने के लिए उसने भी यही तरीका अपनाया कि एक कमरे में एकांत में बैठकर उसने अपने शरीर और मन को शिथिल करने की सर्वश्रेष्ठ कोशिश की। उसके अवचेतन मन पर जो भय हावी था, उसके सुझाव का प्रतिरोध करने के लिए उसने धीरे-धीरे, शांति से और भावना से ये शब्द दोहराएं, 'मैं बहुत बढ़िया गाती हूँ। मैं संतुलित, आत्मविश्वासी और शांत हूँ।'

उसने बार-बार इन शब्दों को दोहराया। एक सप्ताह के अंत तक वह संतुलित और आत्मविश्वास से भरी हुई महसूस करने लगी। समय आने पर उसने बहुत बढ़िया ऑडिशन दिया। यदि आप यह तकनीक आजमाएं और इस काम को पूरी ईमानदारी और विश्वास से करें, तो भय की मौत तय है।

असफलता का भय

मुझसे मिलने के लिए पास की ही एक यूनिवर्सिटी के विद्यार्थी आते रहते हैं। उनमें से ज्यादातर की एक ही शिकायत रहती है कि हम अक्सर परीक्षा में भूल जाते हैं। वे सभी मुझसे एक ही बात कहते हैं- परीक्षा से पहले मुझे सब कुछ याद रहता है और परीक्षा के बाद भी सारे उत्तर याद आ जाते हैं, लेकिन परीक्षा हॉल में मेरा दिमाग बिलकुल खाली हो जाता है!

हमें भी कभी-न-कभी जीवन में इस प्रकार की समस्या का सामना करना पड़ा होगा। इसका स्पष्टीकरण अवचेतन मन के एक प्रमुख नियम में निहित है। वही विचार साकार होता है, जिस पर हम सबसे ज्यादा ध्यान केंद्रित करते हैं। इन विद्यार्थियों के साथ बातचीत करते समय मैं पाता हूँ कि उनका ध्यान असफलता के विचार पर सबसे ज्यादा केंद्रित होता है। परिणामस्वरूप उनका अवचेतन मन असफलता को साकार कर देता है। असफलता का भय अस्थायी भुलक्कड़पन लाकर असफलता उत्पन्न कर देता है।

आपको एक उदाहरण देता हूँ, शीला ए. अपनी क्लास की बहुत प्रतिभाशाली मेडिकल स्टूडेंट थी, लेकिन जब भी वह कोई लिखित या मौखिक परीक्षा देती थी, तो उसके दिमाग में आसान प्रश्नों के उत्तर भी नहीं आ पाते थे। मैंने उसे इसका कारण समझाया कि आपके नकारात्मक विचार भय से प्रेरित हो गए। भय के सशक्त भाव में लिपटे विचार अवचेतन मन में साकार होते हैं। अर्थात, यह लड़की अपने अवचेतन मन से आग्रह कर रही थी कि वह उसे फेल करवा दे और अवचेतन मन ने ठीक यही काम किया। परीक्षा के दिन वह सब कुछ भूल गई।

भय से कैसे उबरें

शीला ने अपने अवचेतन मन की कार्यविधि का अध्ययन करके यह सीखा कि यह स्मृतियों का भंडार है। इसके पास प्रत्येक बात का पूरा रिकार्ड है, जो उसने मेडिकल प्रशिक्षण के दौरान सुनी या पढ़ी है। यही नहीं, उसने जाना कि अवचेतन मन प्रतिक्रियाशील और पारस्परिक है। इसके साथ गहरे तालमेल में आने का तरीका शांत, आरामदेह और आत्मविश्वास से पूर्ण बनना है। प्रत्येक सुबह और रात को वह यह कल्पना करने लगी कि उसके माता-पिता उसके अद्भुत रिकार्ड पर उसे बधाई दे रहे हैं। वह उनके एक काल्पनिक पत्र को भी अपने हाथ में महसूस करती थी। जब वह इस सुखद परिणाम पर विचार करने लगी, तो उसे अपने अंदर उसी के अनुरूप प्रतिक्रिया मिली।

उसने अवचेतन की सर्वज्ञानी और सर्वशक्तिमान शक्ति की कमान अपने हाथ में ले ली और चेतन मन को निर्देशित किया। उसने अंतिम परिणाम की कल्पना कर ली थी, बस इसे साकार करने के साधन की जरूरत थी। इस तकनीक के अनुसरण के बाद उसे परीक्षाएँ पास करने में कोई दिक्कत नहीं हुई। उसके अवचेतन मन की व्यक्तिनिष्ठ बुद्धि ने कमान हाथ में ले ली और उस पर दबाव डाला कि वह उत्कृष्ट प्रदर्शन करे।

पानी का भय

जब मैं लगभग 10 वर्ष का था, एक दिन मैं अचानक एक स्विमिंग पूल में गिर गया। मुझे तैरना नहीं आता था। मैंने अपने हाथ हिलाए, लेकिन इससे कोई फायदा नहीं हुआ। मुझे लग रहा था कि मैं डूब रहा था। मुझे अब भी वह दहशत याद है, जब स्याह पानी मुझे घेरे हुए था। मैंने साँस लेने के लिए मुँह खोला, लेकिन मुँह में पानी भर गया। आखिरी पल एक लड़के ने मेरी हालत देख ली। वह पानी में कूदकर मुझे बाहर निकाल लाया। यह अनुभव मेरे अवचेतन मन में उतर गया। परिणाम यह हुआ कि मैं बरसों तक पानी से डरता रहा।

मैंने अपने इस भय को एक समझदार बुजुर्ग मनोवैज्ञानिक को बताया। उन्होंने मुझसे कहा कि स्विमिंग पूल में जाओ और पानी की तरफ देखो। यह सिर्फ एक रासायनिक यौगिक है, जो हाइड्रोजन के दो परमाणुओं और ऑक्सीजन के एक परमाणु से बना है। इसकी कोई इच्छा नहीं है, कोई जागरूकता नहीं है। लेकिन तुम्हारे पास दोनों हैं।

उन्होंने आगे कहा कि एक बार जब तुम यह समझ लेते हो कि पानी मूलत: निष्क्रिय है, तो जोर से दृढ़ आवाज में कहो, मैं तुम पर विजय पाने वाला हूँ। मन की शक्तियों से मैं तुम पर विजय पा लूंगा। फिर पानी में उतर जाओ। तैरना सीखो। पानी पर विजय पाने के लिए अपनी आंतरिक शक्तियों का प्रयोग करो।

मैंने ऐसा करके एक नया मानसिक नजरिया अपना लिया, तो अवचेतन की सर्वशक्तिमान शक्ति ने प्रतिक्रिया की और मुझे शक्ति, विश्वास तथा आत्मविश्वास दिया। इसने मुझे अपने भय से उबरने में समर्थ बनाया और मैंने पानी पर विजय पा ली। आजकल मैं प्रत्येक सुबह सेहत और आनंद के लिए तैरता हूँ। पानी को अपने पर विजय न पाने दें। याद रखें, आप पानी के मालिक हैं।

भय से उबरने की तकनीक

अब हम आपको भय से उबरने की एक ऐसी तकनीक बता रहे हैं, जिससे हजारों लोगों ने मंच पर खड़े होकर और अपने भय पर काबू करके दिखाया है। यह जादू की तरह काम करती है। आजमाकर देख लें।

यदि आप तैरने से डरते हैं, तो पाँच-दस मिनट के लिए दिन में तीन-चार बार स्थिर बैठ जाएँ। खुद को गहरे आराम की अवस्था में ले जाएँ। अब कल्पना करें कि आप तैर रहे हैं, मानसिक रूप से आपने खुद को पानी में डाल लिया है। आप पानी की ठंडक और हाथ-पैरों का हिलना-डुलना महसूस करते हैं। यह सब वास्तविक, चित्रात्मक और मानसिक खुशी की गतिविधि है।

यह निरर्थक दिवास्वप्न नहीं है। आप यह तो समझते हैं कि आप जो भी अपनी कल्पना में अनुभव करते हैं, वह आपके अवचेतन मन में विकसित होगा। इसके बाद आप पर दबाव पड़ेगा कि आपने अपने अधिक गहरे मस्तिष्क पर जो तस्वीर छोड़ी है, उसे वास्तविक जीवन में साकार करें। जब आप अगली बार तैरने की कोशिश करेंगे, तो आप यह खुशी महसूस करेंगे। यह अवचेतन का नियम है।

इसी प्रकार आप अन्य भय पर भी यही तकनीक लागू कर सकते हैं, लेकिन आपको ऊँची जगहों से भय लगता है, तो कल्पना करें कि आप पहाड़ों पर टहल रहे हैं। इसकी वास्तविकता को महसूस करें। ताजी हवा, पहाड़ी फूलों और रोमांचक छटा का आनंद लें। यह जान लें कि आप मानसिक रूप से इसे करते रहेंगे, तो शारीरिक रूप से आपको कोई मुश्किल नहीं होगी।

एक अद्भुत विचार

अब आपको एक ऐसी घटना बताता हूँ, जो आपको अपने भय को दूर करने में मदद करेगी। जोनाथन एम. एक बड़े कॉरपोरेशन में एक्जीक्यूटिव हैं। वह लिफ्ट में चढ़ने से बुरी तरह डरता था और लिफ्ट से जाने के बजाय 60 सीढ़ियाँ चढ़कर अपने ऑफिस पहुँचता था। जब उसे ऊँची मंजिलों पर स्थित दूसरी कंपनियों के लोगों से मिलना होता था, तो वह अक्सर कोई-न-कोई बहाना बनाकर उनसे अपने ऑफिस या रेस्तराँ में मिलता था। जब वह शहर से बाहर की बिजनेस यात्राएँ करता तो पहले से ही फोन करके यह सुनिश्चित करता था कि होटल का उसका कमरा नीचे वाली मंजिल पर हो और वह सीढ़ियों का उपयोग कर पाए।

आपने देखा कि यह भय उसके अवचेतन मन की उपज की देन था। यह किसी ऐसे अनुभव की प्रतिक्रिया द्वारा पैदा हुआ था, जो अब चेतन रूप से भूल गया था। उसने इसे बदलने की ठान ली। वह दिन-रात कई बार लिफ्ट को दुआएँ देने लगा। शांत, आत्मविश्वासी मनोदशा में वह खुद के सामने दोहराता था- हमारी इमारत की लिफ्ट एक अद्भुत विचार है। यह शाश्वत मस्तिष्क से उत्पन्न हुई है। यह हमारे सभी कर्मचारियों के लिए वरदान है। यह अद्भुत सेवा करती है। यह दैवी विधान में काम करती है। मैं इसमें शांति और खुशी से यात्रा करता हूँ। मैं अब शांत बैठा हूँ, जबकि जीवन, प्रेम और समझ के प्रवाह मेरे विचार तंत्र में प्रवाहित हो रहे हैं।

वह बार-बार कल्पना करने लगा कि इस समय मैं लिफ्ट में हूँ और अपने ऑफिस के बाहर कदम रख रहा हूँ। लिफ्ट हमारे कर्मचारियों से भरी है। मैं उनसे बात करता हूँ और वे दोस्ताना, खुश तथा आजाद हैं। यह स्वतंत्रता, विश्वास और विश्वास का अद्भुत अनुभव है। मैं धन्यवाद देता हूँ।

वह 10 दिनों तक यह प्रार्थना करता रहा। 11वें दिन वह कंपनी के बाकी मनुष्यों के साथ लिफ्ट में चढ़ा और उसने खुद को पूरी तरह स्वतंत्र महसूस किया।

सामान्य भय

आप जानते हैं नवजात शिशु को दो प्रकार के भय हमेशा रहते हैं एक गिरने का भय और दूसरा अचानक तेज शोर का भय। वैसे तो ये दोनों भय पूरी तरह सामान्य होते हैं। लेकिन वे एक तरह से अलार्म की तरह काम करते हैं, जो आपको प्रकृति ने आत्मरक्षा के साधन के रूप में दिए हैं। सामान्य भय अच्छा है। आप सड़क पर अपनी ओर आती कार की आवाज सुनते हैं और बचने के लिए एक तरफ हट जाते हैं। टक्कर का भय आपके कर्म द्वारा टल जाता है।

बाकी सभी असामान्य होते हैं। वे खास अनुभवों द्वारा उत्पन्न होते हैं या फिर माता-पिता, रिश्तेदारों, टीचर्स या अन्य किसी से आपके पास आते हैं, जिन्होंने आपको शुरुआती वर्षों में प्रभावित किया है।

असामान्य भय

आपने देखा होगा कि असामान्य भय तब उत्पन्न होता है, जब मनुष्य अपनी कल्पना को बेकाबू होने देता है। मैं एक महिला से मिला, जिसे हवाई जहाज से विश्व की सैर पर जाने का पुरस्कार मिला। उसने अखबारों से हवाई जहाज दुर्घटनाओं की सारी खबरें इकट्ठी की थीं। उसने 'द वर्ल्डस वर्स्ट एयरप्लैन क्रैशेस' के वीडियो टेप का ऑर्डर भी दे दिया। उसने कल्पना की कि वह हवाई जहाज से गिरकर समुद्र में डूब रही है। यह उस महिला का असामान्य भय था। यदि वह इस प्रकार ही सोचती रहती तो एक दिन उसके साथ ऐसा ही हो जाता।

मुझे न्यूयॉर्क का एक बिजनेसमैन मिला, जो बहुत सफल और समृद्ध था, लेकिन वह असामान्य भय का शिकार था। उसने काल्पनिक फिल्म तैयार की, जिसमें उसकी कंपनी दिवालिया हो गई और उसने अपना सब कुछ गँवा दिया। वह असफलता की अपनी इस मानसिक फिल्म को जितना ज्यादा देखता था, उतने ही गहरे अवसाद में डूबता जाता। उसने यह भयंकर तस्वीर देखना नहीं छोड़ा। वह अपनी पत्नी से कहता रहता था कि यह चल नहीं सकता, यह प्रगति किसी भी दिन खत्म हो जाएगी, यह सब निराशाजनक है, हम दिवालिया होने वाले हैं।

उसकी पत्नी ने मुझे बताया कि अंत में वह सचमुच ही दिवालिया हो गया। जिन चीजों की उसने कल्पना की थी और जिनसे वह भय महसूस कर रहा था, वे सचमुच हकीकत हो गईं। जिन चीजों से वह भयभीत हो रहा था, वे अस्तित्व में नहीं थीं, लेकिन उसने लगातार डरकर, विश्वास करके और वित्तीय तबाही की आशंका करके उन्हें साकार कर दिया। जैसा जॉब ने कहा था, जिस चीज का मुझे बहुत भय था, वह हो गई है।

आपने देखा होगा कि विश्व ऐसे लोगों से भरा पड़ा है, जो इस बात से डरते हैं कि उनके बच्चों के साथ कोई भयंकर घटना हो जाएगी या उनके साथ कोई भयंकर तबाही हो जाएगी। जब वे किसी दुर्लभ महामारी फैलने के बारे में पढ़ते हैं, तो डर जाते हैं कि कहीं यह उन्हें न हो जाए। कुछ तो कल्पना करते हैं कि यह रोग उन्हें पहले से ही है। इस प्रकार का भय ही असामान्य भय कहलाता है।

असामान्य भय का उत्तर

यदि आप अब भी असामान्य भय के शिकार हो तो, आपको मानसिक रूप से विपरीत ध्रुव पर चले जाना चाहिए, लेकिन आप भय की अति पर बने रहते हैं, तो आप ठहराव के शिकार रहेंगे। साथ ही मानसिक और शारीरिक ह्रास भी होगा। जब भय जागता है, तो अवचेतन मन का एक मूलभूत नियम तत्काल भय की विपरीत किसी चीज की इच्छा ले आता है।

अपना ध्यान तत्काल चाही गई वस्तु पर केंद्रित करें। अपनी इच्छा में डूब जाएँ। जान लें कि अवचेतन जगत हमेशा चेतन जगत को बदल देता है। यह नजरिया आपको आत्मविश्वास देगा और आपका मनोबल बढ़ाएगा। आपके अवचेतन मन की असीमित शक्ति आपके पक्ष में है। यह असफल नहीं हो सकती। इससे आपको शांति और आत्मविश्वास मिलेगा।

भय की जाँच करें

एक सेल्स प्रमुख ने मुझे बताया कि जब उसने पहले सेल्समैन के रूप में काम करना शुरू किया था, तो वह इमारत के पाँच-छह चक्कर लगाता था, तब कहीं जाकर उसमें ग्राहक के घर की घंटी बजाने की हिम्मत आ पाती थी। उसकी सुपरवाइजर ने एक दिन सेल्समैन से कहा कि दरवाजे के पीछे छिपे राक्षस से मत डरो। ऐसा कोई राक्षस नहीं है। तुम एक झूठे विश्वास के शिकार हो। मुझे जब भी भय का आभास होने लगता तो डटकर खड़ी हो जाती थी। वह सीधे भय की आँखों में आँखें डालकर देखती थी। जब वह ऐसा करती थी, तो हमेशा पाती थी कि उसका भय गायब और उड़नछू हो गया।

वह जंगल में पहुंच गया

एक पूर्व पादरी जॉन एन., जो द्वितीय विश्वयुद्ध के दौरान जहाज पर थे, उन्होंने मुझे बताया कि एक एंटीक्राफ्ट मशीनगन की गोलाबारी से जहाज तबाह हो गया। उसे जंगल से ढके न्यू गिनी के पहाड़ों में उतरना पड़ा। वे डरे हुए थे, लेकिन वे जानते थे कि भय दो तरह का होता है, सामान्य और असामान्य। वे अच्छी तरह से जानते थे कि उस वक्त जो असामान्य भय उन पर हावी होने की कोशिश कर रहा था, वह दहशत का निकट संबंधी था।

उन्होंने अपने इस असामान्य भय को तत्काल दूर करने का फैसला किया। वे खुद से बोलने लगे कि जॉन, तुम अपने भय के सामने घुटने नहीं टेक सकते। तुम्हारा भय सुरक्षा की इच्छा है, बाहर निकलने का रास्ता है।

वे खाली जगह खड़े हुए और अपनी साँस को सामान्य किया और दहशत के लक्षण कम होने लगे। जब उन्होंने कुछ आरामदेह महसूस किया तो उन्होंने यह सकारात्मक दावा किया कि जो असीम बुद्धिमत्ता ग्रहों को उनकी कक्षा में मार्गदर्शन देती है, वही अब मुझे इस जंगल से बाहर निकलने की राह दिखाकर सुरक्षा की ओर ले जा रही है। वे 10 मिनट तक ऐसा जोर-जोर से कहते रहे।

जॉन ने मुझे बताया कि यह आत्मविश्वास और विश्वास के हिलोरे अचानक मुझे अपने अंदर तक हिलते महसूस हुए। मैं खाली जगह की एक पगडंडी पर चलने लगा। दो दिन बाद चमत्कारिक रूप से मैं एक छोटे गाँव में पहुँच गया, जहाँ के लोग बहुत दोस्ताना थे। उन्होंने मुझे खाने को दिया, फिर जंगल के किनारे तक ले गए, जहाँ से एक बचाव हवाई जहाज ने मुझे बचा लिया। जॉन के बदले हुए मानसिक नजरिए ने उन्हें बचा लिया। अपने अंदर की अवचेतन बुद्धि और शक्ति में उनके विश्वास ने उन्हें समस्या का समाधान दिया। उन्होंने आगे कहा कि अगर मैं अपनी किस्मत पर आँसू बहाता और अपने भय का शिकार होता, तो भय का राक्षस मुझसे जीत जाता। शायद मैं भय के कारण भूखा ही मर गया होता।

मूर्खतापूर्ण निर्णय

एक बार मैं एक बड़े फाउंडेशन में रैफेल एस. नामक एक्जीक्यूटिव से मिला था। उन्होंने मुझे बताया कि तीन साल से वे इस दहशत में थे कि उनकी नौकरी छूट जाएगी। वे हमेशा असफलता की कल्पना करते रहते थे। उन्हें हमेशा लगता था कि उनके अधीनस्थों को तरक्की देकर उनके ऊपर कर दिया जाएगा। जिस चीज की वे कल्पना करते थे, वह अस्तित्व में नहीं थी। यह तो उनके दिमाग का एक बुरा तनावपूर्ण विचार था। उनकी तीक्ष्ण कल्पना ने उनकी नौकरी छूटने का भी नाटकीयकरण कर दिया, जिससे वे ज्यादा घबरा गए और गलतियाँ करने लगे। आखिरकार कंपनी ने उनसे इस्तीफा माँग लिया।

वास्तव में रैफेल ने खुद को नौकरी से निकलवाया था। क्योंकि उनकी सतत नकारात्मक कल्पना और अवचेतन मन को भेजे गए भय के सुझावों पर अवचेतन मन द्वारा प्रतिक्रिया होने लगी थी। इससे वे गलतियाँ करने लगे और मूर्खतापूर्ण निर्णय लेने लगे और असफलता हाथ लगी। यदि वे अपने मन में तत्काल विपरीत चीज की कल्पना कर लेते, तो उन्हें नौकरी से नहीं निकाला जाता।

आपके अंदर शांति का महासागर है

जब मैं विश्व-भ्रमण के लिए निकला तो मेरी मुलाकात एक देश के शीर्ष सरकारी अधिकारी से हुई। मैंने देखा कि इस आदमी में आंतरिक शांति का गहरा महासागर है। जबकि विपक्षी दलों का समर्थन करने वाले अखबारों में उसकी लगातार आलोचना होती है, लेकिन वह इससे कभी विचलित नहीं होता है। उसकी आदत है कि वह सुबह 15 मिनट तक स्थिर बैठता है और यह महसूस करता है कि उसके अंदर शांति का एक गहरा महासागर है। इस तरह से साधना करके वह अपने अंदर जबर्दस्त शक्ति पैदा करता है, जो सभी तरह की मुश्किलों और भय पर विजय पा लेती है।

एक दिन उसके सहकर्मी ने उसे फोन करके बताया कि कुछ लोग उसके खिलाफ साजिश कर रहे थे। वे देश की सेना के असंतुष्ट तत्त्वों की मदद से तख्ता पलटना चाहते थे। उसने अपने

सहयोगी से कहा कि मैं इस समय पूरी शांति से सोने जा रहा हूँ। हम इस बारे में कल सुबह 10 बजे बातचीत कर सकते हैं।

वह जानता था कि कोई भी नकारात्मक विचार तब तक प्रकट नहीं हो सकता, जब तक कि मैं उस विचार को भावनात्मकता से न लूँ और मानसिक रूप से स्वीकार न कर लूँ। मैं भय के उनके सुझाव को मन में रखने से इंकार करता हूँ। इसलिए मुझे तब तक कोई नुकसान नहीं हो सकता, जब तक कि मैं इसे अनुमति न दूँ।

आपने देखा कि वह कितना शांत था, कितना ठंडा, कितना अविचलित। वह ज्यादा परेशान नहीं हुआ और अपने बाल नहीं नोचने लगा या हाथ नहीं मलने लगा। उसके केंद्र में शांति का महासागर था। यह आंतरिक शांति बहुत गहरी थी।

भय से स्वतंत्रता

बाइबल में भय दूर करने का एक आदर्श फॉर्मूला है- मैंने ईश्वर को चाहा और उन्होंने मेरी बात सुनी तथा सभी भय से मुक्ति दे दी। -भजन 34:4

ईश्वर एक प्राचीन शब्द है, जिसका अर्थ है कानून- आपके अवचेतन मन की शक्ति। अपने अवचेतन मन के आश्चर्य को जानें। समझें कि यह कैसे काम करता है। इस अध्याय में बताई गई तकनीकों में निपुण बनें। आज, इसी समय से उनका अभ्यास करें। आपका अवचेतन प्रतिक्रिया करेगा और आप प्रत्येक भय से स्वतंत्र हो जाएंगे। मैंने ईश्वर को चाहा और उन्होंने मेरी बात सुनी तथा सभी भय से मुक्ति दे दी।

ध्यान दें

1. भय आपके मस्तिष्क का नकारात्मक विचार है। इसकी जगह पर सृजनात्मक विचार रख लें। भय ने लाखों मनुष्यों को मारा है। विश्वास भय से ज्यादा बड़ा है। ईश्वर और अच्छाई में विश्वास से ज्यादा सशक्त चीज कोई नहीं है।
2. वह काम करें, जिसे करने से आप डरते हों। ऐसा करने पर भय की मौत तय है, लेकिन आप खुद से पूरे विश्वास और विश्वास से कहते हैं कि मैं इस भय को हराने वाला हूँ, तो आप हरा देंगे।
3. भय के सुझावों का प्रतिकार उनकी विपरीत चीजों से करें, जैसे मैं बहुत बढ़िया गाती हूँ, मैं संतुलित और शांत हूँ। इससे आपको बहुत लाभ होगा।
4. भय मनुष्य का सबसे बड़ा दुश्मन है। यह असफलता, बीमारी और खराब मानवीय संबंधों के पीछे है। प्रेम भय को बाहर निकालता है। प्रेम जीवन की अच्छी चीजों के प्रति भावनात्मक अनुराग है। ईमानदारी, अखंडता, न्याय, सद्भावना और सफलता से प्रेम करें। सर्वश्रेष्ठ की सुखद उम्मीद में जिएँ और आपको हमेशा सर्वश्रेष्ठ ही मिलेगा।
5. यदि आप पानी में उतरने से डरते हैं, तो तैरें। अपनी कल्पना में स्वतंत्रता और खुशी से तैरें। खुद को मानसिक रूप से पानी में उतारें। तालाब में तैरने की ठंडक और रोमांच को महसूस करें। इसकी स्पष्ट तस्वीर बना लें। जब आप यह काम विश्वास के साथ करते हैं,

तो आप पानी में जाने और इसे जीतने के लिए मजबूर हो जाते हैं। यह आपके मस्तिष्क का नियम है।

6. भय उस भुलक्कड़पन के पीछे है, जो परीक्षाओं के दौरान आप पर प्रहार करता है। आप अक्सर यह घोषणा करके इससे उबर सकते हैं कि मुझे प्रत्येक उस चीज की आदर्श याद है, जिसे जानने की मुझे जरूरत है। कल्पना करें कि कोई मित्र परीक्षा में आपकी बेहतरीन सफलता पर बधाई दे रहा है। जुटे रहें और आप जीत जाएँगे।

7. आप सिर्फ दो भय के साथ पैदा हुए हैं, गिरने का भय और शोर का भय। बाकी सभी भय बाद में प्राप्त किए गए हैं। उनसे मुक्ति पाएँ।

8. लेकिन आपको बंद जगहों, जैसे- लिफ्ट से भय लगता हो, तो मानसिक रूप से लिफ्ट की सवारी करें और इसके सभी हिस्सों तथा कार्यों की ईमानदारी से प्रशंसा करें। आप यह देखकर हैरान रह जाएंगे कि आपका भय कितनी जल्दी दूर हो जाता है।

9. आप असामान्य भय को जीत सकते हैं, जब आप जान जाते हैं कि आपके अवचेतन मन की शक्ति परिस्थितियों को बदल सकती है और आपके दिल की प्रबल इच्छाओं को साकार कर सकती है। अपनी इच्छा पर तत्काल ध्यान दें और इसके प्रति निष्ठावान रहें, जो आपके भय के विपरीत है। यही वह प्रेम है, जो भय को दूर भगाता है।

10. सामान्य भय अच्छा है। असामान्य भय बहुत बुरा और विध्वंसात्मक है। भय के विचार लगातार सोचने से असामान्य भय, मनोविकार और ग्रंथियाँ विकसित होती हैं। किसी चीज से लगातार डरने से दहशत और आतंक का अहसास उत्पन्न हो जाता है।

11. प्रतिस्थापन का महान नियम भय का जवाब है। आप जिस भी चीज से डरते हैं, उसका समाधान आपकी इच्छा के रूप में है। आप बीमार हैं, तो आप सेहत की इच्छा करते हैं, आप भय की कैद में हैं, तो आप स्वतंत्रता की इच्छा करते हैं, तो अच्छे की आशा करें। मानसिक रूप से अच्छाई पर ध्यान केंद्रित करें और जान लें कि आपका अवचेतन मन आपको हमेशा उत्तर देता है। यह कभी चूकता नहीं है।

12. लेकिन आप असफलता से डरते हो, तो सफलता की ओर ध्यान दें, लेकिन आप बीमारी से डरते हों, तो

21

मन को हमेशा युवा रखें

आप उतने ही युवा हैं, जितना खुद को मानते हैं। आप उतने ही सशक्त हैं, जितना खुद को मानते हैं। आप उतने ही उपयोगी हैं, जितना खुद को मानते हैं। आप अपने विचारों जितने ही युवा हैं।

अब आप जान गये होंगे कि अवचेतन मन कभी भी बूढ़ा नहीं होता है। यह अजर, अमर और अनंत है। यह ईश्वर के शाश्वत मस्तिष्क का अंश है, जो न कभी पैदा हुआ है, न ही कभी मरेगा। कभी भी बुढ़ापे का आपकी आध्यात्मिक शक्ति पर कोई प्रभाव नहीं पड़ता है। धैर्य, दयालुता, सत्य, विनम्रता, सद्भावना, शांति, सामंजस्य और भ्रातृत्व प्रेम ऐसे गुण हैं, जो कभी बूढ़े नहीं होते हैं। यदि एक बार आपने इन गुणों को अपने जीवन में फलने-फूलने का मौका दे दिया तो आप हमेशा मन से युवा बने रहते हैं। सिर्फ उम्र विकार के जिम्मेदार नहीं होते हैं, यह समय का भय है, जो हमारे दिलोदिमाग पर बुढ़ापे के हानिकारक प्रभाव डालता है। समय के प्रभाव के भय ही असमय बुढ़ापे का असली कारण होते हैं।

अपने जीवन के महत्त्वपूर्ण समय में मुझे महान लोगों की जीवनी पढ़ने का अवसर मिला था। मैंने देखा कि उन्होंने अपनी उत्पादक गतिविधियाँ जीवन की सामान्य अवधि से ज्यादा सालों तक जारी रखी थीं। उनमें से कुछ ने तो अपनी महानता बुढ़ापे में प्राप्त की थी। यह मेरा सौभाग्य रहा है कि मैं ऐसे असंख्य मनुष्यों से मिल चुका हूँ और उन्हें जानता हूँ, जो किसी खास मुकाम पर तो नहीं पहुँचे, लेकिन अपने विनम्र अंदाज में उन्होंने यह साबित कर दिखाया है कि बुढ़ापा मस्तिष्क और शरीर की रचनात्मक शक्तियों को नष्ट नहीं करता है।

विचारों से बूढ़ा

कुछ साल पहले मुझे अपने एक पुराने दोस्त से मिलने का मौका मिला। वह 80 साल का हो चुका था। आपने देखा होगा कि कई लोगों के लिए यह खुशी मनाने का अवसर होता है, लेकिन दुर्भाग्य से उसके लिए ऐसा नहीं था। यह देखकर मुझे बहुत सदमा भी लगा। वह कमजोर दिख रहा था, बीमार भी, हालाँकि उसने स्वीकार किया कि उसके डॉक्टर को कोई खास बीमारी नजर नहीं आई थी। उसने झल्लाकर कहा कि डॉक्टर मूर्ख होते हैं, मैं बहुत अच्छी तरह जानता हूँ कि मेरी बीमारी क्या है। जिंदगी खुद रोग बन चुकी है। मैंने उससे उसकी झुंझलाहट का कारण पूछ लिया। उसने चिल्लाकर कहा- 'मुझे कोई नहीं चाहता है। किसी को भी मेरी जरूरत नहीं है। और उन्हें क्यों हो? मैं किसी के लिए किसी काम का नहीं हूँ। हम पैदा होते हैं, बड़े होते हैं, बूढ़े होते हैं और मर जाते हैं। बस कहानी खत्म हो जाती है।'

मैं समझ चुका था कि वह बीमार है। वह बीमार जिंदगी के कारण नहीं, बल्कि जिंदगी को देखने के तरीके के कारण निरर्थकता और महत्त्वहीनता के मानसिक नजरिए के कारण। वह सिर्फ बुढ़ापे को देख रहा था। दरअसल वह अपने विचारों में बूढ़ा हो गया था और उसके अवचेतन मन ने प्रत्येक उस चीज को साकार कर दिया, जिसकी वह आशंका कर रहा था और डर रहा था।

बुद्धि का उदय

आपने देखा होगा कि कई बार लोग मेरे दोस्त जैसा नजरिया विकसित कर लेते हैं। उन्हें बुढ़ापे से भय लगने लगता है। अर्थात वे अपने जीवन से भय खा रहे हैं, लेकिन ऐसे लोग जानते नहीं हैं कि जीवन अनंत है। बुढ़ापा बरसों की उड़ान नहीं, बल्कि बुद्धि का उदय है। बस यह जानने की आवश्यकता है कि बुद्धि अवचेतन मन में निहित जबर्दस्त आध्यात्मिक शक्तियों की जागरूकता है। हमें इसका प्रयोग पूर्ण व सुखी जीवन जीने के लिए करना आना चाहिए। हमें अपने दिमाग से यह बात हमेशा के लिए निकाल देनी चाहिए कि 65, 75 या 85 साल की उम्र आपके या किसी और के लिए अंत का दूसरा नाम है। यह यशस्वी, लाभकारी, सक्रिय और सबसे उपयोगी जीवन-तंत्र की शुरुआत हो सकती है, शायद पहले से भी ज्यादा अच्छी। इस पर विश्वास करें, इसकी उम्मीद करें और आपका अवचेतन इसे साकार कर देगा।

परिवर्तन का स्वागत

विश्व के महान लोगों ने यह सिद्ध कर दिया है कि बुढ़ापा कोई दु:खद घटना नहीं है। हम जिसे बुढ़ापे की प्रक्रिया कहते हैं, वह दरअसल परिवर्तन है। इसका खुशी से स्वागत किया जाना चाहिए। मानव जीवन का प्रत्येक पहलू उस राह पर आगे की तरफ एक कदम है, जिसका कोई अंत नहीं है। हमारे पास ऐसी वृहद शक्तियाँ हैं, जो हमारी शारीरिक शक्तियों की सीमाओं के पार जाती हैं। हमारे पास अद्भुत इंद्रियाँ हैं, जो हमारी पाँच शारीरिक इंद्रियों की सीमाओं के पार जाती हैं। हमें कभी बूढ़े होने की जरूरत नहीं है, क्योंकि जीवन या ईश्वर कभी बूढ़ा नहीं हो सकता। बाइबल में कहा गया है कि ईश्वर ही जीवन है। जीवन नित नया होने वाला, शाश्वत तथा अविनाशी है और यह सभी मनुष्यों के बारे में सच है।

जीवन की महिमा

एक बार मैंने थॉमस एडिसन से पूछा था कि मि. एडिसन, बिजली क्या है? उन्होंने उत्तर दिया, बिजली है। इसका प्रयोग करें। आप जानते हैं बिजली वह नाम है, जो हमें एक अदृश्य शक्ति देती है, जिसे हम पूरी तरह नहीं समझते हैं। हम असंख्य तरीकों से इसका प्रयोग करते है। जैसे एक वैज्ञानिक अपनी आँखों से इलेक्ट्रॉन को नहीं देख सकता है, लेकिन फिर भी वे इसे वैज्ञानिक तथ्य के रूप में स्वीकार करते हैं, क्योंकि यह अन्य प्रयोगात्मक परिणामों के साथ मेल खाने वाला एकमात्र वैध निष्कर्ष है। हम जीवन को नहीं देख सकते। बहरहाल, हम जानते हैं कि हम जिंदा हैं। जीवन है, और हम यहाँ इसे इसकी पूरी सुंदरता और महिमा में व्यक्त करने के लिए आए हैं।

मस्तिष्क और आत्मा कभी बूढ़े नहीं होते हैं, बाइबल कहती है, और यह शाश्वत जीवन है, ताकि वे तुम्हें इकलौते सच्चे ईश्वर के रूप में जान सके।

आप जानते हैं कि जन्म, किशोरावस्था, जवानी, परिपक्वता और बुढ़ापे का धरती का चक्र ही जीवन है। इस तरह के मनुष्य का कोई लक्ष्य नहीं है, कोई आशा नहीं है, कोई सपना नहीं है। इस तरह के लोगों के पास जीवन का कोई अर्थ नहीं है। इस तरह का विचार कुंठा, ठहराव, दोषदर्शिता और एक तरह की निराशा लाता है, जो न्यूरोसिस और सभी तरह के मानसिक विकारों की ओर ले जाते हैं। क्या होगा, जब आप टेनिस का तेज मैच नहीं खेल पाएँगे या अपने बच्चों जितना तेज नहीं तैर पाएंगे? क्या होगा, जब आपका शरीर धीमा हो जाएगा या आप धीमी चाल चलेंगे? याद रखें, जीवन नित नया चोला बदलता है। जिसे मनुष्य मौत कहते हैं, वह जीवन के एक अन्य आयाम में एक नए शहर की यात्रा करने जैसा है। मैं अपना भाषण सुनने आने वाले मनुष्यों को समझाता हूँ कि उन्हें बुढ़ापे को कृतज्ञता से स्वीकार करना चाहिए। उम्र की अपनी महिमा, सुंदरता और नियामत होती है। शांति, प्रेम, खुशी, सुंदरता, ज्ञान, सद्भावना और समझ वे गुण हैं, जो कभी बूढ़े नहीं होते हैं या मरते नहीं हैं। इमर्सन ने कहा था कि हम तब तक किसी मनुष्य के साल नहीं गिनते हैं, जब तक कि उसके पास गिनने को और कुछ न बचा हो। आपका चरित्र, आपके मस्तिष्क की गुणवत्ता, और आपके विश्वास नश्वर नहीं हैं।

अपने को युवा मानें

मैं पिछले कई वर्षों से लंदन के कैक्सटन हॉल में भाषण देता आ रहा हूँ। एक भाषण के बाद एक सर्जन मुझसे मिला और मुझसे कहा कि मेरी उम्र 84 साल है। मैं प्रत्येक सुबह ऑपरेशन करता हूँ, दोपहर में मरीजों को देखने जाता हूँ और शाम को मेडिकल व वैज्ञानिक जर्नल्स के लिए लेख लिखता हूँ।

उसका नजरिया यह था कि वह उतना ही उपयोगी है, जितना वह खुद को मानता है और उतना ही युवा है, जितने उसके विचार हैं। उसने फिर दोहराया कि मनुष्य उतना ही सशक्त होता है, जितना वह खुद को मानता है और उतना ही मूल्यवान होता है, जितना वह खुद को समझता है। इस सर्जन ने बुढ़ापे के सामने घुटने नहीं टेके। वह जानता था कि वह अमर है। उसकी आखिरी टिप्पणी यह थी यदि मैं कल मर जाऊँ, तो मैं अगले आयाम में भी मनुष्यों का इलाज करूँगा, शायद सर्जन के औजारों से नहीं, बल्कि मानसिक और आध्यात्मिक सर्जरी से इलाज करूँगा।

मस्तिष्क सबसे बड़ा बुनकर

आप कभी ऐसा न सोचें कि मेरी उम्र इतनी ज्यादा है कि इसका लाभ नहीं ले सकता। इस सोच का नतीजा ठहराव और मानसिक मृत्यु है। एक बार आपने विश्वास कर लिया कि आप खत्म हो चुके हैं, तो आपका अवचेतन मन उस विश्वास को स्वीकार कर लेगा और उसे हकीकत में बदल देगा। आपने देखा होगा कि कुछ मनुष्य 30 साल की उम्र में ही बूढ़े हो जाते हैं, जबकि कुछ 80 साल में भी युवा रहते हैं। इसीलिए यह बात समझने की है कि मस्तिष्क ही सबसे बड़ा बुनकर, आर्किटेक्ट, डिजाइनर और मूर्तिकार है। इसी

कारण नाटककार जॉर्ज बर्नार्ड शॉ 90 साल की उम्र में भी सक्रिय थे और उनके मस्तिष्क की कलात्मक गुणवत्ता कभी शिथिल नहीं हुई। जब मैं बहुत से पुरुषों और महिलाओं से मिला, तो उनका अनुभव यह होता है कि कई नियोक्ता यह सुनकर ही उन्हें नौकरी पर नहीं रखते हैं कि उनकी उम्र 40 से ज्यादा है। कंपनी के मालिकों का यह नजरिया भावहीन, निष्ठुर, करुणा तथा समझ से विहीन है।

मैंने यह भी किसी से सुना है कि 35 साल से कम उम्र वाला ही बुद्धिमान होता है। यह तर्क बहुत खोखला और अर्थहीन होता है। हमें यह सोचना होगा कि यह व्यक्ति अपनी उम्र या सफेद बाल नहीं बेच रहा है। इसके बजाय, वह अपने गुण, अनुभव और बुद्धिमत्ता देना चाहता है, जो उसने जीवन के बाजार में बरसों के अनुभव से इकट्ठी की है।

उम्र की बुद्धिमानी, योग्यता और समझ

बहुत से लोगों का मानना है कि आपकी उम्र स्पष्ट रूप से एक संपत्ति होती है, जो आपने इतने बरसों तक स्वर्णिम नियम के सिद्धांतों और प्रेम तथा सद्भाव के नियम का अभ्यास करके कमाई है। आपके सफेद बाल आपकी अधिक बुद्धिमानी, योग्यता और समझ को दर्शाते हैं। आपकी भावनात्मक और आध्यात्मिक परिपक्वता किसी भी संस्थान के लिए एक वरदान साबित होती है। इसीलिए मनुष्यों को 65 या किसी भी उम्र में हाशिए पर नहीं डालना चाहिए। जीवन के इस मुकाम पर वे कर्मचारियों की समस्याएं सुलझाने, भविष्य की योजनाएँ बनाने, निर्णय लेने और रचनात्मक विचारों के क्षेत्र में दूसरों का मार्गदर्शन करने में सबसे उपयोगी साबित हो सकते हैं, क्योंकि जीवन की प्रकृति के बारे में उनका ज्ञान और अनुभव बहुत ज्यादा है।

विकास की संभावना

आपने कई बार देखा होगा कि बहुत से लोग यह कहते रहते हैं कि इस बिजनेस से मेरा मन भर गया। ऐसा ही मुझे एक हॉलीवुड के एक पटकथा लेखक ने कहा था कि मैंने बरसों तक आला दर्जे का काम किया। मैं अपनी कला को बाकी लोगों से अच्छी तरह जानता हूँ। मैंने विश्व भर के फिल्म समारोहों में पुरस्कार जीते हैं। मैंने हैरानी से पूछा, फिर क्या गड़बड़ हो गई? उसने बताया कि मैं पिछले दिनों एक कहानी सम्मेलन में गया था। वहाँ 30 साल का एक स्टूडियो एक्जीक्यूटिव मुझसे बोला कि मैं आज के दर्शकों के साथ तालमेल नहीं बैठा सकता। जब मैंने तर्क देने की कोशिश की, तो उसने मुझे बताया कि उसे ऐसी कोई पटकथा नहीं चाहिए, जो 12 से 18 साल के लड़कों के दिमाग और रुचि के अनुरूप न हो। मैं उठकर बाहर चला आया।

यह दु:खद स्थिति है, लेकिन इस तरह का मानसिक भोजन खिलाया जाए, तो बहुसंख्यक मनुष्य भावनात्मक और आध्यात्मिक परिपक्वता की कैसे उम्मीद कर सकते हैं? वे अपने अंदर छिपी व्यक्तिगत विकास की संभावना को नहीं देख पाते हैं। उन्हें बताया जाता है कि उन्हें युवावस्था को महिमामंडित करना चाहिए, भले ही युवावस्था का अर्थ वास्तव में अनुभवहीनता, ज्ञान की कमी और जल्दबाजी भरे निर्णय हों।

सर्वश्रेष्ठ की बराबरी

मैंने बहुत से 60 साल से अधिक के लोगों को देखा है, जो युवा बने रहने के पागलपन भरे अभियान में समय बर्बाद करते हैं। वे दवाएँ और डाइटिंग करते हैं और अपने पैसे को मशीनों पर बर्बाद करते हैं, जिनका गुणगान टी.वी. पर किया जाता है। ज्यादा पैसे वाले ट्रीटमेंट, लिपोसक्शन और कॉस्मेटिक सर्जरी करवाते हैं। वे निरर्थक अंदाज में लगातार चिल्लाते रहते हैं कि देखो, मैं उनमें से सर्वश्रेष्ठ की बराबरी कर सकता हूँ!

इन लोगों को एक महान सच्चाई याद रखनी चाहिए- मनुष्य अपने दिल में जैसा सोचता है, वैसा ही वह होता है।

आप जानते हैं कि डाइटिंग, मल्टीविटामिन और बाकी सभी तरह के सहारे भी वे लोग युवा नहीं रहेंगे। उन्हें पता होना चाहिए कि वे अपनी सोच के अनुरूप ही युवा या बूढ़े होंगे। अवचेतन मन विचारों के अनुरूप बनता है,लेकिन आपके विचार लगातार सौंदर्य, महानता और अच्छाई पर केंद्रित हैं, तो आप आध्यात्मिक रूप से युवा बने रहेंगे, भले ही आपकी उम्र कितनी ही क्यों न हो जाए।

भविष्य की अनिश्चितता

जॉब की कही हुई बात मैंने पहले भी बताई थी कि जिस चीज का मुझे इतना ज्यादा भय था, वह हो गई है। बहुत से लोग बुढ़ापे से डरते हैं और भविष्य के बारे में अनिश्चित रहते हैं, क्योंकि उनका उम्र बढ़ने के साथ मानसिक और शारीरिक ह्रास भी होता रहता है। वे जैसा सोचते और महसूस करते हैं, वैसा ही हो जाता है।

मेरा मानना है कि आप बूढ़े तब होते हैं, जब आप जीवन में दिलचस्पी खो देते हैं, सपने देखना छोड़ देते हैं, नई सच्चाइयों के भूखे नहीं रहते हैं और जीतने के लिए नए संसारों की खोज नहीं करते हैं। जब तक आपका मस्तिष्क नए विचारों और रुचियों के लिए खुला होता है, जब तक आप पर्दा उठाकर धूप अंदर आने देते हैं, जब तक आप जीवन तथा ब्रह्मांड की नई सच्चाइयों की प्रेरणा को ग्रहण करते हैं, तब तक आप युवा और स्फूर्तिवान बने रहते हैं।

आप बहुत कुछ दे सकते हैं

मेरा स्पष्ट मानना है कि चाहे आप 65 साल के हों या 95 के, आपको यह महसूस होना चाहिए कि आपके पास देने के लिए बहुत कुछ है। आप युवा पीढ़ी को स्थिर करने, सलाह देने और निर्देशित करने में मदद कर सकते हैं। आप अपने ज्ञान, अनुभव और बुद्धिमानी का लाभ दे सकते हैं। आपका अनुभव आप असीम जीवन में देख रहा हैं। आपने अपना पूरा जीवन चमत्कारों और आश्चर्य से देखा। इसीलिए इस समय भी कुछ नया सीखने की कोशिश करें। ऐसा करने पर आप पाएँगे कि आपका मस्तिष्क हमेशा युवा बना रहेगा।

110 वर्ष की उम्र

एक बार मैं भारत के मुंबई शहर में भाषण देने गया, उसी समय मेरा परिचय एक ऐसे व्यक्ति से हो गया, जिसकी उम्र उसके दोस्तों के अनुसार 110 साल थी। उसका चेहरा

बहुत सुंदर था। वह आंतरिक प्रकाश से दमक रहा था। उसकी आँखों में दुर्लभ सुंदरता थी। मैं देख सकता था कि वह खुशी-खुशी बूढ़ा हुआ था और ऐसा कोई चिन्ह्न नहीं था कि उसके दिमाग ने इसकी रोशनी को धुंधला किया हो।

दिमाग कभी रिटायर नहीं होता

आपको पता होना चाहिए कि आपका दिमाग कभी रिटायर नहीं होता है। आपका दिमाग पैराशूट की तरह होना चाहिए- इसका तब तक कोई उपयोग नहीं है, जब तक कि यह खुला न हो। नए विचारों के प्रति खुले और ग्रहणशील रहें। मैंने 65 और 70 साल के मनुष्यों को रिटायर होते देखा है। उनके जीवन में ठहराव आ जाता है और वे कुछ महीनों में चल बसते हैं। जाहिर है, वे यह महसूस करते थे कि उनका जीवन खत्म हो गया है और चूँकि वे ऐसा सोचते थे, इसलिए ऐसा ही हो जाता था।

आपको यह भी समझना चाहिए कि रिटायरमेंट एक नए अभियान, एक नई चुनौती, एक नई राह, एक लंबे सपने की शुरुआत हो सकती है। किसी को यह कहते सुनना बहुत ही निराशाजनक होता है कि अब मैं रिटायर हो चुका हूँ, अब क्या करूँगा? वह दरअसल यह कह रहा है, मैं शारीरिक और मानसिक रूप से मर चुका हूँ। मेरा मस्तिष्क विचारों से दिवालिया हो गया है।

यह बिलकुल भी सच नहीं है। सच्चाई यह है कि आप 60 साल के बजाय 90 साल की उम्र में ज्यादा प्राप्त कर सकते हैं, क्योंकि आपके नए अध्ययन और दिलचस्पी के कारण आपकी समझदारी, जीवन और ब्रह्मांड की समझ प्रत्येक दिन बढ़ रही है।

जीवन का पुनर्गठन

मेरे दोस्त फ्रैंक डब्ल्यू, जो एक एक्जीक्यूटिव हैं, उन्हें जबरन नौकरी से निकाल दिया गया। कंपनी ने उन्हें बताया कि नई पुनर्गठन योजना के कारण ऐसा किया गया था, लेकिन उनका मानना था कि असल कारण यह था कि उनकी उम्र 65 साल हो चुकी थी।

मैंने उनसे पूछा कि क्या आप भेदभाव के शिकार बनने के बारे में कटुता महसूस करते हैं? क्या आप अदालत में मुकदमा दायर करेंगे? उन्होंने हँसते हुए कहा कि मुझे लगता है, मैं कर सकता हूँ। और मुझे उम्मीद है कि मैं अदालत में आसानी से जीत भी जाऊँगा, लेकिन मैं अपना समय और ऊर्जा इस तरह क्यों बर्बाद करूँ? मैंने नौकरी नहीं खोई है, कंपनी ने मेरी सेवाएँ खो दी हैं। उन्होंने ठहरकर आगे कहा कि मैं इसे इस तरह से देखता हूँ, जैसे मुझे अभी-अभी किंडरगार्टन से फर्स्ट ग्रेड में प्रमोशन मिला हो। मैं अपने जीवन को पुनर्गठन करना चाहता हूँ। मैंने कहा- आपका क्या मतलब है?

उन्होंने कहा कि जब मैंने हाई स्कूल पूरा किया था, तो सीढ़ी का अगला पायदान चढ़कर कॉलेज पहुँच गया। मैंने अपनी शिक्षा और जीवन की सामान्य समझ में एक कदम आगे बढ़ा लिया। मेरा कैरियर एक और कदम था, या शायद कई कदम। अब मैं वे काम करने के लिए आजाद हो गया हूँ, जिन्हें मैं हमेशा से करना चाहता था। दूसरे शब्दों में, नौकरी छूटना जीवन की सीढ़ी पर एक कदम ऊपर पहुँचना है। फ्रैंक इस समझदारी भरे निष्कर्ष पर पहुँचे कि वे अब पैसा कमाने पर ध्यान केंद्रित नहीं करेंगे। अब वे अपना पूरा ध्यान

जीवन जीने पर देंगे। वे बरसों से शौकिया फोटोग्राफर थे। नौकरी छूटने के बाद उन्होंने पास के ही आर्ट इंस्टीट्यूट में फोटोग्राफिक तकनीक का कोर्स किया और विश्व की सैर पर गए। वे जहाँ भी गए, वहाँ की उन्होंने दर्जनों रोल तस्वीरें खींचीं। अब वे कई समूहों व क्लबों में भाषण देते हैं और उनकी माँग बढ़ती जा रही है। अर्थात यदि आप चाहें तो आपके पास भी अपने बाहर की किसी महत्त्वपूर्ण चीज में दिलचस्पी लेने के असंख्य तरीके हैं। नए रचनात्मक विचारों के प्रति उत्साही बनें, आध्यात्मिक प्रगति करें और सीखते तथा विकास करते रहें। इस तरह आप दिल से युवा बने रहते हैं, क्योंकि आप नई सच्चाइयों के भूखे-प्यासे हैं और आपका शरीर आपकी सोच को प्रत्येक समय प्रतिबिंबित करेगा।

समाज का निर्माता बनें

अब देखने में आता है कि कानून भी कंपनी के मालिकों को कर्मचारियों से उम्र के आधार पर भेदभाव करने से रोकते हैं, लेकिन कानून अकेला ही समाज की सोच को नहीं बदल सकता है। 65 साल का कोई व्यक्ति मानसिक, शारीरिक और मनोवैज्ञानिक रूप से 30 साल के किसी व्यक्ति से ज्यादा युवा हो सकता है। क्योंकि सभी यहाँ पर अपने श्रम के फलों का आनंद लेने आए हैं, उपयोगी बनने आए हैं, समाज के कैदी बनने नहीं आए हैं, जो हमारी उम्र के कारण हमें आलस की सजा देता है। उम्र बढ़ने पर मनुष्य का शरीर धीरे-धीरे धीमा हो जाता है, लेकिन अवचेतन मन की प्रेरणा से उसका चेतन मन अधिक सक्रिय, सुस्त, जीवंत और तीव्र हो सकता है। क्योंकि मस्तिष्क कभी बूढ़ा नहीं होता है।

जॉब ने कहा था, ओह! काश मैं वैसा होता जैसा महीनों पहले था, जिन दिनों में ईश्वर ने मेरी रक्षा की थी; जब उनकी रोशनी मेरे सिर पर चमकी थी और उनकी रोशनी के सहारे मैं अँधेरे में आगे बढ़ा था; जब मैं अपनी जवानी के दिनों में था, जब ईश्वर का रहस्य मेरे आराधना-स्थल में था।

जवानी का रहस्य

यदि आप जवानी के दिनों को दोबारा पकड़ना चाहते हैं, तो अपने पूरे अस्तित्व में अवचेतन मन की चमत्कारी, उपचारक, खुद को नवीन करने वाली शक्ति महसूस करें। क्योंकि बढ़ी उम्र में भी आप प्रेरित हैं, ऊपर उठे हैं, तरुण बन चुके हैं, नई स्फूर्ति पा चुके हैं और आध्यात्मिक रूप से रिचार्ज हो चुके हैं। आप उत्साह और खुशी से भरपूर हैं, जैसे अपनी जवानी के दिनों में थे, सिर्फ इस कारण क्योंकि आप हमेशा मानसिक और भावनात्मक रूप से उस सुखद अवस्था को प्राप्त कर सकते हैं। जो रोशनी आपके सिर के ऊपर चमकती है, वह दैवी ज्ञान है। यह ज्ञान आपके सामने प्रत्येक उस चीज को प्रकट कर देता है, जिसे आपको जानने की जरूरत है। भले ही परिस्थितियाँ कैसी भी दिखें, आप इसकी मदद से अच्छाई की उपस्थिति की सकारात्मक घोषणा कर सकते हैं। आप अपने अवचेतन मन के मार्गदर्शन से चलते हैं, क्योंकि आप जानते हैं कि सुबह होती है और छायाएँ गायब हो जाती हैं।

हर दिन नया सपना देखें

यह कहने के बजाय कि मैं बूढ़ा हूँ बल्कि यह कहे कि मैं दैवी जीवन के विधान में समझदार हूँ। कंपनी, अखबारों या अपने सामने बुढ़ापे की तस्वीर रखने की इजाजत न दें- ढलते साल, जर्जरता, सठियाना और निरर्थकता। इसे अस्वीकार कर दें, क्योंकि यह झूठ है। इस तरह के कुप्रचार को मानने से इंकार कर दें। मौत की नहीं, जीवन की घोषणा करें। खुश, स्वस्थ, सफल, शांत और सशक्त मनुष्य के रूप में अपनी तस्वीर देखें।

मस्तिष्क कभी बूढ़ा नहीं होता है

आप जानते हैं कि शीर्षस्थ हार्ट सर्जन माइकल डी. बेकी ने खून का पहला रोलर पंप 1932 में ईजाद किया था। उनका बनाया पंप आज भी बाईपास सर्जरी में प्रयुक्त होता है। 90 साल की उम्र में डी. बेकी को एक नए आविष्कार पर प्रयोग शुरू करने की अनुमति मिली। यह एक छोटा पंप था, जिसे गंभीर हृदय रोगियों के सीने में लगाया जा सकता था। क्योंकि डी. बेकी सिर्फ शोध से ही संतुष्ट नहीं थे। इसीलिए वे सर्जरी भी करते रहे। उनके एक सहयोगी ने उनके बारे में कहा था कि उन्होंने जितना किया है, उतना करने के लिए बाकी मनुष्यों को पाँच-छह जन्म लेने पड़ेंगे।

डी. बेकी ने 90 साल की उम्र में अपने जीवनदर्शन का सार दुनिया को इस प्रकार दिया था कि जब तक आपके सामने चुनौतियाँ हैं और आप शारीरिक तथा मानसिक रूप से सक्षम हैं, तब तक जीवन रोमांचक और स्फूर्तिवान है।

अधिक उम्र में तार्किक शक्ति

मैं आपको एक बात बताता हूँ कि मेरे पिता ने 65 साल की उम्र में फ्रेंच भाषा सीखी और 70 साल की उम्र में इसके विशेषज्ञ बन गए। उन्होंने 60 साल से अधिक उम्र में गैलिक का अध्ययन किया और इस विषय के मशहूर टीचर बन गए। उन्होंने उच्च शिक्षा के एक इंस्टीट्यूट में मेरी बहन की तब तक मदद की, जब तक कि वे 99 साल की उम्र में गुजर नहीं गए। 99 साल की उम्र में भी उनका दिमाग उतना ही तेज था, जितना कि 20 साल की उम्र में होना चाहिए। अर्थात उम्र के साथ उनकी तार्किक शक्ति अधिक पैनी हो गई थी। अब आप समझ गये होंगे कि आप उतने ही बूढ़े होते हैं, जितना आप खुद को मानते और महसूस करते हैं।

सफलता के शिखर पर

आप जानते होंगे कि मार्कस पोर्सियस केटो ने 80 साल की उम्र में ग्रीक भाषा सीखी थी। महान जर्मन-अमेरिकन कलाकार मैडम अर्नेस्टाइन शूमैन-हेंक दादी बनने के बाद अपनी संगीत सफलता के शिखर पर पहुँचीं। यूनानी दार्शनिक सुकरात ने वाद्ययंत्र बजाना तब सीखा, जब वे 80 साल के थे। माइकल एंजेलो 80 साल की उम्र में अपने सबसे महान कैनवास पर पेंटिंग कर रहे थे। 80 साल की उम्र में सियोस सायमनाइड्स ने कविता का पुरस्कार जीता, जोहानन वॉन गेटे ने 'फॉस्ट' पूरा किया और लियोपॉल्ड वॉन रैंके ने अपनी 'हिस्ट्री ऑफ द वर्ल्ड' शुरू की, जिसे उन्होंने 92 साल की उम्र में पूरा किया। अल्फ्रेड लॉर्ड टेनिसन ने 83 साल की उम्र में अपनी बेहतरीन कविता 'क्रॉसिंग द बार'

लिखी। आइसैक न्यूटन 85 साल में भी बहुत श्रम करते थे। 88 साल की उम्र में जॉन वेस्ली मेथोडिज्म पर भाषण दे रहे थे और मार्गदर्शन दे रहे थे।

फ्रांस की ज्याँ लुई कैलमेंट इन लोगों जितनी मशहूर नहीं थीं। जवानी में वे एक बार मशहूर चित्रकार विनसेंट वॉन गॉग से मिली थीं, लेकिन इससे वे लोकप्रिय नहीं हुईं। उनके 100वें जन्मदिन के बाद से लोगों ने उनकी तरफ ध्यान देना शुरू किया। उनके लिए साइकिल चलाना छोड़ने का अवसर था। 110वें जन्मदिन पर कैलमेंट को विश्व भर से बधाइयाँ और शुभकामनाएँ मिलीं। 118वें जन्मदिन ने उन्हें इतिहास में सबसे अधिक उम्र का जीवित मनुष्य बना दिया। जब उनसे पूछा गया कि यह कैसे संभव हुआ, तो वे बोलीं 'मैंने प्रत्येक मौके पर आनंद लिया। मैंने स्पष्टता से, नैतिकता से और बिना पश्चात्ताप के काम किया। मैं बहुत खुशकिस्मत हूँ।' 122 साल की होने पर भी उनकी मुस्कराहट हमेशा की तरह मंत्रमुग्ध करने वाली थी। हमें अपने वरिष्ठ नागरिकों को ऊँचे पदों पर रखना चाहिए और उन्हें स्वर्ग के फूलों को धरती पर लाने का प्रत्येक अवसर देना चाहिए, लेकिन आप रिटायर हो चुके हैं, तो जीवन के नियमों और अपने अवचेतन मन के आश्चर्यों में रुचि लें। कोई ऐसा काम करें, जिसे आप हमेशा से करना चाहते थे। नए विषयों का अध्ययन करें और नए विचारों की जाँच करें। इस तरह से प्रार्थना करें- हे ईश्वर! जिस तरह मृग जलधारा की ओर भागता है, उसी तरह मेरी आत्मा भी आपके लिए व्याकुल होती है।-भजन 42

बुढ़ापे का फल

उसका मांस किसी बच्चे से भी ताजा बना दिया जाएगा- वह अपनी जवानी के दिनों में पहुँच जाएगा।-जॉब 33-25

दरअसल बुढ़ापे का अर्थ है उच्चतम दृष्टिकोण से ईश्वर की सच्चाइयों पर मनन करना। यदि आप महसूस करें कि आप एक अनंत यात्रा पर हैं। आप जीवन के अविराम, अथक, अनंत महासागर में महत्त्वपूर्ण सीढ़ियों के पायदान पर हैं। फिर भजनकार के साथ आप भी कहेंगे, वे बुढ़ापे में भी फल देंगे; वे मोटे और समृद्ध होंगे।-भजन 92:14

लेकिन आत्मा के फल प्रेम, खुशी, शांति, धैर्य, नरमी, अच्छाई, विश्वास, विनम्रता, सहिष्णुता हैं, इनके खिलाफ कोई कानून नहीं है।-गैलेशियन्स 5:22-23

आप अनंत जीवन के शिशु हैं, जिसका कोई अंत नहीं है। आप अमरता के वारिस हैं।

याद रखें

1. समय के प्रभावों का मानसिक भय असमय बुढ़ापे का कारण हो सकता है।
2. धैर्य, दयालुता, प्रेम, सद्भावना, खुशी, आनंद, बुद्धि और समझ जैसे गुण कभी बूढ़े नहीं होते हैं। उन्हें विकसित और व्यक्त करेंगे, तो आप मानसिक और शारीरिक रूप से युवा बने रहेंगे।
3. आपके जीवन के सबसे उपयोगी वर्ष 65 से 95 तक के हो सकते हैं।

4. बुढ़ापे का वर्षों की उड़ान से कोई लेना-देना नहीं है; यह तो मनुष्य के मस्तिष्क में बुद्धि का उदय है।

5. आप अपने मस्तिष्क को नहीं देख सकते, लेकिन आप जानते हैं कि आपके पास एक मस्तिष्क है। आप भावना को नहीं देख सकते, लेकिन आप जानते हैं कि खेल भावना होती है; कला की, संगीत की, वक्ता की भावना भी वास्तविक होती है। इसी तरह आपके दिलोदिमाग में चलने वाली अच्छाई, सत्य और सुंदरता की भावनाएं वास्तविक हैं। आप जिंदगी को नहीं देख सकते, लेकिन आप जानते हैं कि आप जिंदा हैं।

6. हम किसी मनुष्य की उम्र के वर्ष तब तक नहीं गिनते हैं, जब तक कि उसके पास गिनने लायक और कुछ न हो। आपका विश्वास और विश्वास का कभी ह्रास नहीं हो सकता।

7. बुढ़ापे को उच्चतम दृष्टिकोण से ईश्वर की सच्चाइयों का मनन कहा जा सकता है। बुढ़ापे की खुशियाँ जवानी की खुशियों से ज्यादा बड़ी हैं। आपका मस्तिष्क आध्यात्मिक और मानसिक खेल में व्यस्त रहता है। प्रकृति आपके शरीर को धीमा कर देती है, ताकि आपको दैवी चीजों पर मनन करने का अवसर मिल सके।

8. आपके सफेद बाल संपत्ति हैं। आप अपने सफेद बाल नहीं बेच रहे हैं। आप अपनी प्रतिभा, योग्यताएं और बुद्धिमानी बेच रहे हैं, जो आपने बरसों के अनुभव से इकट्ठी की हैं।

9. फैशनेबल डाइटिंग और महंगी गोलियाँ आपको युवा नहीं रखेंगी। मनुष्य जैसा सोचता है, वैसा ही होता है।

10. आप उतने ही युवा हैं, जितना खुद को मानते हैं। आप उतने ही सशक्त हैं, जितना खुद को मानते हैं। आप उतने ही उपयोगी हैं, जितना खुद को मानते हैं। आप अपने विचारों जितने ही युवा हैं।

11. बुढ़ापे का भय शारीरिक और मानसिक ह्रास उत्पन्न कर सकता है।

12. आगे की ओर देखें, क्योंकि प्रत्येक समय आप असीमित जीवन को देख रहे हैं।

13. आपका रिटायरमेंट एक नया अभियान है। नए अध्ययन और रुचियों पर ध्यान दें। आप वे काम कर सकते हैं, जो आप हमेशा से करना चाहते थे, लेकिन पहले इसलिए नहीं कर पाए, क्योंकि आप कमाने में व्यस्त थे। जीवन जीने पर ध्यान दे।

14. समाज के कैदी नहीं, निर्माता बनें। अपनी रोशनी झाड़ियों के नीचे न छिपाएं।

15. जवानी का रहस्य प्रेम, खुशी, आंतरिक शांति और हँसी है। ईश्वर खुशी से भरपूर है। ईश्वर में जरा भी अंधकार नहीं है।

16. आप तब बूढ़े होते हैं, जब आप सपने देखना छोड़ देते हैं और जीवन में दिलचस्पी खो देते हैं। आप तब बूढ़े होते हैं, जब आप चिड़चिड़े, सनकी, बदमिजाज और झगड़ालू हो जाते हैं। अपने मन को ईश्वर की सच्चाइयों से भरें और उसके प्रेम की धूप फैलाएं - यही जवानी है।

17. आपकी जरूरत है। कई महान दार्शनिकों, कलाकारों, वैज्ञानिकों, लेखकों और अन्य मशहूर मनुष्यों ने अपना महानतम काम 80 साल की उम्र के बाद किया है।

18. बुढ़ापे के फल हैं प्रेम, खुशी, शांति, धैर्य, नरमी, अच्छाई, विश्वास, विनम्रता और संयम।

19. आप असीमित जीवन के शिशु हैं, जिसका कोई अंत नहीं है। आप अमरता के वारिस हैं। आप अनूठे हैं।

20. बुढ़ापे का स्वागत करें। इसका मतलब यह है कि आप जीवन की राह पर ज्यादा ऊपर बढ़ रहे हैं, जिसका कोई अंत नहीं है।

21. ईश्वर जीवन है और यह अब आपका जीवन है। जीवन सतत नवीनीकरण करने वाला, शाश्वत और अविनाशी है तथा सभी इंसानों की वास्तविकता है। आप हमेशा जीते हैं, क्योंकि आपका जीवन ईश्वर का जीवन है।

* * *

www.ingramcontent.com/pod-product-compliance
Ingram Content Group UK Ltd.
Pitfield, Milton Keynes, MK11 3LW, UK
UKHW042019190726
13854UKWH00005B/2374

9 789390 852581